人民日报
纪实书系

共和国家春秋

京华时报社 ◎ 编

人民日报出版社

图书在版编目（CIP）数据

共和国家春秋/京华时报社编. ——北京：人民日报出版社，2009.11
ISBN 978-7-80208-984-6

Ⅰ. 共… Ⅱ. 京… Ⅲ. 社会主义建设—成就—中国—文集
Ⅳ.D619-53

中国版本图书馆 CIP 数据核字（2009）第 203091 号

书　　　名：	共和国家春秋
出 版 人：	董　伟
编　　 者：	京华时报社
责任编辑：	银　河　程文静
封面设计：	刘文东

出版发行：人民日报出版社

社　　　址：北京金台西路2号
邮政编码：100733
发行热线：（010）65369527　65369512　65369509　65369510
邮购热线：（010）65369530
编辑热线：（010）65369521　65369523
网　　　址：www.peopledailypress.com
经　　　销：新华书店
印　　　刷：北京市朝阳印刷厂

开　　本：720×1020　1/16
字　　数：370千字
印　　张：20
印　　次：2010年1月 第1版　2010年1月 第1次印刷

书　　号：ISBN 978-7-80208-984-6
定　　价：39.80元

（如有印刷、装订错误，请拨打本社发行热线进行调换）

前 言

吴海民

　　这本书是京华时报社策划的第二部大型系列报道的结集。第一部是2009年4月出版的《共和国转身》,它从各个产业领域出发记述了改革开放以来共和国的沧桑巨变;这一部是其姊妹篇,同为献礼作品,不同的是从一个个家庭入手阐释了共和国的伟大变迁。

　　为了搞好这项大型系列报道,京华时报编辑部曾经策划酝酿过多种方案,大家的思路,最后集中到了一个"点"——家庭。家庭是国家的分子,是社会的细胞。每一个家庭的生存繁衍、贫富冷暖、离合悲欢,尽管各有各的表现形式,但有一点是共同的——都与国家血脉相连,命运相牵。共和国在过去的60年里发生了天翻地覆的巨变,给每一个家庭带来了新的生机;共和国饱经的沧桑和磨难,也给每一个家庭刻下了不可磨灭的印记;共和国前进的脚步和走向,正在每日每时地点燃着每一个家庭对于幸福的追寻和希望。反过来说,家庭又是社会的一个个缩影,是国家发展变化的一个个具体的生动的见证。每一个家庭的冷暖忧欢,常常能折射出国家政治经济气象中的阴晴圆缺。我们几乎可以从每一个家庭的变化,感受到共和国的风雨历程。千千万万个家庭的变化汇集一起,就是一部完整的共和国编年史。如诗人舒婷在《祖国啊,我亲爱的祖国》里表达的那样:我是国家的分子,也是国家的分母——"我是你十亿分之一/是你九百六十万平方的总和"。

为了更好地阐释"家与国"的共同命运,这项系列报道特地选择了一些"世家"——他们是一个家庭里的两代人、三代人,从建国之初到今天,他们的职业代代相传,他们的经历几乎可以反映出所在的那个领域的发展路径。除了"世家",这项系列报道中还包括了"亲历"和"人物"两个部分。所谓"亲历",是在一些具有重大影响的历史事件中的亲身经历,是对某些历史镜头的特写式的放大处理,它既是个人的独特感受,也是一代人的共同记忆。在"人物"部分里,选取的是过去几十年的历史中有着重要地位、产生过重要影响的人物,他们的经历具有典型性,他们的成长带有祖国变化的烙印。

这项系列报道共60篇,京华时报曾以每天一个跨版的篇幅连载,受到了广大读者的关注,也引起了许多读者的共鸣。现在由人民日报出版社结集成书,奉献给广大读者,大家能够从这里看到与自己的家庭相似的影子,看到我们共同拥有的共和国的一段历史。

(作者系京华时报社社长)

目　录

◇ **黎明之前** 向北平进发 ·· 1
◇ **开国大典** 激情难抑的时刻 ·· 6
◇ **抗美援朝** 拒敌于国门之外 ·· 11
◇ **制定宪法** 一切权利属于人民 ·· 17
◇ **人民英雄纪念碑** 曾180度转身 ··· 22
◇ **原子弹爆炸** 戈壁滩升腾蘑菇云 ··· 27
◇ **东方红一号** 首颗人造卫星上天 ··· 32
◇ **人民大会堂** 新中国的建筑奇迹 ··· 37
◇ **首次登顶珠峰** 中国人站上世界之巅 ··································· 43

◇ **公交变迁** 两代人的售票记忆 ·· 48
◇ **71年不说再见的首钢之家** ·· 54
◇ **激情与理性** 父子的铁路选择 ·· 60
◇ **两个世纪** 三代人的教师情结 ·· 66
◇ **乔氏父子** 音乐声中歌唱祖国 ·· 71
◇ **濮氏父子** 话剧人生的轮回 ··· 77
◇ **谭门七代** 京剧舞台写春秋 ··· 82
◇ **考古父女** 接力发掘文物 ·· 87
◇ **邮政母子** 34年投递路 ··· 92
◇ **一个农民家庭的土地情结** ·· 98

- ◈ **杏林之家**接力守护人民生命 ………………………………………… 103
- ◈ **从竞技到健身**三口之家的体育之路 ………………………………… 108
- ◈ **劳模时传祥**祖孙三代为城市美容 …………………………………… 113
- ◈ **文物修复**贾氏三代的使命 …………………………………………… 118
- ◈ **两代裁缝**见证服装"演义" ………………………………………… 123
- ◈ **法官世家**法治精神在传递 …………………………………………… 129

- ◈ **简化字**载入共和国元年的改革 ……………………………………… 135
- ◈ **挖掘定陵**历时一年方见宫门 ………………………………………… 141
- ◈ **国宴改革**菜谱越来越简化 …………………………………………… 146
- ◈ **中西之辩**中传承岐黄之术 …………………………………………… 151

- ◈ **小平您好**一语道出人们心声 ………………………………………… 156
- ◈ **史诗《东方红》**传颂红色经典 ……………………………………… 161
- ◈ **中南海摄影师**5张照片背后的毛泽东 ……………………………… 166

- ◈ **雷锋**新生中国的青春偶像 …………………………………………… 171
- ◈ **张海迪**我自己塑造了自己 …………………………………………… 177

- ◈ **首条地铁**为国庆献厚礼 ……………………………………………… 183
- ◈ **首则征婚启事**"右派"娶到女教师 ………………………………… 188
- ◈ **试管婴儿**成就不孕家庭梦想 ………………………………………… 194
- ◈ **北京亚运会**志愿者制度首次试水 …………………………………… 199
- ◈ **北京申奥**曾受假新闻干扰 …………………………………………… 204

- ◇ **1978年**改变中国走向的41天 …… 209
- ◇ **真理标准**大讨论吹响改革开放号角 …… 214
- ◇ **计划生育政策**"只生一个"出台始末 …… 219
- ◇ **粮票**40年定量供应始末 …… 224
- ◇ **恢复高考**570万考生的1977 …… 230
- ◇ **身份证**发放告别"介绍信时代" …… 235
- ◇ **上山下乡**3个北京知青的轮回 …… 241
- ◇ **小平南巡**春风又绿南海湾 …… 247

- ◇ **1998抗洪**决堤时他按响快门 …… 252
- ◇ **汶川大地震**灾难中获得感动 …… 257

- ◇ **破冰1987**两岸开放探亲始末 …… 262
- ◇ **重返联合国**伟大的外交胜利 …… 267

- ◇ **袁隆平**:我的禾下乘凉梦 …… 272
- ◇ **吴仁宝**:我要干到85岁 …… 276
- ◇ **张思之**:职业的荣耀和良心 …… 280
- ◇ **钱学森**:中国航天之父 …… 284
- ◇ **吴敬琏**:经济学家的良心 …… 288
- ◇ **张艺谋**:为艺而谋的大导演 …… 293
- ◇ **常胜将军**许海峰 …… 298
- ◇ **"数字英雄"**张朝阳 …… 303
- ◇ **励志偶像**俞敏洪 …… 308

黎明之前向北平进发

■ 沈佳音

电视屏幕里，解放军战士昂首挺胸地大步前进。马路两旁，人们挥舞着手中的彩旗，唱着歌，夹道欢迎。

"中国共产党万岁！"一个青年振臂高呼，年轻的脸上写满喜悦。

"那是滕藤，是我的老同学滕藤。我就在旁边，找找看有没有我。"81岁的陈尚荣兴奋地指着屏幕，露出小姑娘般的笑容。

屏幕中播放的，是1949年北平和平解放时，解放军入城仪式的纪录片。

83岁的马句也在电视屏幕里找寻他曾经的身影。如雪的眉毛下，双目专心致志。60年前的那一刻，他也在现场。

这是他们共同经历的历史时刻，也是他们人生的第一次交会。

那时，他是中国共产党的接管干部，她是清华大学的进步学生。

黎明之前

1948年11月，22岁的北京大学学生马句揣着假身份证向解放区河北泊镇进发。

马句原本姓史，为了他和他家人的安全，组织上要求他改名换姓。"我想我是马克思主义队伍中的一个新兵、一匹小马驹，那就叫马句。"从此，史振环这个真名就再也不曾用过。

此时，辽沈战役已经结束。北平之战似乎也将一触即发，城里人心惶惶。老百姓开始囤积粮食、食用油和煤油。

陈尚荣的一些南方同学也想方设法离开北平，回老家躲避战事。陈尚荣是共产党外围组织中国民主青年同盟的成员。她不仅自己坚守，还劝那些准备离去的同学别走。为此，她专门在清华著名的壁报"自由人"上写文章，呼吁同学们一起留下来迎接解放。

国民党则在城里大肆搜捕共产党。马句的党员身份已经暴露了，上了国民党的黑名单，随时可能遭到逮捕。按照上级指示，他必须立即转移。

从北平到泊镇,必须穿过国民党军队把持的陈官屯检查站。马句只得乔装打扮。他换上破棉袄破棉裤,戴了一顶打着补丁的帽子,背着一个灰色的包袱。他还在脸上抹了点灰。一副小商贩的模样。

"干什么的?"国民党的士兵手里拿着枪,一边大声询问,一边搜他的身。

"做小买卖的。"马句故意粗声粗气地回答道。他的心已经提到了嗓子眼。

国民党士兵并没有起疑心,放他过去了。

过了检查站便是解放区了。"解放区的天,是明朗的天……"马句开心地唱起了歌。即将找到组织,脚步也变得轻快。

不过,战时,国共之间相互"潜伏"。进入解放区时,必须先经过严密的核查。

"口号?""高棠。"

"哪一年入党的?"

"1948年在北大入的。"

"介绍人是谁?"

……

进入解放区之后,他被分在了华北局城工部学生室工作。那时,北平的解放已是指日可待。考虑到接管北平需要大量干部,中共中央号召青年学生到解放区受训,为将来接管北平储备人才。

进步学生对解放区、对共产党也充满向往,纷纷来到这里。最多的时候,一天有两三百人。马句每天都忙着接待这些从北平来的学生。仔细调查后,再将其安置好。根据各自的情况,这些学生陆续被派往石家庄和华北大学。

挺进北平

1948年11月29日,平津战役打响。

12月8日,马句得知东北野战军入关的消息之后,就知道北平解放已经指日可待了。果然,12月13日,中共中央宣布,任命彭真为北平中共市委书记,叶剑英为市委第一副书记兼北平市军管会主任、北平人民政府市长。

华北局城工部的工作就此结束。工作人员分别被派往北平和天津承担接管重任。马句被分到了北平。

几天之后,马句带着100多人向北平进发了。没有交通工具,全靠步行,每天得走八九十里地。没有人掉队。每个人都尽力往前赶,生怕去晚了赶不上北平解放。

马句打前站,负责帮队伍提前联系当天吃饭和住宿的村子。每天天刚亮,他就得起床赶路。

路上很顺利。农民们听说他们是去解放北平的,对他们非常热情,特意为他们

2

准备窝头小米粥,晚上还把热炕腾出来给他们住。临走时,马句都会按规定给足粮票,并收拾干净。

北平已渐成孤城。国民党军队见大势已去,开始千方百计从这里转移走各种资源。他们还企图强迫清华等高校南迁。

于是,中共地下党组织又领导展开了反迁校斗争。陈尚荣所在的"民青"则通过秘密小组活动的形式接受地下党的领导。教师和学生的护校运动一直不曾退缩和停止过。

解放的气息已经非常浓郁了。"支援解放平津"、"打过长江去,解放全中国"……这样的标语在河北的村子里随处可见。

一路上,马句遇到了许多赶往前线的农民支援队。青壮年用肩挑着粮食,老农推个小车,还有十七八岁的小姑娘也跟着去前线送物资。

兵临城下

12月21日,马句带领的人马和大部队会合后,一起赶到了良乡。彭真和叶剑英也到了这里。他们领导建立了中共北平市委、北平军管会、北平市人民政府的工作机构和北平所属各区、县的工作班子。马句被分到了市委组织部工作。

此时,解放军已完成了对北平的合围。国民党军队成了瓮中之鳖。

12月13日,陈尚荣如往常一样在化学馆上课。她隐隐听到从北边传来炮声。炮声愈来愈密。枪声已清晰可闻。火线已经逼近清华园,课程被迫中断。

站在窗台上,能看见两军在大石桥附近近身相搏,血肉横飞。

入夜,国民党军队退至清华园内,把大炮架在清华园的气象台、生物馆和化学馆一带。气氛陡然紧张。陈尚荣带着女生在科学馆地下室躲了一夜。

第二天天亮后发现,国民党军队和大炮已经撤

● 那一刻

1949年1月31日,北平和平解放。

● 亲历者

(本报记者 王磊摄)

马句

河北保定人,1926年出生。解放后在北京市政策研究室工作,后任北京市委党校教授,1987年离休。现居北京。

陈尚荣

马句之妻。浙江新昌人,1928年出生。解放后在北京市委政策研究室工作,后调入北京市焦化厂,1988年退休。现居北京。

走了。

至12月15日，海淀、石景山、丰台、长辛店都解放了。

局势渐稳。陈尚荣和几个同学步行两个多小时去红山口等地方找心中敬仰的解放军，与他们一起联欢。

马句此时则一边忙着给良乡的2000多名干部分派工作，一边参加组织培训。60年后的今天，他仍然记得彭真给他们培训时讲过的一句话："进城绝不能当李自成。"

当时，对于北平的方针是准备武攻，争取和平。军队方面一直在积极准备战争用的物资。

到1949年1月9日，与傅作义的两次和平谈判都不了了之。有些同志不耐烦了，开始摩拳擦掌。"别等傅作义了，打吧！""打进城去多痛快啊。"

1月14日，上级给在良乡集结的2000多人每人发了两斤饼，交待这是攻打北平时的干粮，不许提前吃。马句把饼收好，碰都不碰。

1月15日，天津解放了。攻打北平的事情却还没有一点动静。至此，北平的国民党军队已是想打打不了，想跑跑不了。

又等了两天，马句安心地把饼都吃了。他知道这仗是打不起来了。

和平解放

1949年1月21日，傅作义宣布北平城内国民党守军接受和平改编。次日，他在《关于北平和平解放问题的协议书》上签字，并发表了广播演说。

1月24日，马句和一些同志一起从良乡赶到了海淀，驻扎在乐家花园。他也有了新的岗位——中共北平市第八区工作委员会工委委员，分管宣传。

北平城已近在咫尺了。马句和解放军一起在西直门下转了一圈。国民党军队还站在城楼上。

过几天，便是除夕了。那一年的除夕，马句过得特别开心。每人发了一斤面，一斤馅。大伙儿在一起擀面，用大锅熬汤煮饺子。大家依然一边闹，一边抢着吃。

零点的钟声敲响，新的一年开始了。

从1月22日到1月31日，国民党部队守城的25万人陆续出城接受中国人民解放军的改编。1月31日中午12点，东北野战军在莫文骅将军率领下，从西直门、德胜门和复兴门入城接管防务。

自此，北平和平解放了。此前的1月10日，清华大学已被共产党正式接管，成为第一所"人民的大学"。

陈尚荣和同学一起成立了秧歌队，去周围的村庄里巡演。没有红绸子，她就把红围巾系在腰上。他们喜气洋洋，用歌声和舞蹈来欢庆胜利。

1月31日晚，马句和其他20多位同事一起坐军用大卡车进入西直门。城门口的驻军已经是共产党的部队了。车子一直开到了前门东珠市口大街原国民党第八区公所的所在地。

当晚，他们打了地铺就在办公室住下了。次日一早，他们就要兵分两路分别接管旧区公所和警察分局。

2月1日早上7点，马句起床了。他随北平市第八区人民政府区长高云超去接管旧区公所。

国民党时期的工作人员已经在办公室列队等候了。马句一一点名后，宣布从即日起，他们全部停止工作，听候审查，分别录用。

随后，马句把区公所门前的旧牌子取下，换上了一块新制的"北平市第八区人民政府"的牌子。在噼里啪啦的爆竹声中，围在旁边的群众开始高呼："欢迎人民解放军！庆祝北平解放！庆祝区人民政府建立！"

盛大入城

政权交接顺利，可马句心里还压着一块石头。那就是人民解放军2月3日要举行入城仪式。他负责组织市民到前门大街欢迎，并维持好前门大街入城式的秩序。

"就怕突然蹦出一两个反革命分子搞破坏，场面就不好控制了。"马句说，他两天都睡不好觉。

2月3日早上7点多，马句穿上新发的黄军装，戴上北平市军事管制委员会的蓝袖章。他带着300多市民站在前门大街东边等待解放军入城仪式。他心里还是忐忑不安，谨慎地环顾左右。

这时，清华学生举着一幅一丈长、八尺宽的巨幅毛主席像浩浩荡荡地过来了。陈尚荣也在人群中。凌晨3点多钟，他们就从清华出发了。马句赶紧上前把他们拉过来，安排在迎接队伍的最前面。

上午10点，嘹亮的军乐声从远方传来，越来越近。解放军从永定门雄赳赳气昂昂地进城了。他们向天安门大步走来。

沿街的群众挥舞着手中的彩旗，大声喊着："欢迎人民解放军！庆祝北平解放！"前门大街汇成了欢庆的大河。整个北平城沸腾了，到处是歌声、口号声和锣鼓声。

学生们纷纷爬上坦克车、装甲车，与解放军站在一起欢呼。游行队伍跟着军队朝天安门涌去。陈尚荣也在人流中。

马句不再担心。他兴高采烈地跟着队伍向前走去。

那一刻，他们在人群中擦肩而过。

两年之后，他们在新中国相识相知，从此相守一生。

开国大典激情难抑的时刻

■ 周 宇

朱敬德的外外孙同越正在上高中,目前正在利用假期参加建国60周年大庆的训练。虽然很辛苦,但他乐此不疲。每天回家后,他都会把训练中的趣事讲给朱敬德听。

60年前,作为清华大学的一名学生,朱敬德和同学们一起来到天安门广场,亲历了开国大典。

作为新中国第一代外交工作人员,张再同样也见证了那个激动人心的时刻。那时,他所在的位置似乎比朱敬德更有利——金水桥南的观礼台上。

回忆起60年前的那一刻,他们仍然激情难抑。

天安门广场人山人海

天还没亮时,清华大学学生朱敬德和另外400多名同学就起床了。吃完早饭,在操场排好队,他们从清华园出发。

那是1949年10月1日清晨。他们的目的地是天安门广场。作为学生代表,朱敬德和他的同学们将亲眼目睹中华人民共和国开国大典。

同样是一大早,张再也赶到了指定地点等待。当时,他刚到中央外事组工作不久。作为中直机关工作人员,他被安排在天安门城楼下金水桥南观礼。

除了他们,当天还有工人代表、农民代表和受阅军队等数十万人从四面八方向天安门广场聚集。

那时的天安门广场呈丁字形,外金水河为一横,向南长长的甬道为一竖,甬道东西南三个方向都有红墙城门围挡,形成了一个封闭的广场,面积比现在的天安门广场小很多。

天安门城楼上,正中悬挂毛主席的巨幅着冠照画像,两旁的标语分别为"中央人民政府万岁"和"中华人民共和国万岁",城楼上挂了8个红色的大灯笼。

如今已81岁高龄的朱敬德记不清到底走了多久才走到了天安门,他只记得到

■开国大典上,毛泽东宣布中华人民共和国成立。(资料图片)

达广场时已经人山人海,看见人们都在笑着蹦着跳着,大声歌唱,有的人手里还拿着各种彩旗、纸灯、绢花等等,整个天安门广场成了人头攒动的欢乐海洋。

朱敬德和同学们走到指定位置席地而坐,反复唱着《团结就是力量》、《解放区的天》和一些民歌,大声说笑着,不知饿也不知渴。

此时,张再就站在长安街的北侧,他站在观礼台上,面朝广场,被这热烈的气氛深深地感染着。

天空原本有些阴沉,过了正午,云层开始变淡,偶尔还透出几缕阳光。

见证伟大的时刻

开国大典下午3点开始。当毛泽东、朱德等刚刚就职的几位国家领导人出现在天安门城楼上时,广场上立即爆发出了一片欢呼和呐喊声。

朱敬德的位置离城楼较远。他抬眼望去,目之所及全是举在空中挥舞的双臂,人们都在不停地往上跳,大声叫喊。他也跟着跳,跟着喊,"就是忍不住想喊,高兴得不得了呢"。

张再和他的同事们则全部扭过头向后上方望去,然后也面向城楼大声地蹦跳呼喊。

广场上沸腾了。

林伯渠宣布典礼开始后,毛泽东高声宣布:"中华人民共和国,中央人民政府,今天,成立了!"

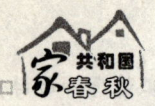

朱敬德的眼泪夺眶而出，身边所有的人都在笑着流眼泪，不停呼喊："毛主席万岁！""中华人民共和国万岁！"

这一刻，朱敬德等得太久了。在上海租界的幼年生活，让他受尽了屈辱，公共场所全部贴着"华人与狗不得入内"，中国人必须要办日本人发的"良民证"才能保证基本生活，在中国的土地上见到日本人要鞠躬，《最后一课》的故事就真实地发生在他身上——他至今还清晰地记得，老师说第二天不能再上中文课时，全班同学都哭了……

"只有经历了这些屈辱，才能体会独立是多么的珍贵，我们的民族是多么的盼望独立自强。"说起这些，朱敬德数度哽咽。

"太兴奋了！"回想起当时的情景，张再同样难掩感慨，"那种心情是难以言表的，我们盼望这一天太久了"。

新中国第一次阅兵

宣布中华人民共和国成立后，毛泽东按动电钮，第一面五星红旗伴着《义勇军进行曲》冉冉升起在天安门上空。同时54门礼炮齐鸣28响，代表54个民族①的人民在中国共产党的领导下奋斗28年，终于取得了最终胜利。

新中国的第一次阅兵随即开始。在聂荣臻的陪同下，朱德站在敞篷车里进行检阅。

朱德大声向战士们问候："同志们辛苦喽！"

"为人民服务！"

海军部队、骑兵部队、炮兵部队、坦克部队整齐排在长安街两侧接受检阅。车子驶过观礼方阵时，再次爆发出热烈的欢呼声，不少后面的人一次次地跳起来，试图看个痛快。

阅兵式由两个海军排为先导，由东向西走过主席台。他们一出现，广场上便立刻爆发出雷鸣般的欢呼。不仅因为海军是我军新的兵种，也因为他们服装特别——蓝白色基调，明显区别于绿色和黄色的军装，还有大檐帽、水兵帽、飘带，这些都是海军特有的。

步兵师以连为单位列成方阵，全部背着"三八大盖"齐步前进。炮兵师内容最

---

① 54个民族：目前有三种说法：第一种即参加政协第一届全体会议的有54个单位；第二种，参加开国大典时只有54个民族，西藏当时未解放，还有台湾高山族也未统计在内，但1953年全国第一次人口普查(1956年正式公布)时列出名称的少数民族只有51个，因而此说法有待考证；第三种即"54"代表纪念"五四运动"。综上所述，第一种说法更科学客观，特此说明。

丰富，野炮、山炮、榴弹炮、火箭炮，各种炮排成一字横列，炮口向前。战车师方阵中，装甲车或坦克两三辆一排，一列列驶过主席台。骑兵师分白马连和红马连，按马的颜色分开接受检阅。天上17架飞机自东向西飞行。

朱敬德看不见前面的情况，只能隐约听见从扩音器里传来的雄壮歌声和坦克驶过时引擎发出隆隆的巨响——欢呼声实在太大了。他只能不停地鼓掌，表达无比激动的心情。

飞机编队飞临天安门上空时，人们兴奋得摘下帽子在空中挥舞，将报纸等物抛向天空，仰着头向天上张望，大声欢呼，声音把飞机的隆隆声都盖过了。

张再个子小，排在了观礼台最前面，这些情景基本都纳入眼底。当功臣号坦克作为机械化部队方阵的军旗指挥车驶过后，100多辆中、重型坦克紧跟着接受检阅，让所有观礼的人大饱眼福。

3个小时后，新中国的第一次阅兵结束。

"同志们，前进"

群众游行时，天色已经渐渐暗了下来，但是丝毫不影响人们的热情。天空放起了礼花，天安门城楼的灯渐次点亮，还有探照灯的光束从天空交叉划过，一次次地把人们兴奋的神经刺激起来。

游行的人们有的举着自己用纸糊的党徽、五角星，有的挥舞着彩旗、标语，有的点燃火把，有的点燃纸灯、纱灯，高呼着"毛主席万岁"走在队伍里，整个广场的灯火红成一片。

朱敬德回忆，因为人们都想亲眼看看毛主席，到了天安门城楼前全部放慢速度，伸长脖子瞪着眼睛向上看，导致城楼前这段路发生堵塞，扩音器里不断传来"同志们，前进"的呼喊。朱敬德认为，这句话有双重含义，一是希望游行队伍尽快向前

● 那一刻

1949年10月1日，中华人民共和国开国大典。

● 亲历者

朱敬德
1928年4月生于浙江海宁。曾任水利电力部外事司副司长、中国水利电力对外出口公司总经理等职。1997年离休。现居北京。

张 再
1928年12月生于江西九江。新中国第一批外交工作人员。曾任驻美国公使、驻澳大利亚联邦大使等职。1994年离休。现居北京。

走，缓解拥堵；另一方面也是在鼓励人民群众努力奋斗，自强不息。

"走到城楼前大家高呼'毛主席万岁'，毛主席就会回应'同志们万岁'，像日常打招呼一样，很亲切。"朱敬德说。他印象很深的还有纺织女工的妆容，"女工人的妆化得很奇怪，红的红、白的白，看着有点土气，不过脸上的喜悦是很真实的"。

张再一直站在自己的位置，直到看着游行晚上9点多结束。他看到那一片"红光"分别向东西两个方向"流走"后，才和同事意犹未尽地离开。此时，他才发现，嗓子已经不知道什么时候喊哑了，手掌也拍麻了。

人同此心，心同此理

开国大典后，张再一直从事外事工作。1989年，我国与北太平洋岛国密克罗尼西亚联邦谈判建交时，他再一次"深刻地体会到独立自强的珍贵"。

1989年，时任驻澳大利亚联邦大使的张再被派往太平洋密克罗尼西亚群岛与主权国密克罗尼西亚联邦谈判建交事宜。"当时的任务是与他们建立领事级外交关系，比大使级外交关系低一个层次"。

这是一个刚刚独立的小国，谈判开始后，对方代表要求建立大使级外交关系，即建立正式的外交关系。对方的理由是，只有建立足够数量的正式的大使级外交关系，他们才能申请加入联合国，享受联合国的气象预报资源，而这是他们依海而生的国家的生命保证。

"那位老兄陈述完理由后，眼里含满了泪水。

我一下就受刺激了，想到了当年我们受的那些苦，回忆起我们当初盼望独立富强的心情，我当即决定回国汇报"。

张再回国后，向中央汇报了谈判的情况，并且提出应该建立大使级外交关系，中央同意了。

密克罗尼西亚联邦建国三周年时，邀请了当时兼任密克罗尼西亚联邦大使的张再前往观礼。

"这个国家只有10万人口，当天几乎所有人都划船赶到首都所在的岛屿参加庆典。"张再说，他们的建国庆典是总统先致辞，然后是各个外交国代表致辞。每一次致辞完毕，都会有民众到场中央跳舞。

"根本没法用语言形容，看他们高兴的那个样子，我心里也激动极了。我深刻体会到了独立自强对于一个民族的意义。人同此心，心同此理。"

抗美援朝拒敌于国门之外

■ 张 瑾

老兵，真的老了。59年前入朝参战，那时候的王顺才多年轻啊，20出头，意气风发，戎马倥偬。

人越老，怀旧的思绪就越强烈。王顺才终于忍不住了，在硝烟散尽半个多世纪之后，2008年他旧地重游，在平壤、朝韩军事分界线、板门店驻足感怀。

在志愿军烈士陵园，他和同行的几位老兵抱在一起，"哭得一塌糊涂"。

许多事情都不同了，青山碧水早取代了硝烟和杀戮。在平壤街头，他还碰到一位当年的美国老兵，两人握了手，相视一笑。

还有什么比这样的今昔对照，更能让老兵得以慰藉呢？流了血，无数人成了烈士，但终拒敌于国门之外，鸭绿江两畔换了人间。

开国第一战

一场撼天动地的卫国战争，行将隐入历史深处。烽火已止息逾半个世纪，《阿里郎之歌》由悲怆唱到舒缓，鸭绿江水也把岸堤冲涤得发了白。

但老兵的记忆不会含糊。"三八线"迫敌、汉江血战、停战板门店……这些往事，王顺才记得清楚，仿佛时光从未流走。

50多年的时光，像一条小路，路的另一头，那场志愿战争早转身离去，但背影还真切如昔。王顺才看到了自己的影子，正倚在呼啸的闷罐车厢里，跨过鸭绿江……

1950年6月25日，朝鲜战争爆发。美国随即出兵干涉，并令海军第七舰队侵入中国台湾海峡。联合国安理会在没有苏联参加的情况下，要求各会员国在军事上给韩国以"必要的援助"，并授权美国统一指挥在朝鲜半岛的

■1950年10月19日黄昏,中国人民志愿军跨过鸭绿江,开赴朝鲜战场。
新华社发(资料照片)

各国部队。

美军很快于当年10月初越过北纬38°线(简称"三八线"),占领平壤。

朝鲜政府请求中国出兵援助。此前,兼任外交部部长的周恩来已发表声明指出,美国海军侵入台湾海峡的行动,是对中国领土的武装侵略。

王顺才说,从相关档案和史料的记录来看,中央的考虑主要集中在两方面:一方面,新中国刚刚成立,百废待兴,出兵援朝,国力是否能够承受;另一方面,唇亡齿寒,以美国为首的联合国军队能否止步鸭绿江,还充满未知。

"当时的实际情况,从战略角度来讲,其实我国政府别无选择,只有一条路,打!"在王顺才看来,如果让联合国大军压境鸭绿江边,中国北方1000多公里的边境线将随时面临战火威胁,而蒋介石也随时可能在东南沿海反攻,这样前后夹击,新中国是没有办法专心于国内经济建设的。

最好的防守是进攻,拒敌于国门之外。

对此,《毛泽东军事文选》记载称:"我们不出兵,让敌人压至鸭绿江边,国内国际反动气焰增高,则对各方都不利。"

是年10月8日,中国根据朝鲜政府的请求,做出"抗美援朝、保家卫国"的决策。10月19日,中国人民志愿军赴朝参战。

王顺才习惯称之为"开国第一战"。

为了保密,当时部队的一切行动都是在绝对机密的情况下进行的。在吉林,一列列军用列车向东飞驰,又转而向南。

10月的东北大地，没有了绿色。军运专列几乎都是清一色的闷罐车厢。王顺才倚坐在车厢里，列车憋足了劲呼啸前进。

临战学外语

"阿里郎，阿里郎，阿啦里噢，攀越阿里郎所有山峰。阿里郎只有山峰12座，我现在攀越的是最后一峰……"

再次哼唱朝鲜民歌《阿里郎之歌》时，年已80岁的王顺才记不全歌词了。他努力循着韵律，一顿一顿地，坚持唱完。

这首歌，曾经那样百转千回。歌声传唱不衰的地方，就是朝鲜半岛了……

入朝后，王顺才所在部队，奉命在战事西线迎敌。

战前，志愿军指战员和战士都突击学英语，用以在战场上向敌喊话。

一份简易油印学习手册被发到了王顺才手里。里面是对敌喊话的英文用语，和中文音译。

"友阿尔杀郎德老！"对应的英文是"You are surrounder now！"翻译成中文是"你们现在被包围了"。

Surrender quickly（赶快投降吧）被音译成了"杀卵德尔魁克里"。

Don't act（不要动）成了"东特安克特"。Hands up（举起手来）是"喊支阿扑"等等。

学习手册还特意标注了一条：发音以北方话为标准。

这些在今天看来令人忍俊不禁的"土办法"，在朝鲜战场上，却真正派上了用场。

每次和敌人短兵相接，"东特安克特"、"喊支阿扑"就此起彼伏。

● 那一刻

1950年10月，中国人民志愿军赴朝参战。

● 亲历者

王顺才

1930年生于黑龙江，抗美援朝志愿军老兵，曾获两枚朝鲜民主主义人民共和国军功章。现居北京。

其实志愿军战士们也都清楚,自己依葫芦画瓢描出来的"英语"不标准。何况,志愿军来自国内四面八方,有云南的,有四川的,喊出来的话也就难免南腔北调了。

"就这样的英语,听懂了的美军算是幸运,可以乖乖地及时举手投降,保住小命。听不懂的,傻愣愣地持枪负隅顽抗,最后遭殃的是他们自己。"讲述这些时,王顺才忍不住呵呵大笑。

一次,王顺才所在部队审讯一个被俘的美国大兵时,顺带着问他是否能听懂志愿军的英文喊话。对方回答说,听懂了。

喊话归喊话,在战场上,见功夫的还得是真刀实枪的对阵,生死不由命。

五次大战役渐次到来。1950年10月25日,志愿军发起抗美援朝第一次战役,给"联合国军"以突然打击,将其从鸭绿江边驱逐到清川江以南,挫败了"联合国军"企图在感恩节前占领全朝鲜的计划。这一天,后来被定为了抗美援朝纪念日。

在随后的第二次和第三次战役中,志愿军和朝鲜人民军联合作战,突破"三八线",将"联合国军"击退至北纬37°线附近地区,占领汉城,并适时停止了战役追击。

汉江血痕

"惊险?这个词你用得不准确,战场上没有这么一说,"王顺才纠正记者提问用词,"那时候,连生死都没有概念了,哪还讲什么惊险不惊险的,再惊险的事,能比得过生死存亡吗?"

讲到激动处,老兵用力挥动手臂。

两军对垒,志愿军打的是信念,坚信战争是正义之战,坚信中央的英明领导,而对手打的则是装备,是数千架战机的空中优势和坚船利炮。

胜败或早有定局,但战况之惨烈和志愿军慷慨赴死的精神,超乎想象。

王顺才几年前与战友合著《汉江血痕》一书,真实再现了殊为惨烈的汉江阻击战……

王顺才把美军描述成"逃跑大王"——他们是雇佣军,要保命回国领美元呢。

对于美军的协调火炮、坦克以及空中支援能力,志愿军战士们很是羡慕,但对美国军队的战斗力,却大大瞧不上:

他们的步兵缺乏战斗力,胆小怕死,不具备进攻和防御的胆略。他们不习惯夜战和白刃战。如果没有炮火支援，就会不知所措。当补给停止时，他们便会完全丧失斗志。

但三次战役过后，敌我双方对彼此的战术已较为熟悉，加之攻占汉城，打过汉江后，志愿军战线拉得过长，后勤补给又供应不及，情况开始发生变化。

1951年1月，第四次战役打响。王顺才所在部队在汉江沿岸阻击敌人。

阻击战一打就是50个昼夜。

当时，战场上气温低达零下30摄氏度，四顾是茫茫冰雪。志愿军缺粮、缺子弹、缺军械供应，不少战士患了夜盲症。

敌军飞机向汉江阵地俯冲投弹，然后是炮火轰炸，其后就是步兵轮番往上冲。由于前方减员严重，原本在师政治部的王顺才，被补调至连队任指导员。

敌军的飞机和炮火来了，志愿军就低低地伏在壕沟里。炮火一停，端枪和摸到阵前的美军步兵对射。

弹药打光后，志愿军就抱起石头砸。而每一处阵地的失守之前，都会是最后一个肢体不全的战士，拉响手榴弹或是爆破筒，滚向敌人。

作家魏巍曾在《汉江南岸的日日夜夜》一文中写道：这儿的每一寸土地都在反复地争夺。这儿的战士，嘴唇焦干了，耳朵震聋了，眼睛红了，他们用焦干的嘴唇吞一口炒面，一口雪……

那场阻击战中，王顺才负伤了。一块冒着烟的弹片崩进他的肚皮。王顺才没在意，仍端枪，瞄准射击。

"后来感觉腿上湿漉漉的，低头一看，血流了一地，肠子也流出来了。"王顺才被卫生员拖下阵地。

卫生员把肠子重新塞进他肚子，豁开的伤口很快被缝合了。王顺才还和卫生员打趣说："你倒是把肠子给我捋顺了啊。"卫生员哈哈笑着说："它们自己会找到自己的位置。"

50个昼夜下来后，部队受命回撤。王顺才连队只剩了30多人，其他人都战死了。撤离时，他们回头望望阵地，都哭了。

重睹天日

一个军用水壶，外出时王顺才都会把它带上。

水壶其实是个"两件套"，里面是一个弧形不锈钢水壶，外面的包裹壳取下来，还可以独立组装成一个饭盒，很是实用。

这是他当年的战利品，从美国大兵身上缴获的。他还缴获了一个照相机，但"不会摆弄"，就上交了。

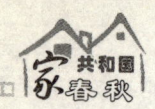

这么多年了,跟随他最久的,除了腹部那道伤痕,恐怕就是这个水壶了。伤痕会慢慢愈合,军用水壶也早淡去了干戈气息……

1951年4月至6月,在"三八线"南北地区,志愿军和朝鲜人民军组织了大规模对敌反击战。这是抗美援朝第五次战役。

不久,美国政府通过外交途径表示,希望进行停战谈判。中朝方面,经过五次战役,也深感在技术装备上处于劣势,在当时条件下,要想在短时间内歼灭敌人的重兵集团,困难极大。

战争双方开始停战谈判。此后,战争出现长达两年多边打边谈的局面。中间波折不断,但终于在两年后的7月27日,双方在停战协定上签字。

停战的消息像疾风一样漫过每一处阵地,每一个防空洞,每一个民居。疾风也刮到了王顺才彼时所处的身弥岛。

常年躲避战火侵扰的朝鲜族男女老少,从山洞里、地窖里走出来,先是哭,旋即就奔走相庆。

"那真的是重见天日的感觉。"王顺才形容。战时是见不到太阳的,白天,敌军的飞机但凡窥到移动的目标,炮火就会倾泻而下,"甚至,你出去大小便的时间,飞机都会来炸"。只有在晚上,才可能小心翼翼地间或走出掩体。

居民们翻出铜碗、盆子,一边敲打,一边跳起了朝鲜舞。志愿军战士也跟着跳起来,"有人把鞋底都跳掉了"。

其后的将近两年内,志愿军仍留在朝鲜,帮助战后重建,也备战提防对手毁约来犯。

那段时间,王顺才住在一位朴姓大妈的家中。家中一共三口人,对他很好,而他也会时不时把部队派发的香皂等物转送给他们。2008年重访朝鲜时,他曾有意回去探看,但因故未能如愿。

1955年5月6日,王顺才返回祖国。

东北望,再无战事。

制定宪法一切权利属于人民

■ 裴晓兰

1954年9月20日下午5时55分,中南海怀仁堂。当周恩来在中华人民共和国第一届全国人民代表大会上庄严宣布,《中华人民共和国宪法》经1197名代表以无记名投票的方式全票通过时,在场的所有代表都站起来,高呼"中华人民共和国万岁"、"中国共产党万岁"。经久不息的掌声和欢呼声响彻怀仁堂。

新中国历史上第一部宪法诞生了,庄严承诺响彻神州大地——中华人民共和国的一切权利属于人民。

回忆新中国第一部宪法诞生时的动人场面,已80高龄的许崇德仍感慨不已,"那是我一生中最激动的一刻"。

立宪准备

1953年,24岁的许崇德作为中国人民大学的一名教员,被借调到"宪法起草委员会"资料组工作,这位日后的中国宪法学泰斗由此见证了新中国第一部宪法从起草到出台的整个过程。

在此之前,我们国家只有一部《共同纲领》起着临时宪法的作用。因解放战争还未结束,经济也在恢复,新中国召开人民代表大会、制定宪法的条件还不成熟。

直到1952年底,中共中央开始统筹考虑召开全国人民代表大会和制定宪法等问题。

1953年新年,《人民日报》发表元旦社论,向全国人民提出了当年的三项任务:第一,继续加强抗美援朝的斗争;第二,开始执行国家建设的第一个五年计划;第三,召集全国人民代表大会,通过宪法。

不过,因部分地区遭受严重自然灾害,第三项任务在当年没能完成,推迟到1954年,但为人代会召开而进行的普选在1953年如期启动。

1953年3月1日,毛泽东以中央人民政府主席的名义,颁布施行了新中国第一部《选举法》。

首次普选

《选举法》施行之后,全中国首次搞起了民主普选。

1953年夏,许崇德和中国人民大学的两位同事一起被借调到中央内务部(现在的民政部),后被派往山东省泰安县城关乡搞普选试点。

在城关乡,太多从未听过的新名词让那些祖祖辈辈只知道种地的农民一头雾水。

"啥叫普选?"

"啥叫选民资格?"

"人代会是干吗的?"

为了动员大家,许崇德和同事找来青年团员组成了宣传队,挨家挨户讲:"从现在开始,我们要选举出自己的代表来管理国家,这是人民当家做主的权利,是神圣的权利。"

很快,宣传见了成效。选民登记那天,登记点一早就排起了长队,连大半辈子没出过几趟远门的农村老大娘,也穿上最漂亮的衣服赶来了。

因为旧社会很多妇女都没有名字,只有"王家大妹"、"李家大嫂"这样的称呼,所以许崇德和搭档们在登记选民时,现场就给她们起开了名字——"你叫王亚美,你叫李素珍……"

酝酿候选人、张榜公示之后,就到了选举的大日子。

许崇德记得,开选民大会那天,乡亲们紧挨着站在一起。大会主持人念完候选人的名字,同意的举手,不同意的不举手,这样就把乡人大代表选出来了。

"被选上的村民乐得合不拢嘴。"许崇德回忆,对于饱受压迫的中国农民来说,这次选举的意义不同寻常。

城关乡的农民正是亿万普通选民的缩影。按照当时人口普查统计,新中国有6亿人,而举行普选的近21.5万个基层选举单位,共涵盖5.7亿人,是一次真正意义上的普选。

草拟宪法

普选启动后不久,草拟宪法工作也随即展开。

1953年12月27日晚,一趟专列在冬夜的暮霭中悄然驶出北京站,向杭州疾驰而去。车上坐的是宪法起草小组成员,由毛泽东亲自挂帅。

到达杭州后,起草工作很快开始。

2月中旬,起草小组拟出了宪法草案的初稿,然后派专人送到北京。接到初稿后,刘少奇召集中央有关人员讨论,之后将意见发到杭州。杭州进行修改后,再将修改稿传回北京。这样来来回回多次，宪法草案初稿的草拟工作才暂告一段落。

3月14日，毛泽东启程返回北京。

3月23日，宪法起草委员会的30多位委员聚集中南海勤政殿，出席宪法起草委员会第一次会议。

会上，毛泽东指出，宪法草案要简单、明了，文字尽量通俗易懂。他举例说："宪法草案初稿把什么什么'时'都改为'的时候'。'为'字老百姓不懂，都改成了'是'字。"

3月28日，宪法起草委员会办公室正式成立，下设编辑组、会议组、记录组、联络组、总务组和资料组。这时，从山东泰安回京不久的许崇德，又被借调参加了资料组的工作。

细致修改

资料组的工作就是收集各时期、各国宪法条款等文献资料。在此期间，宪法草案的讨论和修改工作也在持续进行。

1954年3月29日，500多位全国政协委员分组展开讨论，共提出修改意见3900余条；接着是各大行政区、各省、市、自治区以及解放军，8000多人讨论后，又提出修改意见5900余条。

当时，宪法草案讨论稿要打印成册，新看法出现后，就会用纸条把原有条文贴上，写上新内容。

当时，宪法起草委员会聘请了法律专家周鲠生、钱端升为法律顾问，聘请教育家叶圣陶、语言学家吕叔湘为语文顾问，从各个角度对宪法草案进行研究推敲。

许崇德记得，检察机关应该垂直领导还是双重从属领导的问题，曾被反复讨论。

"涉及检察机关这一条，起初是'垂直领导'，过两天贴成了'双重从属'，再过几天又贴成了'垂直领导'。这样反复'贴'了多次，才定下'垂

● 那一刻

1954年9月20日，中华人民共和国第一部宪法诞生。

● 亲历者

许崇德

1929年出生，上海青浦人。中国人民大学教授、博士研究生导师。现居北京。

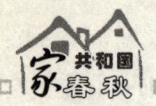

直领导'。"

而字斟句酌地推敲，更比比皆是。比如，草案第 54 条第 2 款写道："自治区、自治州、自治县设立自治机关。自治机关的组织和工作由宪法第二章第五节规定。"

讨论会上，张奚若提出，这里的"由"字是否要改为"按照"？因为"由"字有点未确定的意思，既然在前文已规定得很清楚，还是用"按照"好一些。

周鲠生说："由"字含有将来的意思，用"按照"也不太好，索性用"在"字倒好一些。

毛泽东说："在"字不那么妥当吧。

李立三说：还是用"由"字好，"按照"好像下面的话没有说完。

……

毛泽东最后说："由"字比"在"字好，也比"按照"好。张先生的意见怎么样？三个字比较，恐怕还是"由"字好。

张奚若说：我没有意见。一次，刘伯承、聂荣臻等委员主张将草案中第 42 条："中华人民共和国主席统率全国武装部队"中的"武装部队"改成"武装力量"。

法律小组的钱端升解释说：之所以写"武装部队"，是认为部队可以统率，力量不好统率。

毛泽东说：武装力量分两部分，一部分是部队，另一部分是部队以外的武装力量。如果照原文的写法，好像部队以外的武装力量不归主席统率了。

毛泽东环顾了一下会场，看着叶圣陶和吕叔湘，问：语文顾问同志，你们看哪个意见好？

叶圣陶回答说：还是改成"武装力量"好，我们看看第 4 条，第 4 条写有"……依靠……社会力量"一句话，既然社会力量可以依靠，为什么武装力量就不可以统率呢？

经过讨论，会议达成共识，第 42 条的"武装部队"改成了"武装力量"。

全民讨论

1954 年 6 月 14 日，中央人民政府委员会第三十次会议讨论通过了《中华人民共和国宪法草案》。

两天后，《人民日报》全文刊登宪法草案并发表社论，号召全国人民讨论宪法草案。一时间，一场大讨论在全国范围内掀起。

当天，在南京，《新华日报》多售出 8 万多份；福州，300 多个扩音器分别以福州话、闽南话向全市 50 万人播送草案内容；四川，宣传员向群众作了约 15 万次宣传，听众达 1800 万人……持续两个多月的讨论，参加人数达 1.5 亿人之多，占全国人口的1/4。

这次大讨论给许崇德留下了极深的印象。他说，1954年夏，我国发生了特大洪灾，不少地方政府是在防洪堤坝上组织民众讨论的。

此外，广大人民群众也提出了关于宪法草案的修改和补充意见。当时，洪水冲垮了公路、铁路，为了能将讨论意见送到北京，地方上用油纸、油布把文件包裹后，空运到了中南海。许崇德和同事们一起拆包裹，"每拆开一包，都非常激动。"

短短两个月，1954年宪法草案征集了118万条意见。许崇德和同事们为了及早整理好这些意见，几乎天天"开夜车"。最后，他们把意见归整编纂成了16本册子，宪法起草委员会认真考虑后，又对草案做了一些重要修改。

宪法诞生

就在全民大讨论的前后，第一届全国人民代表大会也进入倒计时。此时，许崇德被调进人代会提案组，由此见证了第一届人代会的盛况。

1954年9月15日下午3时，中南海怀仁堂庄严肃穆，毛泽东主席宣布大会开幕。随后，刘少奇作了《关于中华人民共和国宪法草案的报告》，指出宪法草案是"幸福生活的保证"，"每一条都代表着人民的利益"。

5天后，大会决定以无记名投票的方式通过宪法。

当天下午3时，大会执行主席周恩来首先宣布：今天1197名代表出席了大会，符合法定人数。

随后，大会秘书处的同志朗读了宪法草案的全文。宣读完毕，工作人员问："大家还有没有最后的修改意见？"全体代表以热烈的掌声回应没有。

随后，工作人员开始分发表决票。代表们画完票后，依次走到红色票箱前投票。

下午5时55分，计票工作结束，周恩来宣布表决结果：投票数1197张，同意票1197张。《中华人民共和国宪法》由中华人民共和国第一届全国人民代表大会第一次会议于1954年9月20日通过。

代表们不约而同地站了起来，尽情地鼓掌、欢呼。

那一刻，许崇德激动得流下了眼泪。他说，当时北京的大街小巷到处都在放鞭炮，当年许多父母给新生儿起名叫"宪法"。

后来，彭真曾回忆说："那个时候，中央决定重大问题时，毛主席、周总理常问：是不是符合宪法？"

见证了新中国第一部宪法诞生的许崇德，从此与宪法结下了不解之缘。他先后参与过1982年宪法、香港基本法、澳门基本法的起草。

人民英雄纪念碑曾180度转身

■ 张 然

1950年，从美国伊利诺伊州立大学获得土木工程硕士学位的陈志德回国，进入北京市建设局工作。

1952年，他被调入人民英雄纪念碑兴建委员会，担任施工组组长。自此，"纪念碑"成为他一生的关键词。

多年以后，陈志德的孙子在小学作业里，用"建立"造句：爷爷从美国回来，参与建立了人民英雄纪念碑。

结缘纪念碑

1950年1月，一艘轮船经香港驶向天津。33岁的陈志德站在船上，望着隔岸旗杆上的那一抹鲜红，内心的激动无法平复。两个月前，他便开始收拾行囊。因为大洋彼岸的他知道，新中国成立了。

只是那时他不知道，此前，中国人民政治协商会议第一届全体会议通过的一个决议，已经悄悄划定了大洋彼岸的他归国后最初的人生轨迹——参与兴建人民英雄纪念碑。

1949年9月30日，决议通过的当天下午6时，毛泽东率领出席中国人民政治协商会议的全体代表，在天安门广场举行了纪念碑奠基典礼。

随后的三年里，中央及地方共17个单位组成人民英雄纪念碑兴建委员会（下称兴建委员会），前期筹划和设计工作紧锣密鼓地开展起来。

兴建委员会用一年多的时间面向全国征集设计意见，在收到的140多种设计方案中，亭、台、堂、碑各式各样。几经归纳，意见归结为建设低矮分散型还是高大集中型上。后来大多数人认为歌颂人民英雄的崇高形象，表现其伟大功绩，工程应采取高大而挺拔的表现形式，因此兴建委员会放弃各种低矮的方案，将传统的碑身形式和碑座上的浮雕相结合，最终奠定了工程雏形。

1951年国庆节，陈志德在天安门广场上看到遴选出来公开征集意见的三个模

■1958年5月，人民英雄纪念碑落成。（资料照片）

型。一个是木制大模型，其形状酷似三个门洞的城台，上有高碑。另外两个小模型，一个是坡顶，一个是群像雕塑。

从美国伊利诺伊州立大学获得土木工程硕士学位的陈志德回国后进入北京市建设局工作。那时候，他和纪念碑还是两条平行线，直到1952年。

那年的第二季度，经过最终的讨论、修改，和目前相似的纪念碑设计方案最终敲定。兴建委员会成立施工组，陈志德被调任组长。当年8月，工程正式开工。

崂山采石

在吕爽的记忆中，自从陈志德进了兴建委员会，就一直非常忙。

陈志德的忙碌围绕着一块大石头。

按照设计方案，"人民英雄永垂不朽" 8个大字要刻在一块长约15米、厚约0.6米的整块碑心石上。为保证不折断，石料开采时厚度必须达到3米，这就意味着，毛坯将重达300吨以上。如此巨大的石块，如何从岩体上完整地开采下来？这是开采石料遇到的第一个难题。

"海上名山第一"的青岛崂山最西端的九座山峰称为浮山。因九峰并列，旧时被称为青岛名胜里的"浮山九点"。由于那里的石头质地均匀、耐风化，颜色、强度符合要求，经过全国范围的考察，纪念碑碑心石料开采地点就选在了浮山大金顶。

陈志德与工作组部分工作人员直奔采石场。出这趟差，陈志德并不安心——妻子的预产期就要到了。

一行人来到开采现场,面对完整开采300多吨大石料的难题,技术工人也无计可施。当地老石工出了个主意,选择一大块平整岩体,四周凿几个炮眼,在深处埋上炸药打"闷炮"。但是试了两次,结果都达不到所需要的平面尺寸。

再三商议、征求意见,工作人员想出了新办法:沿石料四周挖槽,然后沿石槽在预计的剥离面四周横向等距凿几十个对称的楔子眼。另外,石料长边两边对向凿出8个窝,放置200吨的千斤顶。由几十人用重锤将铁楔子插入预定剥离线中,同步均匀锤击,同时8个千斤顶也压足力量。

锤击的号子响彻大金顶,石料果然按预定剥离面分离——碑心石的开采问题解决了。

滚杠运巨石

很快,关于石头的难题又来了——这么大的石头,怎么运?

浮山采石地距离青岛车站大约15公里,大部分是丘陵地。最初设想是修一条临时重轨铁路直达石料处,但是刚刚建国,百废待兴,铁道的选线和路基、桥梁建设所费的人力、物力、财力……各种条件都不能满足要求。

工作组广泛征求各方建议。一位经验丰富的老起重工提出采取最古老办法——滚杠。

路面上纵向铺设枕木,鞍山钢铁厂找来的无缝钢管初坯放在枕木上做滚杠。大石头放在定做的铁架上,下面特意找来黑枣树与柿子树嫁接的硬木做成的平拍子。滚杠与木拍子接触,用推土机牵引滚移。大石料微微挪动了。

从浮山山路出口到青岛火车站,青岛市民代表队伍,一路夹道相送。大石所过之处,满是鲜花和爆竹声。

沿途清除障碍、加固桥梁,15公里的路程走了整整39天。

铁路部门多方协助,从东北小丰满水电站调来全国唯一能承载90吨的车皮,将大石料在车上临时加工减重运输。

1953年10月13日,挂着专列牌子的列车终于载着这块荣耀的石头,缓缓地驶进了原北京西站。

碑身转180度

工程如火如荼。吕爽感觉到,丈夫更忙了。他们将孩子送到姥姥家照看,平时只有周日一家人才能短暂团聚。

钢筋混凝土结构施工完成后,施工组突然接到兴建委员会的指示,要将整个碑面移转180度。

按照中国礼制中方向与尊卑的关系，建筑多为坐北朝南的。人民英雄纪念碑最初的设计，也是让"人民英雄永垂不朽"的碑题朝向南方。但是，当时许多群众向兴建委员会提出建议：重大的群众活动都集中在天安门与纪念碑之间的广场上，为了方便瞻仰，碑身正面应朝北，与天安门相对。这一建议得到中央领导及专家们的同意，决定把碑面移转180度。

多年后，陈志德在一篇回忆录中记述了石碑的这次华丽转身：施工组临时将石料砌面整个作南北对调。所幸，纪念碑的结构工程本来南北对称，变动固然很大，但未使施工进展受到影响。

60吨碑心石"站"起来

按照设计方案进行最初的加工后，碑心大石虽已"瘦身"到60吨，但依当时的条件，要把这么重的石头吊起20多米安装到碑身上绝非易事。

据当时工程人保组负责信件收发的陈棣桐回忆，当时，来自全国各地的信件都邮寄到兴建委员会。一位热心市民写信为安装碑心石出主意：用古代寺庙挂大钟的办法，在广场上堆起20多米高的一个倾斜土坡，将碑心石沿坡拉上纪念碑主体进行安装。

经过周密计算，按照这个方案，石头倾斜到一定角度的时候，禁不住自身重量，势必会折断，因此施工组放弃了这个方案。而从首钢借来的两台德国进口桅杆式起重机，承重最多也只有30吨，还是无法完成起重任务。

好在这一次的难题，陈志德有准备。当年施工组的工程师刘士元回忆，早在纪念碑结构设计阶段，陈志德就提出日后有可能起重设备无法满足要求的想法，所以前期设计施工时，纪念碑主体结构配置了足够的钢筋，以防后患。

● 那一刻

1958年5月，人民英雄纪念碑落成。

● 亲历者

陈志德

1917年生于江苏常州，人民英雄纪念碑兴建委员会施工组负责人，曾任北京市地质地形勘测处处长，2002年去世。

● 讲述者

吕 爽

86岁，陈志德的妻子。

刘士元

86岁，陈志德的同事。

陈棣桐

86岁，陈志德的同事。

咨询了茅以升等多位国内专家的意见后，施工组最终拟出了安装方案：利用滑轮原理，将纪念碑内部的混凝土方筒直接作为起重支柱进行吊装。碑身两旁各立一个高吊杆，以调整石料的摆动及平正。

施工组用相同的石料建造了一个小型的碑心石和小型碑体。经过多次实验，确保万无一失后，决定正式安装。

负责现场保卫的陈棪桐对那一天的情形记忆犹新。一大早，茅以升、刘开渠、梁思成、林徽因、范文澜、郑振铎等100多位各界专家、领导聚集在广场上。8点半，碑心石缓缓起吊，现场顿时安静下来。

下午两点左右，经过6个小时小心翼翼地操作，大石料准确就位。

静静等待的人群爆发出一阵欢呼。

五颜六色的石头

纪念碑兴建的每一步进展，都牵动四海。

主体工程正在兴建时，有一天陈棪桐转交给陈志德一封特殊的来信。信是贵州的一所小学写来的，大意是说因为距离北京较远，无法亲历纪念碑的兴建。希望施工组能从工地上捡一些石头，寄给他们留作纪念。

陈棪桐清晰地记得，陈志德要求施工组工作人员利用业余时间将纪念碑用剩的石料制成规则的小石条：红的来自青岛，黑的来自北京昌平，莹白的汉白玉来自北京房山……再把五颜六色的小石头摆在一个精美的木盒子里，寄给了贵州的那所小学。后来，校方回信感谢说，他们把那些小石头当成纪念碑一样瞻仰、尊崇。

1955年5月，市属的第一个工程勘察专业单位——北京市地质地形勘测处成立。陈志德从纪念碑兴建委员会调任该处处长，后兼任总工程师，自此开始了回国创业的第二阶段。

1958年的五一劳动节，红色大幕揭开，历时八年有余，人民英雄纪念碑正式落成。数万人涌向天安门城楼欢呼，广场上放飞无数的和平鸽。郭沫若有诗曰：巨厦煌煌周八面，丰碑岳岳建中央。

由于当时有任务在身，未能亲历纪念碑工程竣工的喜悦，成为陈志德最大的遗憾。带着这个永远的遗憾，2002年，陈志德走完了生命的全部历程。

2008年国庆节，陈志德的小儿子从国外回来。路过天安门广场时，他指着纪念碑，认真地告诉从小生长在国外的女儿："这就是人民英雄纪念碑，你爷爷还参与了建造哩。"

（感谢北京市勘察设计研究院、北京市勘察设计研究院有限公司对本文的贡献）

原子弹爆炸戈壁滩升腾蘑菇云

■ 孙 乾

一团蘑菇云伴随惊天动地的巨响翻腾而起。战士应声跃起，将军帽抛向空中，"万岁"声此起彼伏，军帽上的一颗颗红星在蛮荒的西北戈壁熠熠生辉。

这是1964年10月16日15时，罗布泊，戈壁滩，中国第一颗原子弹爆炸时的情景。

此后，这幅情景以黑白画面的形式，无数次在电视屏幕上重现。

"这样拍不对。"82岁的许瑛说，"声音传播比光慢，我们先看到蘑菇云，就开始欢腾了，后来才听到如雷的响声。"

那一刻，37岁的装甲兵核效应试验大队队长许瑛，站在离爆心50公里的沙丘上，见证了这历史性的一幕。

这一幕被许瑛长久地埋藏在心底。膝下子女多次打探，许瑛总是一贯静默，"没有什么好说的。"

"中国军人只有任务，没有传奇。"许瑛说。

绝密任务

1964年3月的一个夜晚，北京郊区，中国人民解放军装甲兵装备技术科学研究院（下称"装甲兵科研院"）大院。

一阵急促的敲门声，打破了这个大院的寂静。

政治协理员曲书泽打开门，发现院子里站着院党委书记兼政委诸敏的秘书。随后，曲书泽被请到诸政委家中。

书房门紧闭，诸政委表情肃然。曲书泽感到气氛有些异样。他迅速回忆最近工作有没有失误，有没有犯政治错误，可是找不到头绪。

这时，诸政委开口了。

"三大纪律八项注意第一条是什么？"

"一切行动听指挥。"

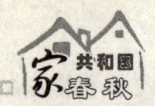

（资料图片）原子弹爆炸后，蘑菇云不断翻滚。

"能背下军人保密守则吗？"

"能。""好吧。"

诸政委取出一张公文笺，递给曲书泽。

"看清楚了吗？"

曲书泽盯着公文笺，一动不动。

"看清楚了。"

诸政委划了一根火柴，公文笺瞬间化为灰烬。

"这件事除了我和麻志皓院长，其他常委都不知道。"

曲书泽立即意识到，自己接到的是一项"绝密任务"。

公文笺上写的是：组织上决定让你参加原子弹爆炸核效应试验任务。

几乎同时，许瑛接到装甲兵科研院院长麻志皓的通知："我国要进行核试验，装甲兵要组织一个核试验队，组织决定由你负责，协理员曲书泽为你的助手。"

许瑛听完，瞪大眼睛，"双眼似乎要喷出火来"，愣在原地。他抑制不住内心的亢奋。

1952年，许瑛参加抗美援朝。志愿军节节胜利，美国便多次以使用原子弹威胁中国。"我们恨透了这个东西！"许瑛说。

1958年，面对步步紧逼的核威胁，毛主席说："原子弹就是那么大的一个东西，没有那个东西，人家就说你不算数，那么好吧，我们就搞点吧，搞一点原子弹、氢弹，我看十年功夫完全可能。"

"现在我国有原子弹了！打破核垄断的日子为时不远了！"许瑛在回家路上一遍遍地想。

紧接着，装甲兵科研院几经斟酌，精选39名试验人员，于1964年4月14日成立装甲兵核效应试验大队。许瑛任大队队长兼党委书记，曲书泽任政委兼党委副书记。

与此同时，空军、炮兵、防化兵等9个兵种相继成立试验大队。装甲兵的任务是在原子弹爆炸之前，把各型坦克装甲车辆、测试仪器、各种动物布放在爆心周围的不同距离上，待原子弹爆炸之后，驾驶坦克赶往爆心附近回收仪器和动物，以研究原子弹爆炸效应。

由于装甲兵有敦厚的坦克作掩护，对冲击波辐射等有削弱作用，因此装甲兵将成为核效应试验中,唯一一支穿越原子弹爆心的队伍。

从组建成立的那一刻起,这支队伍就开始了一段"上不告父母,下不传儿女"的隐蔽行动。

进军罗布泊

1964年7月16日,装甲兵核效应试验大队向核爆炸试验场——罗布泊进军。

出发前,许瑛在动员大会上强调,半路停车时如果有人问"你们从哪里来?"就回答"我们从后边来。"如果问"你们到哪里去?"就回答"我们到前边去。"同时,大队对外宣称"野外试车大队",以去野外调试装甲车为名,以保障行动不泄密。

参加试验的坦克被塞进列车车厢,顶部用篷布遮盖起来,人员也作为"秘密武器"乘坐闷罐车。

五天五夜3550公里铁路行军之后,闷罐车行至吐鲁番兵站。接着,"试车大队"换乘敞篷老解放卡车开始爬天山、穿戈壁。550公里公路行军,几乎都是硬戈壁搓板路,汽车只能低速爬行前进。

就这样,"试车大队"西出阳关,北越嘉峪,越走越蛮荒,直到7月31日晚,踏进神秘的罗布泊。

几千年前,这里中兴着一个玉壶美酒、胡歌汉舞的楼兰王国,丝绸之路也途经此处。而眼前的这番景象,把这群刚刚踏上这片土地的青年彻底镇住了:苍穹高远,戈壁滩一望无际。沙丘连绵起伏,四下眺望,没有人烟,不见牛羊,甚至看不见苍鹰,偶有零星的骆驼草提醒着生命的存在。寂静,近乎死寂。仅有经久不息的大漠长风,与人的喘息声相伴。

唯一让人感觉舒服的是一条河。这条河有一个美丽的名字:孔雀泉。然而美妙的泉水却又苦又

● 那一刻

1964年10月16日,中国第一颗原子弹爆炸成功。

● 亲历者

许 瑛

1926年生于河北,1962年进入中国人民解放军装甲兵装备技术科学研究院工作,1964年4月,任装甲兵核效应试验大队队长兼党委书记。经历过中国第一次原子弹爆炸试验,共经历四次核效应试验。1987年离休。现居北京。

涩,超量的钙、镁、芒硝让所有人开始闹肚子。

1964年8月的一天,戈壁滩的大风携黄沙碎石钻进测试组的帐篷,卷着一张资料纸呼啸而去。

"追到天边也得追回来!"纸上的一字一句均是机密。许瑛命令队员务必追回。

那张资料却像一只调皮的老鹰,刚落下不久,等人靠近它又飞走了。最后,装甲兵团出动吉普车,一直追到十几公里外的孔雀泉边,才把它追回来。

汗洒戈壁滩

生活尚未完全适应,装甲兵核效应试验大队便领到了最重要的任务:装甲兵试验人员需在原子弹爆炸后,冒着大剂量放射性沾染的危险,第一时间冲向爆心,及时回收试验仪器。

为减少核辐射沾染,战士们需要穿着高性能的胶皮防护衣具,从头到脚包个严严实实。

8月的戈壁滩气温高达43摄氏度,地表温度达72摄氏度。在这里穿上防护衣具两个小时,相当于一个炼钢厂的炉前工一天劳动的体力消耗。穿上以后,不一会儿汗水淌满靴筒,走起路来唧唧作响。

核爆炸后进出试验区一次为80公里,这意味着穿一次防护衣具最少要坚持5个小时才有可能获得数据。而防化兵经过一年训练,才能坚持两小时,只有少数人达到3小时。

"同志们,我们必须达到5小时,拿到试验成果!"许瑛咬咬牙,在当时的技术条件下,这是唯一的办法。

开始时,队员一闻到浓重的胶皮味道就吐酸水,来不及摘下面具就吐了。秽物堵住了通气活门,队员摘下面具甩甩,再戴上苦练。半天半天地练,不吃不喝,不拉不尿。

即使这样,装甲兵团依然苦中作乐,因防护面罩滤毒罐像一个长长的猪鼻子,他们便戏称这种训练为"猪八戒过火焰山"。

训练半个月,队员均已达到指标要求。有队员竟可穿着防护衣具连续工作8小时,创下基地最高纪录。防化兵目瞪口呆:这伙装甲兵,莫非都是铁打的?

每个战士的心里都清楚,这件事关乎祖国命运。他们苦苦支撑着,在帐篷外用石头拼成"一不怕苦二不怕死"几个大字。

在距离帐篷更远的地方,这片埋葬着冷兵器的楼兰古国遗址上,最具杀伤力和破坏力的尖端武器——原子弹,已安然停在爆心的铁塔上。

那一刻即将到来。

冲向爆心

1964年10月16日，中国第一次原子弹试爆炸日。

许瑛带领队员最后一次进场，各自检查所辖布点和仪器设备。随后，装甲兵撤到离爆心50公里外的观察点上。

"零前20秒。"扩音喇叭里，一个女声响起，战士立即屏住呼吸，许瑛听到自己胸口"扑通扑通"作响。

"10、9、8……3，2，1，起爆！"那时，装甲兵没有5000度的防护墨镜，许瑛要求队员起爆前，用手捂住眼睛，把头垂下，以防光辐射刺伤眼睛。"这比一千个太阳还亮。"他告诉战士们。

"起爆"的指令已经下达了几秒钟，可是同志们没有听到想象中的爆炸声。"莫非是颗臭弹？"有人想抬头看个究竟。

这时，许瑛猜想肯定跟声音的传播速度慢有关，他叉开指缝向爆心望去。此时，蘑菇云已经直抵云霄，他高喊："成功了！"

随着他的喊声，同志们一跃而起。眼前这朵蘑菇云不断翻滚。

随后，巨雷般的爆炸声终于传到了观察点。

此时，"全副武装"的装甲兵们坐在坦克里按捺不住，揣着胶片盒和剂量笔就要冲向爆心。但是，这次原子弹爆炸属地爆，地表的放射性沾染严重超过人体承受能力，剂量笔在远离爆心几十公里处就响起警报。装甲兵均被场区周围的关卡守卫截拦在外。

爆炸后43小时，放射性沾染的剂量有部分散失，许瑛才接到上级通知：装甲兵去爆心回收试验仪器。

装甲兵驾驶坦克50公里到达爆心后，进行回收工作不超过一小时，怀里的剂量笔就会"吱吱"作响，警示放射性剂量已经超标。"还没真正开始干活，就必须撤出去换下一批，"许瑛说，"很多战士不想离开，直到被组长呵斥才乖乖爬到车上。"

连续工作近一个月，装甲兵团取得了厚厚一沓试验数据。许瑛在总结大会上说："周总理当初指示，能一次完成的试验必须一次完成，我们真的做到了！"

"如果60年代以来中国没有原子弹、氢弹，没有发射卫星，中国就不能叫有重要影响的大国，就没有现在这样的国际地位。大家要记住那个年代。"多年以后，邓小平在南巡讲话中如是说。

1996年7月29日，我国政府宣布从7月30日开始暂停核试验。30年间，先后10万人次参试，共进行核试验42次。

（感谢原装甲兵核效应试验大队一分队队长郭洪祥及队员张化龙对本文的贡献）

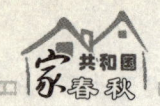

东方红一号首颗人造卫星上天

■柳志卿

如今,"东方红一号"卫星仍然在太空中绕着地球飞行。那些曾经为这颗卫星默默奉献的人们多半已经不在,但是历史已经记住了他们。

时隔多年,72岁的潘厚任对往昔的许多细节记忆犹新,作为"东方红一号"的研制参与者,那些尘封的历史从未远去,年月日、白天黑夜、天气、人名、地名、文件图表,甚至某个人说话时的语气,他讲述起来,都如同昨天发生的事。

绝密"581"

1957年10月,苏联成功发射人类第一颗人造卫星,震惊世界。中国科学院应苏联天文委员会之邀,组织南京、北京、上海、昆明等地对这颗人造卫星进行观测。10月13日,在中国科学院召开的座谈会上,钱学森、赵九章等著名科学家建议我国开展人造卫星的研究工作。

1958年5月17日,毛泽东主席在中共八大二次会议上指出:"我们也要搞人造卫星。"同年10月,一个以人造卫星和火箭为专门研究对象的机构在中国科学院秘密成立,代号为"581"小组,意为58年的第一号重大任务。钱学森任组长,赵九章任副组长。

此时的潘厚任还在南京大学天文系上学。苏联卫星上天,中国也掀起了一阵热潮,高校纷纷开展卫星研究。本来和卫星没有关系的天文系,在学校提出把探测仪器借助火箭发射到太空去观测空间环境后,潘厚任和同学老师开始学习测算人造卫星运行轨道。不过,他并未打算今后从事卫星研制。

第二年8月,学校毕业分配,潘厚任被分配到中科院搞卫星,进入"581"小组。他的第一反应是"不太想去"。"我是学天文的,这个造卫星和我的专业也没什么关系。"

虽然有情绪,在"听从祖国召唤"的时代,潘厚任没想太多,拎着几件行李离开

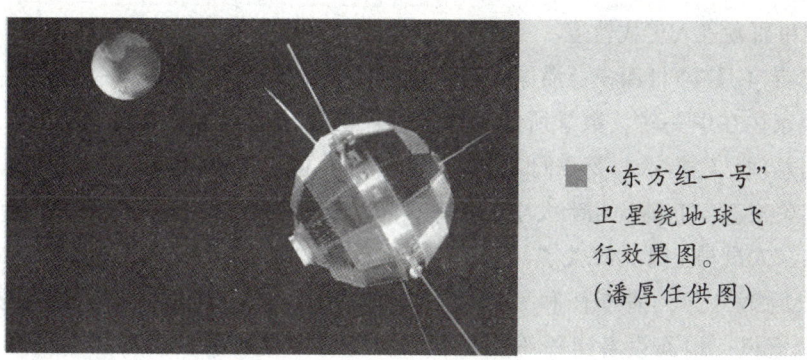

■ "东方红一号"卫星绕地球飞行效果图。（潘厚任供图）

故土来到北京，加入了当时绝密的"581"小组。"什么都不能对外说，家人、同学都不能告诉，信箱什么的都是代号，和家人说起来只能说去中科院上班，记事的笔记本都要上交。"

潘厚任的秘密生活在北京西苑的一个破旧的三层小楼里面开始，这栋破旧的小楼是"581"小组的工作地，"东方红一号"也是从这里开始"飞天"。

一封改变历史的信

1959年之后，我国科研战略调整，集中进行探空火箭、原子弹、氢弹的研发，卫星进度放缓，但是依然制造了不少研发卫星的相关设备。"大型振动台、冲击台、地面气候模拟试验箱、噪声模拟室，直径6米的离心机和直径2米的高真空罐等空间环境模拟试验设备，可进行探空火箭箭头和小型卫星的整星环模试验。特别是高真空罐，可模拟卫星在轨道运行时的黑冷环境和热辐射环境。"

另外，北京、上海嘉定、山西太谷三地建立了三个科学仪器厂，承担卫星无线电设备的加工生产。这三个工厂成了卫星本体加工生产、总装测试的主力工厂。

1964年10月，卫星倡导者之一的赵九章赴西北基地参观"东风2号"导弹发射试验，在充分了解情况之后，感到从运载火箭的条件来看，已可把卫星工程提上日程了。

12月全国人大会议期间，他写了一封信给周恩来，建议国家尽快制订卫星发射计划，把导弹打靶和发射卫星结合起来，可达一箭双雕之目的。与此同时，钱学森也提出把人造卫星研制尽早列入国家计划的建议。

"赵先生的字写得很好，那份原件现在还保存在档案馆里。"潘厚任把那封信视作"东方红一号"卫星的一个重大转机。

周总理看过赵九章的建议书后十分高兴，利用开会间隙找到赵九章，希望他会后尽快拿出切实可行的实施报告。1965年1月，赵九章等人写成具体的建议报告，获

批后,卫星研发进入正式轨道。

1965年4月22日深夜,潘厚任清楚地记得这个日子。"赵九章打电话把我叫到他家,他家住在中关村,数学所的关肇直所长也在,赵九章很激动,拿出了一个小本,说周总理已经指示,要我们拿出一个方案。我们从1958年开始,终于等到了今天。他问关肇直,卫星就几米大小,飞那么高,看都看不见,怎么抓住它。希望关所长组织技术人员马上开始攻关。"

夜谈后第二天,潘厚任和另外两名专家何正华、胡其正组成了卫星总体组。随后,轨道组、地面设备组纷纷成立,中科院各个院所都被动员起来全力以赴研制卫星。

一生中最长的会议

卫星研发步入快速轨道,总体组三人夜以继日,10天之内拿出了第一颗人造卫星方案设想和系列规划。

"三张图,一张表,卫星外形图、卫星结构布局图、卫星运行轨迹图,表就是卫星的设备。方案交上去后,中科院向中央做了汇报。"潘厚任说。

初步方案做出来后,给卫星起名字就成了一件大事。"画卫星结构图的何正华提出来,建议把卫星命名为'东方红一号',这个提议大家都很赞同,没有人有异议,于是在方案上初步就这样叫,后来请示中央后得到批准。"

根据研究的进度预估,卫星预计在1970年发射。同年7月,中科院向中央上报"关于发展我国人造卫星工作的规划方案建议",经中央批准,我国人造卫星工作由此正式上马,代号为"651任务"。

"这也是一个绝密任务。因为赵先生上书周恩来建议搞卫星的时间是1965年1月,所以就叫做'651任务'。"

经过两个多月准备,中科院受国防科委委托,于10月20日至11月30日主持召开全国各有关单位参加的"651会议"。会上全面论证了我国第一颗人造卫星"东方红一号"的方案,把实现目标归结为12个字"上得去、抓得住、听得见、看得见"。

"会是在友谊宾馆开的,很多单位都参加了,中科院、国防科委、总参、七机部十几个大单位,前前后后专家上百人,我们总体组的三人都去了。一开始没想到会开那么长,也没定结束时间,白天开会,晚上论证,一直开了42天,这是我开过的最长的一次会议。"潘厚任说。

这个会议开过后,中央立即组建了"651"设计院和"701"工程处。前者负责卫星本体的设计研制和总体协调,后者负责地面跟踪台站的总体设计和筹建。卫星本体、各分系统、地面台站选点等工作全面铺开,另外,在全国各地安排落实了近200

个预研和试制项目,大到分系统、小到元部件,"东方红一号"卫星的工程研制工作全面开始。

给卫星加"围裙"

正当卫星研制顺利进行的时候,1966年,"文化大革命"爆发,"东方红一号"的倡导者、"651"卫星设计院院长赵九章被打倒。1968年10月,他不堪受辱服药自尽。

为确保卫星研发的顺利进行,中央决定对中科院实行军管,几近停滞的卫星研制在形式上有了一定的保障,中央很快抽调力量组建新的机构集中搞人造卫星。

中科院所属的"651"卫星设计院、自动化研究所、力学所、北京科学仪器厂等十余家科研单位以及当时的七机部部分骨干一起组建中国空间技术研究院,钱学森任院长。

"总体组改组,我一个人留下来,搞天文轨道,让我当副组长,沈振金任组长。"潘厚任回忆。

没有任何卫星研发经验可以参考,难题接踵而至。

钱学森在研究院的二楼办公,潘厚任在五楼,有一次深夜,钱学森把潘厚任三人叫下去,问:"卫星放到天上到底能不能看见?"

潘厚任回答:"这个星的直径1米,亮度相当于7等星,在天气、光线都好的情况下,人的肉眼最多只能看到6等星,也就是基本看不见7等星。"

"看不见"变成了大问题。科学家们终于在火箭上找到了办法。

"为了让大家看到,后来在末级火箭上加一个特殊材料制成的'围裙',卫星上去之后,末级火箭脱离,'围裙'撑开有几十米,大面积反射太阳光,与卫星一前一后,速度轨道差不多,容易看到,所以大家当时用肉眼看到的是带着'围裙'的末级火箭,并

● 那一刻

1970年4月24日,"东方红一号"卫星在酒泉卫星中心发射成功,使中国成为世界上继苏联、美国、法国和日本之后第五个完全依靠自己的力量成功发射人造卫星的国家。

● 亲历者

潘厚任

1937年生,江苏苏州人。中国科学院空间科学与应用研究中心研究员,曾参加我国第一、第二颗人造卫星的总体设计和卫星系列规划制订,曾任"东方红一号"卫星总体设计组副组长;退休前为中国科学院"空间科学与应用总体部"副主任兼"载人航天工程应用系统"副总指挥。现居北京。

非卫星本身。"

借收音机测频率

解决了"看得见"的问题,"听得见"的问题也让科学家们费尽了心思。时至今天,已无从考证谁第一个提出在卫星上播放《东方红》歌曲,但是播放《东方红》这首歌曲的重要性已经不亚于卫星本身。

怎样听,用什么听?钱学森再问潘厚任等人:"卫星绕地球转的时候,能不能让亚非拉的人民也用普通收音机收听?"

潘厚任接过了这个难题,他用了三个月时间求解。在物资匮乏的年代,他也不知道国外用的到底是什么收音机。凭着一张介绍信,他到一个国家库房里把全世界各种类型、最先进的新型收音机每种借了一个,这些在中国市面上都没有。

"当时最先进的口袋收音机,刚出的,就像烟盒那么大的,都拿过来测试了。"把各种类型的收音机借出来之后,他测了各种收音机的灵敏度,反过来推算卫星需要发射的功率有多大。

后来他发现如果要让普通收音机收到,在卫星装上发射机后,卫星的重量将超过1吨。这对于当时火箭的运载能力来说是不可行的。

用地面站转播,这是一个现实可行的办法。所以,在卫星发射上去后,全国人民在广播中收的信号,都是从地面跟踪站转播的卫星信号。

人造卫星横空出世

1968年初,"东方红一号"横空出世,卫星的初样研制完成。在经过试样和正样后,卫星就将上天。

这个放在研究院二楼的卫星初样和发射时的大体相同,直径1米,72个铝合金面闪闪发光,里面的"五脏六腑"基本就位。

潘厚任看着这个集合着无数科研人员心血的金属球体,心中感慨万千。

1969年之后,潘厚任随着中国空间技术研究院下属的一个研究所迁往陕西,继续从事卫星仪器的研发,直到1979年才回到北京的中科院。

1970年4月24日,"东方红一号"在甘肃酒泉卫星发射中心成功飞天。那天,潘厚任在陕西的一个山沟里,通过收音机收到了来自卫星上的《东方红》乐曲。这一天,他很高兴,也很平静,他知道,卫星肯定能发射成功,太多科学家将毕生的精力和生命奉献给了这颗卫星。

因为化学电池寿命有限,"东方红一号"设计的工作寿命为两周,在太空中飞行了一个月后,与地面失去了联系。

人民大会堂 新中国的建筑奇迹

■ 张 然

如果说建筑是凝固的音乐,那么被誉为建国初期十大建筑之首的人民大会堂无疑是新中国建筑史上的一曲华丽乐章。

承载了重要的政治意义、宏伟的建筑规模以及博采众长的设计风格,这座共和国的标志性建筑从破土动工到全部完工,历时仅10个月,堪称奇迹。

建筑面积扩大一倍多

1958年9月初,国内30多位建筑界顶级专家先后收到一份内容几乎相同的加急召集文件。文件发自北京市政府。

文件要求:名单所列人员迅速赶到北京。

30多位专家星夜赶路,到京后才知道他们此行的目的:用最短的时间设计一座属于人民的大会堂。

原来,1958年8月,中共中央政治局扩大会议就作出决定:为迎接新中国诞辰10周年,要在北京建设一批重点工程,时称十大建筑。人民大会堂是重中之重。

根据当时的要求,大会堂建筑面积必须限定在7万平方米内。万人大礼堂、5000人宴会厅以及全国人大常委会办公楼,这么多的内容怎么合理安排在7万平方米内?时任人民大会堂结构设计组设计师的李国胜说,他们当时心里直发虚——无论怎么精打细算,设计出的方案都显得"小家子气"。

北京市规划局大着胆子提交了一个建筑面积超过原要求一倍多的设计方案。

周总理亲自拍板:"就用这个!"

紧接着,北京市规划局建筑设计院(现北京市建筑设计研究院前身)快马加鞭地设计图纸。最终,人民大会堂总建筑面积从原定的7万平方米扩大到17万余平方米,大大方方地落在了图纸上。

■人民大会堂外景。这座标志性建筑从破土动工到全部完工,历时仅10个月。(资料图片/本报记者 周民摄)

十八台钻打擂台

建筑专家们忙于设计时,北京市地质地形勘测处(现北京市勘察设计研究院前身)已开始在天安门广场上打起了前战。

1958年9月9日,勘测处连夜调集在远郊各地执行钻探任务的工作人员回市里为人民大会堂进行前期勘察。

"'十八台钻打擂台',现在还在院里流传着哩。"老工人张文雪至今清晰地记得勘察工地上的那段佳话。

天刚亮,工地上迅速支起18台手摇钻。工作人员一声令下,擂台赛热火朝天地开始了。工人们几人一组,负责一台机器埋头钻探。工作人员奔走于各个小组之间统计数据。

天暗下来,工地上高高挑起一盏盏煤油灯,夜晚从不沉寂。有人实在困了,找个屋檐倒下就睡。张文雪的梦常常关乎第二天一大早公布的比赛结果。

前两个阶段的勘察工作顺利地完成了。

1958年10月28日,天安门广场上热热闹闹地响起一阵机器的轰鸣——人民大会堂破土动工。第三阶段的勘察工作随即启动。

有一天,工人们正在挖土,突然有水汩汩地冒出来。经勘察,一个埋在地下的秘密被揭开了：人民大会堂设计场地下方竟然有三条古河道。

工作人员判定其中两条分别是元、金两朝城墙的护城河故道，另一条是几万年前的永定河古河道。这么复杂的地形能够支撑上部建筑吗？所有人都捏了一把汗。最终，经专家讨论，在古河道地区采用特殊的箱形基础，以保证建筑的安全性。事实证明，当年针对如此复杂的地形所做的一系列处理是成功的。

万人礼堂无柱子

1959年5月，宴会厅和人大常委会办公楼两大主体都已进入到外部装修阶段。万人大礼堂里却因为结构复杂、空间范围大，仍然在进行结构施工。

由于当时的负责人积劳成疾，在国庆工程办公室工作的侯文长紧急受命，担任人民大会堂工程第二指挥部负责人，主抓万人大礼堂工程。

今天我们看到的万人大礼堂宽76米，深60米，中部高32米。这么大的空间里没有一根柱子，无论从哪个方向都能没有遮挡地看清主席台。

可是，当年侯文长刚一上任，如何形成无遮挡视觉效果的问题就使他犯了难。

设计人员研究决定，采用大跨度的钢桁架代替柱子进行支撑。这意味着要在东西两侧大墙上安装12榀7米高60.9米跨度的大钢架。

问题随之而来，以当时的条件，这样的"庞然大物"如何吊装到几十米的高空？

请来的苏联专家建议：用两台起重机分别吊起钢桁架的两侧进行吊装。没想到，由于两边同步起吊的问题无法解决，吊起来的轻型钢架竟拧成了"麻花"。

苏联专家也没了主意。三天三夜冥思苦想后，

● 那一刻

1959年9月10日，人民大会堂落成。

● 亲历者

李国胜

76岁，北京市建筑设计研究院退休职工。参与人民大会堂结构设计。现任人民大会堂顾问。居住北京。

侯文长

85岁，北京市建工集团一建公司离休干部，曾为人民大会堂工程第二指挥部指挥。现居北京。

张文雪

76岁，北京市勘察设计研究院退休职工，参与人民大会堂勘察工作。现居北京。

一位有经验的老起重工想了个"土办法":将两个人字形支架立在人民大会堂的两面墙上,以墙体为支撑点,进行吊装。

老工人哨子一吹,两边工人们一同协作,大钢架缓缓起吊——成功了。

水天一色的屋顶

有了钢架,紧接着就涉及到屋顶的设计。周总理来现场视察内部装修模型时,对屋顶的设计风格提出的要求是:水天一色。

设计方案新鲜出炉。屋顶呈穹隆状,内部设计三圈带有水波形状的暗灯槽,上面分布500个灯孔。穹顶与墙壁均设计成淡青色,两者之间圆角自然过渡,浑然一体。打开顶灯,人仿佛置身浩渺星空,顿生"天人合一"之感。

然而,诗情画意的设计却在实践中遭到冷遇。

"想得挺好,可圆角的三维施工图纸没人画得出来。"侯文长犯了难:没有图纸,让工人们怎么施工?

距离大会堂竣工的期限不足4个月,好的创意变不成现实,工程再次陷入僵局。这时,一位老工人的一句话提醒了大家:"公共汽车的顶子不是弧形的吗?"

醍醐灌顶。一行人随即坐了一整天公共汽车,仰着脖子研究弧形顶。然后又跑到公共汽车修理厂,解剖了一辆旧公共汽车的顶子,"依葫芦画瓢"绘制出了小样。

数百人"高空杂耍"

1959年5月下旬,距离工程竣工仅剩下3个月。万人大礼堂进入内部装修阶段。按照一般程序,纷繁复杂的内部装修根本无法在不足100天内完成。

想要成就奇迹,就必须"压缩时间"。道理侯文长明白,可是地面在铺地板,吊顶也需要从地面搭架子。类似的空间冲突怎么解决?

一位经验丰富的架子工想出了"高空杂耍"的办法:把一根根杉篙一头固定在钢桁架上,另一头垂在半空中,工人们像"猴爬杆儿"一样,脚别着杉篙,头朝下"噌噌噌"从钢桁架上顺着杉篙爬下来,吊在半空中。

几百人倒悬高空,颤颤巍巍地搭出悬空的架子。侯文长说:"那是整个大协作里面最精彩的一幕。"

就这样,万人大礼堂被分成天外有天的八层空间。4000多名工人分布其中。侯文长站在工地上,极目四望:从地面到屋顶,满是忙碌却有条不紊的工人。铺地面、安楼板、吊天棚……11个工段平行流水、立体交叉,同时高速进行。

"场面很壮观,让人看了震撼得心怦怦跳。"侯文长很骄傲:本需要半年以上才能完成的任务,仅用了 40 天。

验收时一场虚惊

1959 年 8 月,大部分工程都进入验收阶段。万人大礼堂也终于完成了内部装修,加入验收队伍。

侯文长心里叨念:"验收了,千万别出什么岔子。"

可是一天后半夜,万人大礼堂里却突然传出一阵爆裂声。侯文长和所有工作人员一下子绷紧了神经。

现场立即高度警戒,任何人不准进入。十周年庆典近在咫尺,安全问题容不得半点差错。这爆裂声从何而来?

工作人员仔细检查,发现地上满是小米粒大小的碎玻璃。原来是万人大礼堂二层的多盏花灯在试运转过程中禁不住高温爆裂了。

虚惊一场。侯文长连夜召集生产厂家,将整个大礼堂的破碎灯盏全部更换,逐一仔细检测后,大礼堂灯火通明三天三夜,再没有出现一盏损坏,这才通过了验收。

600 人午夜饺子宴

万人大礼堂内的收尾工作是在每个座位上安装当年堪称"高科技"的翻译工具——译意风。

接收设备共 3700 多套,是由南方的一家无线电工厂生产的。时间紧迫,周总理要求厂家测试完以后派专人、专机直接送到大会堂现场。

约定交设备的当天,从各指挥部抽调来的 600 名高级木工在万人大礼堂内,只等设备一到马上安装。

晚上 10 点多,空运的译意风终于到了。午夜,万人大礼堂内,工人们争分夺秒。侯文长抬头却见一辆平板三轮悠然而至。碗、筷子、醋、大蒜……好几筐箩的饺子——为了最后这场"战斗",后勤部门连夜包了饺子,给工人们送来了!

侯文长赶紧招呼 600 名木工停下手里的活,围坐在万人大礼堂的空地上。午夜饺子宴热热闹闹地开了席。席罢,仅半宿时间,3700 多套译意风全部安装完毕。

1959 年 8 月底,人民大会堂全部工程完工,前后历时仅 10 个月。

当年 9 月 10 日,人民大会堂举行落成仪式。

宴会中用棉袄消防

1959年9月30日晚，富丽堂皇的人民大会堂举行盛大宴会，国内代表、多国外宾和海外华侨应邀出席。10个月内完成的奇迹之作，第一次展现在世人面前。

宾客们沉浸于这座宏伟建筑带来的视觉享受中。然而他们不知道，此时他们头上的吊顶内正藏着50多名手拿棉袄的工人。

原来，当年人民大会堂采用木龙骨吊顶。吊顶内大量的木材之间安放着很多电线，一旦着火后果不堪设想。可吊顶上又无法提水进去。如何消除消防隐患？30日中午，北京市委和公安消防部门提出这个问题后，一度考虑临时取消宴会。工程负责人当即拍了胸脯：安全问题能够保证，晚上的宴会可以照常举行。

当晚，尚未离开施工组的50多名工人，每人手拿一件棉袄，提前爬进了宴会厅的吊顶里。

晚宴开始了，吊顶里的50多双眼睛紧盯着四周的电线，时刻准备着一旦出现打火现象便立即用棉袄扑灭。侯文长不时抬头朝华贵的水晶向日葵吸顶灯望过去。好在一切顺利。

上世纪90年代以来，人民大会堂在保持原有风格的前提下进行了一轮现代化的维修改造。将原来的木龙骨吊顶更换成钢龙骨吊顶，增设了现代化的消防设施，用棉袄消防永远地成为历史。

首次登顶珠峰中国人站上世界之巅

■ 欧钦平

75岁的王富洲步履沉重，双脚拖地，几乎只能一步一挪，上下楼更费劲。

他习惯把房间的光线调得很暗。因为视力的问题，他几乎要把脸贴着电视屏幕才能看清画面，对光线的明暗变化尤其敏感。

走在人群中，很少有人能想象这个行动迟缓的老者，乃是最早站到珠穆朗玛峰顶的中国人。

乡音未改，当半个世纪前的往事在他浓重的河南口音中渐次呈现，你会明白，苍老的面容背后，是他不灭的雄心和激情。

"逼上珠峰"

王富洲回忆，攀登珠峰的主意，是苏共中央提出来的。那时苏联在登山运动方面发展得比较好，可他们没有8000米以上的高峰，鉴于中苏之间特殊的友邻关系，苏联提议，两国共同组队攀登珠峰。

对于那时的中国而言，攀登珠峰不仅仅是学习苏联发展登山运动那么简单，在这背后有着更加深远的政治意义。

珠峰位于中国和尼泊尔两国边境，对于珠峰的归属，当时中尼双方存在争议。划界谈判时，中方提议将边境线划在珠峰顶峰，但尼方认为珠峰完全在尼泊尔境内，与中国无关。

王富洲介绍说，珠穆朗玛在藏语中意为"大地之母"，在尼泊尔，人们把她叫做"萨加马塔峰"，西方人则称之为"埃非勒士峰"。中方曾建议给这座山起一个统一的名字，叫做"友谊峰"，但尼方拒绝接受："你们中国人都没上去过，怎么能说是你们的？"

1953年5月29日，39岁的尼泊尔向导丹增·诺盖和新西兰登山家艾德蒙·希拉里从南坡登顶珠峰，成为历史上第一支成功登顶的队伍。正是丹增·诺盖的这一创举，成了尼方在谈判中的重要砝码。

在这样的情境下,中国人可谓"逼上珠峰"。

按照中苏双方约定,两国于1958年选拔队员训练队伍,1959年正式攀登。刚刚从北京地质学院毕业的王富洲通过层层考核顺利入选。

他的队友来自各行各业,贡布是西藏班禅警卫营的一名战士,来自四川的屈银华是一名伐木工人,身兼教练和队员之职的刘连满则是哈尔滨电机厂的一名消防员。

颇有意思的是,直到来北京读大学,出生在中原大地的王富洲基本上没见过山。入选登山队之前,他甚至不知道登山是怎样一项运动。

意外变化

在香山接受了一段时间集训后,王富洲和队友前往苏联进行高山训练。准备工作按部就班展开,可就在此时,国内外形势发生了意想不到的变化。

从50年代末期开始,中苏关系已逐步走向破裂。1960年7月,苏联政府一纸命令,当时在中国的所有苏联专家一夜之间全部撤退回国。

苏联撤出给攀登计划造成的困难是可想而知的。王富洲回忆说,人员方面的困难还好办一些,经过一年多的训练,中方队员已基本具备攀登珠峰的身体和技术条件,很多队员已经登顶过一些7000米以上的高峰,如吉尔吉斯斯坦境内的列宁峰(7134米)和新疆境内的慕士塔格峰(7546米)。

更大的困难在于物资匮乏。按照原来的约定,所有高山物资、装备和食品均由苏方提供,苏方撤出后,这些东西都只能想办法去西欧购买。

由于欧美对华实施封锁,当时只能先从香港市场换回外汇,再去瑞士、法国、意大利等国购买物资和装备。

"苏联参加我们要上,苏联不参加我们也要上!"王富洲说,虽然当时中国正处于三年困难时期,但中央决心很大。为了完成这次任务,西藏方面还紧急修通了从日喀则到珠峰大本营的380公里公路。

三次行军

1960年3月,200多人的队伍集结珠峰大本营,其中包括90多名登山队员。

按照苏联人教的办法,登山队计划步步为营逐渐适应,分4次行军完成登顶。

第一次行军,登山队前进至6400米高度,沿途建立3个高山营地,并将物资和装备运到6400米高处。另外派遣一个侦察组侦察北坳路线——这是攀登珠峰必须面对的第一道难关。

完成既定任务后,队员撤回大本营休整,适应性行军过程也是考察队员体能和技术的过程。

第二次行军，登山队打通从北坳底部到顶端的"登山公路"，在7007米建立营地。不幸的是，来自兰州大学的青年教师汪玑在此次行动中因高原反应牺牲了。

按照计划，第三次行军的基本任务为侦察突击顶峰的路线并建立突击营地，如果条件成熟则相机而动直接登顶。

然而行动过程中天气突变，虽然3名队员在8500米建立了突击营地，但此次行动损失惨重，北京大学教师郭子庆因高原反应牺牲，全队共有50多人不同程度冻伤，包括队长史占春在内的多名主力队员不得不抱憾退出。

面对这支已经在冰天雪地里苦苦煎熬了两个多月的登山队，时任前线总指挥的韩复东曾经考虑过翌年再登，但是，最终他们决定，重新组织队伍，再次投入战斗！

在前几次行动中担任运输任务的王富洲，此时入选第四次行军突击组，组长为登山队副队长许竞，队员还包括刘连满和贡布。后来的登顶队员屈银华，此时仍是运输队员。

为了表达必胜的决心，已经没有退路的登山队员分别写下遗嘱，王富洲至今清楚地记得，那份遗嘱其实不像遗嘱，除了表决心，对家人亲友几乎一句话没有。"那时就一个心思，登顶！"

临危受命

第四次行军是从5月17日开始的。6天后，许竞、王富洲、刘连满和贡布4名突击队员到达8500米突击营地，屈银华随后亦率运输队员赶到。

按照原来的计划，4名突击队员次日一早出发冲顶，屈银华则随突击组行动至"第二台阶"底部，以拍摄从突击营地到"第二台阶"的纪录片。

● 那一刻

1960年5月25日，王富洲、贡布（藏族）和屈银华共同登顶珠穆朗玛峰，这是中国人首次站上世界之巅。

● 亲历者

王富洲

74岁，河南西华人。著名登山家，曾任中国登山队党委书记。现居北京。

可是当他们抵达突击营地时，发现原来的两顶帐篷只剩下一顶，先期运到这里的锅碗瓢盆都不见了，没有办法做饭烧水。

更要命的是氧气也不够，按计划，他们从突击营地出发时应该有10筒氧气，每人两筒，但因为运输当中发生问题，结果其中两筒是空的，另有几筒氧气不满。于是只好改变计划，拍摄任务交给王富洲，屈银华留守突击营地接应。

5月24日上午9点多，4名突击队员钻出帐篷，向顶峰进发。刚刚走出几十米远，许竞突然两次倒下，王富洲知道，许竞不成了。

自第一次行军以来，身为登山队副队长的许竞几乎每次都是担纲先锋侦察之职，为全队前进开辟道路，这让他的体力早已严重透支。

没有时间犹豫，只能赶紧让屈银华顶替许竞参与冲顶，王富洲则作为事先确定的第一代理人，临危受命担当突击组组长。

成功登顶

中午12点多，4人来到"第二台阶"，这是一个高约30米的天险，平均坡度在80度左右。正是这一天险，阻断了众多登山家前进的脚步，是从北坡登顶珠峰过程中最大的难题。

他们发现，"第二台阶"下半部分岩石上有一条裂缝，可容一人通过，从裂缝中间爬上去之后是一段高约6米的峭壁，几乎直上直下，而且光溜溜的无处下脚。消防员出身的刘连满攀爬能力最强，他试着爬了几次都未能成功，"摔得够呛，体力消耗也很大"。

王富洲说，最后还是刘连满想出了搭人梯的办法，屈银华借助刘连满的托举，在岩石上砸进两枚冰锥，穿上保险绳，并利用保险绳第一个爬上峭壁顶端。其他3人亦如法炮制，成功突破"第二台阶"。

"第二台阶"的艰险远远超过他们此前的估计，他们原本计划用9个小时登顶，可是光通过"第二台阶"就花了5个多小时。而且，刘连满在此处耗尽体力无法继续前行。屈银华则为了攀爬方便脱掉高山靴，导致脚趾全部被冻掉，连脚后跟的肉都被冻掉了。

在海拔8700米处，王富洲、屈银华和贡布将刘连满安置在一块避风的大石头旁，继续向顶峰进发。此时天色已晚，3人决定摸黑前进，根据天气预报，本轮好天气将于次日结束，他们必须赶在风雪来临之前登顶下撤，而且他们也没有携带扎营装备。

借助微弱的星光和雪光，最后冲刺走得异常艰难，找不到路线，只能用手摸索着往上走，已经很长时间没有进食，3人体力都下降得很厉害，有些地方完全是一寸一寸爬上去的,从 8700 米到登顶,上升 100 多米花了 10 多个小时。

登顶时间为 5 月 25 日凌晨 4 点 20 分,环顾四周,除了夜空和闪亮的星星,再也无路可走,他们这才确信已经完成了这项艰巨的使命。

不断超越

登顶珠峰 4 年后,王富洲完成了他的又一壮举:登顶海拔 8012 米的希夏邦马峰。这是最后一座有人登顶的 8000 米以上高峰。

随后开始的"文化大革命",让刚刚起步的中国登山事业陷入低谷。时任国家体委主任的贺龙曾希望中国女子登山队员创造女性最早登顶珠峰的纪录,选定的时间为 1966 年,"物资都运到了 8100 米,我也到了 8100 米,文化大革命一开始,就停了下来"。说起当年这次半途而废的行动,王富洲至今觉得遗憾。

"文化大革命"期间,王富洲被下放至山西屯留干校劳动一年。直到林彪出事后,体育工作逐步恢复,王富洲才回到北京,参与群众体育的组织工作。

1975 年,王富洲再次来到珠峰脚下,作为中国登山队的党委书记,他见证了潘多等 9 名队员创造历史的时刻。在此后的岁月里,中国的高山骄子们不断超越,一次次刷新历史。作为一名先行者,王富洲关注的目光从未离开,谈及西藏登山队历时 14 年登顶全球 14 座 8000 米以上高峰的战绩,王富洲难掩兴奋:"这是世界性的壮举!"

1989 年,在王富洲及著名科学家孙鸿烈院士、刘东生院士等人共同倡议下,中国科学探险协会宣告成立。"贺老总很早就强调,要将探险活动和科学考察结合起来,一座山登上去了,这个地方的山川地貌、气候环境、矿产资源等等也要搞清楚。"

人到老年的王富洲,主要致力于科学探险活动的普及推广,虽然已是 74 岁高龄,虽然腿脚不便,他现在仍然坚持每天去办公室上班,他说还有很多事情要做。对于 50 年前的那段传奇,他只淡淡地说:"我只是一个幸运儿,赶上这个机会了。"

公交变迁两代人的售票记忆

■ 王 鹏

71岁的老人董秀云,珍藏着一本旧相册。相册中发黄的照片上,留下了她一双儿女的年轻身影,背景无一例外,都是公交车。

这是一个与公交系统结缘数十年的北京家庭。董秀云是上世纪60年代的公交售票员,她的儿子和女儿上世纪80年代开始在公交系统工作。

穿梭的公交车见证了时代变迁,也留给董秀云一家难忘的回忆。

结缘公交

60年代董秀云家家训:"建设美好新中国"。

银丝染鬓的老人已记不清遥远岁月的往事。她在女儿的帮助下,努力拼凑着记忆。

董秀云出生于北京通县,建国后在通县读小学。建国之初,北京城区到通县并无公交车。童年的记忆中,每次进城,她父亲就要套起毛驴车,父女俩坐着驴车,在土路上颠簸3个多小时,才能赶到北京城区。

1962年,董秀云进入当时的北京市公共汽车公司。汽车公司位于西直门附近,被一片平房簇拥。修理车间前是一个小广场,广场上停有数十辆老式公交车。公交车黄顶红身,形状仿若面包。车内铺有地板,地板上是简陋的双排座椅。

初到西直门总站时,董秀云负责清洁和加油工作。性格外向的她羡慕那些随车出行的售票员,"每天都要招待不同的乘客,多有意思"。

一年后,董秀云成为16路公交车售票员。当时,16路从西直门开往北太平庄,往返一次需30余分钟。每天,扎着两个齐肩小辫的董秀云,都要拿着票夹,穿梭于乘客中,清脆的声音回荡在车厢内。

1966年年底,北京公交运营线路仅有65条。400余辆公交车,承载着数亿人

■上世纪80年代的一天,杨本莉搀扶老年乘客下车。(资料图片)

次的年客运量。

那时公交乘客并不多,他们大多服饰单调,多为蓝色的中山装,表情呆板。晚上11点,16路迎来末班。深夜归家的董秀云感觉疲倦,但却充满干劲,"那时北京没有这么繁华,那个年代的人充满干劲,觉得所做的每一件事都能让新中国更美好"。

车中童年

70年代董秀云家家训:"要为人民服好务"。

时光流转,董秀云的儿女们降生。他们童年时听到最多的教诲,就是董秀云所说的"要为人民服好务"。

董秀云当时住在崇文区国强南巷内,是一片破旧的灰色平房。她家共有5间房,每间房仅8平方米。1956年,董秀云生了大女儿,1960年和1962年,儿子和小女儿分别出生。董秀云一家加上婆家的亲戚,8口人居住在这40平方米的空间内。

上世纪60年代末,董秀云的丈夫患上肺结核,不久病逝。1971年,董秀云再婚。除大女儿保持父姓外,儿子和小女儿随继父姓,分别改叫杨本胜和杨本莉。

因为董秀云的特殊职业,儿女们大多有随妈妈"跑车"的经历。小女儿杨本莉记得,她5岁时就开始随妈妈一起上班。她能背下16路沿线的大部分站名。

女儿眼中工作时的妈妈,总是面带笑容,说话清脆,此外还有一手绝活,即无论公交车怎样加速急停,董秀云总是站得很稳,泰然自若。

"那时觉得妈妈检票报站,特别神气,也特别光荣。"杨本莉说,她小的时候是胡同里的孩子王,经常指挥小伙伴从家里搬来板凳,摆成公交车,而她则扮演售票员的角色。

上世纪70年代,乘坐公交车上班的人越来越多,开始有了"早高峰"的概念。按照当时规定,每到一站,售票员都要下车指挥客流。乘客都上车后,售票员最后一个上车,卡住车门。

转眼间,日历翻至1980年。董秀云的儿女均长大。

发黄荣耀

80年代董秀云家家训:"你们替我接好班"。

让小女儿接班做售票员,是董秀云由来已久的想法。小女儿长大后,曾经最想从事的却是当一名歌唱演员。

小时候的杨本莉声音嘹亮,酷爱唱歌。高中毕业后,她到一家街道办事处工作,负责艺术品加工。理想和现实的冲突,让她一度迷茫。

此时,董秀云因身体原因已不再担任售票员,而是从事站工,为奔波的售票员服务。看到杨本莉的现状后,她决定提前退休,将工作机会留给女儿。

母女两人有了一番长谈。"妈妈告诉我,舞台上的歌唱家可以赢得大家尊重,平凡岗位上的售票员也一样可以赢得大家的尊重。"杨本莉说。因为从小的耳濡目染,杨本莉并不抵触售票员的工作,她痛快地同意了。

让董秀云意外的是,从小调皮的儿子杨本胜也提出想做售票员。因为工作名额只有一个,杨本胜将机会让给了妹妹。随后,他参加当年的社会招考,考入公交系统。

1980年,兄妹两人同时进入北京公交系统,开始从事售票员的工作。董秀云嘱咐儿女们,"认真服务,替我接好班"。

此时,董秀云一家已经从国强南巷搬至安定门附近的一栋简易楼。那是继父单位分下来的房子,两室一厅,虽然面积狭小,但已远胜当初的平房。杨本胜的继父酷爱电子技术,业余时间,他用电子元件"攒"了一台9英寸的黑白电视机。电视机里的笑语回荡在狭窄的居室中,生活开始向前奔跑。

杨本莉负责在10路公交车上售票,这路公交车从北京站开往南菜园,其间横贯十里长街。

第一天当售票员时,杨本莉站在售票台上,喉咙发紧,紧张得说不出话来。她努力保持微笑，却感觉"笑容很假"。车开过西单站，她才想起报站，张口却报成王府井站，引来车内哄笑。

下班后，杨本莉哭了，她回家向母亲讨教经验。此后，兄妹两人借来双卡录音机，开始一句句练习服务用语。闲暇时间，两人按照母亲的命令，走访沿线各站，了解地理民俗。

随后，兄妹两人的优质服务赢得了乘客肯定。《人民日报》一篇报道记载了杨本莉当年的服务场景，"车过西单，她会介绍餐馆，车过电报大楼，她会提醒乘客对表，车过天安门，她会介绍北京的名胜古迹……"

和董秀云做售票员时相比，此时的北京公交已有长足进步。1984年，北京已有3369辆公交车，运营线路150条，遍布北京城区。

上世纪80年代初，公交票价虽仅一角，但仍有人逃票。杨本莉开始练习分辨"逃票者"的本事。她很快学会了从神情、动作，以及座位位置，发现逃票"嫌疑人"。

渐渐地，逃票者越来越少，对应的是，乘客们的服饰越来越丰富多样，腰包越来越鼓。

车厢内的外地乘客越来越多，并开始有了外国人的身影。为此，杨本莉特意学习了上海话、粤语和外语报站。

10路公交车沿长安街一路前行，杨本莉丰富的介绍内容让乘客们惊叹。广东的乘客拥上前去，用录音机录下她的介绍语句，老外翘起拇指，主动要求与她合影。

岁月留给兄妹俩一串发黄的荣耀。杨本胜多次被评为公交系统先进个人；杨本莉被评为新长征突击手，全国公交系统劳模，并获得"五一劳动奖章"。她所在的车组也成为北京首个"青年文明号"车组，她的事迹被写进了公交系统的培

● 亲历者

杨本莉

47岁，1980年进入北京公交系统，长期担任售票员工作，因工作表现优异，获得众多荣誉。2005年前后，提前病退。

杨本胜

49岁，杨本莉的哥哥，与杨本莉同年进入北京公交系统，先后担任售票员、司机、团支书等工作。上世纪90年代初，下海经商。

董秀云

71岁，杨本莉的母亲，上世纪60年代进入北京公交系统，属建国后第一代公交售票员。

训教材。

多年之后，李素丽接受媒体采访时曾说，"以前，北京公交战线上宣传了一个劳模叫杨本莉，名声很响。我的师傅教育我：人家和你差不多的岁数，她是劳模，你为什么不能成为劳模？这句话对我触动极大"。

难舍情结

90年代董秀云家家训："下海了，别忘了良心，要对得起自己"。

在售票台上获得成功的杨本莉，并未忘却歌唱的梦想。业余时间，她经常参加歌唱团体的排练，并向专业老师学习。

1984年，她考上了北京社会音乐学院歌剧系，少年时的梦想在向她招手。

此后一年多，杨本莉一直用下班时间随老师学习发声。然而一天的售票员工作，让她声音嘶哑，"老师告诉我，说我声音基础很好，但是想唱歌就必须放弃售票员工作"。

几经犹豫和挣扎，杨本莉最终放弃了唱歌的机会，专心售票员工作。"现在的人们看来，可能会觉得我很傻，但我真的离不开售票台。"杨本莉说。

1986年，董秀云家迎来了一件大事，儿子杨本胜要结婚了。

此前，杨本胜因表现优异，经选拔培训，已成为一名公交司机，他的恋人，就是和他同车的售票员。董秀云的"公交家族"又多了一名新成员。

结婚时，杨本胜用获奖得来的电视机票，买了一台进口的日本彩电，这也成为当时董秀云家最豪奢的家电。

时光流逝至上世纪90年代，中国的经济开始迈上轨道，"下海"一词变得风行。

几经考虑，杨本胜夫妻决定经商创业，离开公交系统。此举一度遭到全家反对。

董秀云最终同意了儿子的决定，"我告诉他，下海了，别忘了良心，到什么行业，都要对得起自己"。杨本莉同样面临着离开的诱惑。上世纪80年代末，她完成了北京大学社会文秘专业的大专课程。当时，她面临着从事领导工作等机会。

最终，她选择继续留在售票台上，她希望写一本关于公交服务理论的著作。决定一出，当时的北京媒体哗然，《北京晚报》曾在头版头条登出"杨本莉又回来了"的报道。

1993年，杨本莉调到公交系统的服务科工作。最后一天售票时，杨本莉动情地说出了告别话语，乘客们回报以长时间的热烈掌声。

"在车上,我听过许多次掌声,这一次最难忘,我真的舍不得售票台。"杨本莉说。

特殊乘客

现今董秀云家家训:"好人一生平安"。

随着董秀云的家人逐步离开公交系统,那些过往的荣耀,已成为昏黄记忆。

回顾往事,董秀云说,她和儿女们已无憾事,"那些荣誉不重要,重要的是,我的儿女都按照我的要求做了一个好人,好人一生平安"。

杨本胜下海后,曾开了一段时间出租车。他给自己定下一条规矩,残疾人和老人免费乘车。他说,这是在公交系统时养成的习惯。

同样的习惯,体现在董秀云家每一个人身上。71岁的董秀云每到银行,都要督促大家排队。杨本莉至今仍能背出天安门、人民英雄纪念碑、大会堂等地的相关数据。

如今,杨本莉已因病提前退休几年,住在海淀。虽然家中已经买车,但她仍经常专程前往长安街,乘坐10路公交车,感受沿线日新月异的变化。

她不认为那是怀旧,她说公交车早已是她另外一个家。

此时,北京的公交系统早不复当年的简陋,密集的公交线路遍布北京城区。截至2008年底,北京公交系统拥有各类运营车辆28071辆,运营线路861条,年总客运量45.81亿人次。新式的公交车穿梭于首都街头。刷卡机取代了售票台,一切变得更为简单、便捷。

71年不说再见的首钢之家

■沈佳音

这是一个典型的"钢铁之家",从建国前即进入石景山钢铁厂(首钢前身)的王利元算起,两代共有7人先后在首钢工作。他们在首钢成长、工作、成家、退休。他们的人生和首钢的变迁,早已在这71年的岁月里紧紧交织。

随着世纪钢城的逐步搬迁,这个北京最大的重工业企业逐渐成为记忆之城。回忆将永远留在他们心里。

困顿时刻

沿着长安街,一路向西。过八角桥,街道渐渐变得安静。绿树掩映下,一排排红色的砖楼整齐划一。

这些年,王利元已不大下楼。86岁的他常常坐在床边,拿着放大镜,一字一句地看《首钢日报》。他依然关心着这个自己工作了一辈子的企业。

1938年,他进入石景山钢铁厂(首钢前身)。1944年春天,17岁的刘玉荣和母亲从河北老家来到这里。她是来和王利元结婚的。

王利元早早起来准备。他一无所有。为了接媳妇过门,他找邻居借了新娘子穿的夹袄,还有洞房用的被褥。绿夹袄油乎乎的,红被褥黑得发亮,而且都是借的,结完婚就得还。新婚当天,刘玉荣委屈得大哭。

那时候,日子过得确实艰难。杂粮里掺一点点白面,每到月底还都得到粮店赊。两个孩子先后出生。五口之家的重担都落在他一个人身上。他虽然拼命干活,但每天七八毛钱的收入对家庭生活还是捉襟见肘。生活眼看着难以为继。

幸福生活

1948年12月17日,中国人民解放军解放了石景山钢铁厂。这是北京市第一个国营的钢铁企业。

然而那时,钢铁厂最重要的高炉封死了。厂区内,高炉不冒烟,场地长满

■王利元不同时期的照片。(本报记者 朱嘉磊摄)

草,工人们人心惶惶。

不过,每天6斤4两小米的工资迅速稳定了他们的心。不用再为吃饭发愁了。靠着大锤、扁担和箩筐,半年后,沉寂的高炉流出了第一滴铁水。

此时,王利元已是炼铁部的生产委员,像看眼珠一样看着高炉。8小时的班,他常常一干就是16小时。即使回家休息,心里也时时牵挂着高炉。一听到稍大一点的声响,他就从睡梦中惊醒。

6斤4两小米只是好日子一个小小的开始。

1950年,厂里为炼铁工人集中盖了第一批宿舍。王利元家分到了一间半房子,有二三十平方米。王利元和刘玉荣有了自己的房间,孩子们和姥姥住在一起。

好事成双。第二年9月,厂里进行工资改革,实行八级工资制。工人们工资大幅上涨。王利元是一级技术员,以工代干,每个月的工资是100多块。

发工资后,王利元毫不犹豫地拿出几十块钱买了一辆自行车。同事们纷纷效仿。

走路上下班的工人越来越少。下班时分,几百辆崭新锃亮的自行车涌出厂门,清脆的铃声此起彼伏。

辉煌年代

王利元对钢铁厂渐渐有了家的依靠感。1952年,王利元成为钢铁厂建国后的第二批党员。

他的努力获得了认可。1953年,他被评为北京市劳动模范。消息一传来,厂里派人敲锣打鼓来他家报喜。"那会儿可真热闹,来了好多人,厂里还奖励

了一台收音机。"刘玉荣说。

那天,他穿着蓝色的工作服,来到劳动人民文化宫领奖。金色的奖章别在胸前,双手捧着两本红色的笔记本。封面上,一本写着"新中国",另一本写着"红星日记"。

这是他人生最辉煌的时刻。领奖后,他特地做了一件蓝黑色的呢子上衣。穿上后,他又戴上奖章,照了张照片。

到1956年,王利元已经是技师了,工资涨到了120多元。孩子接二连三地出生。家里又添了三口人。日子过得有些紧张,但还算安稳。

遭遇挫折

"一五"时期,我国钢铁业取得巨大进展。石景山钢铁厂累计生产生铁261万吨,提前一年零四个月完成任务。

1958年,我国进入第二个五年计划。这一年,大跃进开始了。工业上提出了"以钢为纲"的口号,要求"7年超过英国,15年赶上美国"。

首钢的老工人纷纷被派往各地新建的炼铁厂做技术指导。年末,组织找到王利元谈话:"北京市在沙河新建了一个炼铁厂,要调你过去帮忙建设。"王利元二话不说,第二天就跟着去了。

沙河铁厂当时连高炉都没有。王利元和工人们就在工厂旁搭了简易房,从一砖一瓦,一草一木开始亲手建。

"那里的条件特别差。父亲住的宿舍就紧挨着高炉,又热又吵。我们去陪了他几天就受不了,跑回石景山了。他的身体都累垮了,肺的毛病就是那些年落下的。"二儿子王强回忆道。

麻烦事还不止这些。王利元调走了,他的家人依然在石景山生活,但却被认为是厂外人。生活举步维艰。没有钢铁厂的职工身份,就没有了生火做饭的煤炭,甚至连洗澡堂都去不了。

"最难的是看病。作为厂外人,看病可费劲了。附近就首钢有一家大医院。"这段经历让刘玉荣一辈子都很珍惜作为首钢职工的福利,尤其是在医疗保障上。

1960年,大跃进结束。沙河铁厂接到指令,进行调整整顿。铁厂刚点燃一年多的高炉又要关闭了。王利元亲手点的火,又亲手封了炉。怅然若失。他仔细地清理了高炉,期待有一天它能再度熊熊燃起。

随后,他又回到石景山,开始跟着著名的冶金专家叶渚沛做"三高"(高压、高湿度、高风温)炼铁试验。

1964年,王利元家搬入了八角街的楼房。这是一套60多平方米的两居室,宽敞明亮。这是钢铁厂新建的一个职工宿舍区。红色的砖楼漂亮而结实,还配有专门的工人俱乐部。

"当时,这在整个北京都是标志建筑之一。"楼房就用煤气罐了。再也不用像在平房时那样还要生炉子,做个饭,弄得连鼻孔里都是灰。刘玉荣更看重一些实际的变化。

日子似乎越过越好。第二年,他家又添了一台9英寸的电视机。晚饭后,街坊邻居常常一家一家地挤到王利元家看电视。

然而,没两年,"文革"来了。石景山钢铁厂蓬勃向上的势头一下子就停滞了。各个高炉纷纷减产。

当了一辈子工人的王利元也被打成了顽固的走资派。又是批斗,又是改造,家也被抄了。孩子们在外面还被人骂。瘦小的刘玉荣成了家中的顶梁柱。一旦有人攻击自己的孩子,她就冲过去理直气壮地维护:"我们家就这么点底,你们难道不清楚吗?"

新生一代

1976年,"文革"结束。王利元获得平反,回到了工作岗位。由于身体在"文革"中受损严重,他开始退居二线,担任技术顾问。

此时,石景山钢铁厂已更名为首都钢铁公司了。他的女儿王敏已经在首钢工作5年了。刘玉荣很开心:"以后又可以享受首钢职工的福利了。看病是不用愁了。"二儿子王强也与一位首钢女职工共结连理。

时间进入了一个新的时代。1979年,首钢主动申请成为国家第一批试点单位,率先实行了承包制。"当时厂里十分重视效益,工人也是没日没夜地干活。我是负责检修的,那时经常忙不过

● 家庭介绍

王利元
86岁,1938年,他为了有口饭吃进了首钢,1985年退休。

刘玉荣
82岁。王利元之妻。

王 强
61岁,王利元的二儿子。先后在石景山老山中学、金顶街职业高中任校长。现已退休。

王 智
58岁,王利元的三儿子。1982年,他和妻子先后进入首钢工作。2001年,妻子从首钢退休。两年后,他也内退。

王 敏
55岁,王利元的女儿。1971年,她被分配到首钢工作。2001年,她办理了内退。

王 毅
52岁,王利元的四儿子。1980年,他进入首钢工作。2007年,他买断工龄。自此,全家都从首钢退休了。

来。"王敏说。

这给企业带来了从未有过的活力和生命力。改革的前3年，首钢利润净额年均增长45%，上缴国家利润年均增长34%。至1984年，首钢的钢产量达到了800万吨，真正实现了周恩来总理首钢要"为首"的嘱托。职工的福利待遇随之大幅提升。首钢成了人人向往的好单位。

王敏刚工作的时候，工资不过30多块钱，此时已经涨到了七八十块钱，每个月还有几十块钱的奖金。

那时，首钢还有自己的购物中心，小到柴米油盐，大到自行车，应有尽有。最重要的是价格还比社会上的商店便宜不少。

"我们自然都爱去厂里的购物中心买。搞得石景山那些店都开不下去了。"回忆起过去的好时光，王敏笑笑说，"不过，如果家里有两个在首钢上班，就不用上那买了。逢年过节发的鸡鸭鱼肉，够一家人吃的了。"

1981年，她结婚了。爱人也是首钢的。几年后，首钢为他们分配了一套60多平方米的房子，一直住到现在。

1980年，王毅复员回家，面临分配。摆在他面前的有几条路：可以去公检法，工资比较低；可以去首钢，收入稳定的铁饭碗；还可以去开车，这是他最向往的。

他有些犹豫，拿不定主意，回家问父母。"去首钢吧，还能学门技术。"王利元建议说。刘玉荣的理由更直接："去首钢，一辈子的看病都不用愁了。"

王毅听话地顺从了，成了首钢修理厂的一名钳工。

两年后，他的三哥和三嫂也先后进入了首钢。

1985年，王利元从首钢退休了。看着孩子们一个个进入他工作了一辈子的企业，他很欣慰。

但他还是稍稍有些遗憾。"我炼了一辈子的铁，我这几个孩子却没有一个在第一线炼铁的。可惜了我这些年的经验和技术了。"

不说再见

1995年，首钢承包制到期。过去首钢在承包责任制中享有的优惠政策不复存在了，和全国钢铁企业处在同一市场经济的起跑线上。

王利元和子女们分别住在首钢的五套房子里。"都得花钱买了。我这套就得两万多。"王利元说。

3年后，王利元和老伴买下了这套住了30多年的房子。

随后，减员增效也被管理者提上了日程。

2001年,47岁的王敏内退了。工资一下从原来的2000多降到了七八百。领导找她谈话后,她就带头交了内退申请。

2003年,三儿子王智也从首钢内退了。而此时首钢在北京的岁月也到了尾声。

随着北京市对环境保护的要求越来越高,2005年2月18日,国家发改委正式批准首钢搬迁至河北曹妃甸。

2007年4月,儿子王毅买断工龄。他拿着14万元钱,离开了自己工作了37年的企业。

自此,王利元一家都从首钢退休了。

这一年,王利元的重孙女诞生了。这个大家庭有了第四代血脉。闲下来,儿女们常去看看王利元老两口。

买点东西,干点活,聊聊天。周末时,他们也愿意挤到老房子里,一家团聚。

2010年,首钢将在北京彻底停产。

在王利元看来,首钢搬迁,儿女们陆续离开首钢,确实有些无奈,但首钢的搬迁是北京的选择,是为了北京的天更蓝,显然是一种进步。

王利元一家没有人说声再见。对于他们而言,首钢一直在那里。就如他们住了60年的家属院。也许要一辈子住下去。

激情与理性父子的铁路选择

■刘 薇

王胜利时年62岁。他2001年离开铁路,官至丰台机务段副段长。普通人的概念,段长相当于正科级。从一个普通火车司机,到这个级别,是王胜利缓慢、按部就班的40年光阴。

70后的王斌,思考问题的方式和父亲不一样。当他手里握着的大钳子,被激机操纵的机械手取代的时候,他便时时思考着如何改变。

不到6年,他从一线工人,转到了技术室,又转行成了火车零部件的研发者。就像铁路系统的大提速一样,这种转变比他的父辈快了不知多少倍。

十八岁起步

在低矮的平房、破旧的火车头和腾腾升起的雪白蒸汽间,王胜利远远窥见了他打小儿就向往着的热烈生活。

1965年夏天,准确的日子是8月10日,王胜利从石家庄司机学校司机班毕业。他兴冲冲地和20多位同学一起,来到北京长庚胡同18号——北京铁路局丰台机务段。

那一年,他18岁。

位于京郊西南的丰台地区,在中国的铁路史上,让人印象深刻。

在中国拥有铁路的110年的历史里,丰台站在超过一半儿的时间里,是中国最重要的铁路枢纽。一度,向南通往汉口的京汉线和向北通往张家口的京张线,在这里交会,连接起中国唯一一条南北铁路动脉。

北京有句老话,"过了丰台站,就是北京城",说的就是丰台站的门户地位。建国后至今,这里仍是全国最大的货运列车编组站。

以站台和铁路线为核心的产业链条,在几十年的沉淀中,渐次有了规模。车辆维修、职工宿舍、铁路通信,几乎铁路系统的所有结构要素,在这里都有设置。以至于，铁路成了北京京西的色彩。

优秀司炉工

王胜利受过专业训练，有体力，有技术，几趟车跑下来，他就能把送煤的铁锹抡出优美的弧线，于是便成为各方争抢的人才。

丰台机务段，清一色跑的都是货车。王胜利被分在丰沙线。这是一条晋煤外运的重要通道。在中国"食品换大炮"的年代里，也向前苏联运送蔬菜、粮食和原木。

■一九八六年，已经是车间副主任的王胜利（右一）和两位同事在火车前合影。（资料图片）

王胜利的第一个伙计，是一辆编号为"和平1004"的黑色蒸汽机车。

这是新中国第一批国产大功率蒸汽机车。"文革"时，这个系列的机车曾被热情洋溢地改名叫"反帝"号，"文革"结束后的经济建设热潮中，又再次被热情洋溢地改叫"前进"号。

要开动这辆"黑大哥"，得三个人搭班儿：司机、副司机、司炉。刚毕业的王胜利，从司炉干起。这是个在蒸汽机车时代才有的工种。具体的工作就是将一锹锹黑煤块，送到炉膛里，烧出蒸汽。

王胜利活儿干得好，便有人争着要。不到3个月，王胜利就被调到了先进班组"和平3512"。依旧跑丰沙线，师傅是宁学林，这是位到朝鲜参加过抗美援朝的老车把式。

当时的丰台机务段，职工不到千人。有一些抗战时期就在铁路上工作的"老铁路"，后来被国民党接管，北平和平解放后，又被共产党和平收编。还有一批是50年代从农村招来的初中生和部队的复转军人（铁路向来是接收部队转业军人的大户），也有少数是像王胜利一样，从铁路职业学校毕业的专业人才。

蒸汽味青春

辛苦、工资高，神仙的日子，混合着空气中飞扬的煤灰，酸臭的汗味，热腾腾的蒸汽，噪音中贴着耳朵大声的喊话，爽朗的笑声，共同雕刻出王胜利的

青春记忆。

王胜利成为一名正式铁路工人的第二年,中国进入"文革"。

铁路系统运量骤减,有时候几天也开不出一班车。国家发出了"返校闹革命的号召",丰台机务段八成以上的职工都投身到了"火热"的政治运动,人员反而显得有点紧张。

热血青年王胜利也想回去闹"革命",就向当时的革委会副主任王恩书请示。王恩书坚持没让他走。

这个或许并不经意的决定,让不明白政治是怎么回事的王胜利远离喧嚣年代的种种纷扰,生活在劳动带来的简单快乐中。

蒸汽机车时代,条件艰苦。吃喝更是凑合。写着"为人民服务"的白瓷缸子里,永远落着一层煤灰,干活忙,抓起来咕咚咕咚就喝。没时间吃饭,就把馒头放在火炉子的铁箅子上烤,蒸汽一上来,哧啦蹿起一层白烟,馒头内软外脆,两三个就是一顿饭,就着黑手印吃下去。

馋的时候,王胜利就用专门的"猪腰子"饭盒(用铝片敲打成像猪腰子的形状而得名),装满满一盒红烧肉,趁在大站停车的时候,夹起一大块,和大白油一起,裹在馒头里,两三口就吞下去。

虽然辛苦,工资也确实高。分三等,一等102块,二等87块,三等74.5块。当时县长一个月工资才60多块钱。

火车司机因此也成为铁路系统中最令人羡慕和嫉妒的工种。"都不愿意和火车司机住邻居,火车司机孩子的零花钱多。"

王胜利们常常自嘲自己是"离地三尺活神仙"。

回炉再学习

从北京到山海关,这条铁路线的长度,是104公里。一直到1982年提干离开一线,17年的时间里,王胜利的世界,就是这104公里路途上的四季风景。

1972年,丰台机务段朝南开的大门上,挂着大红标语,"保护北京环境,蒸汽机车不进北京"。3台崭新的电力机车,已经运到了机务段的仓库里。

70年代的中国铁路,正进行一场从蒸汽到内燃的动力革命。1980年,丰台机务段结束了83年使用蒸汽机车的历史,实现内燃化。

此时已是一名技术娴熟的司机长的王胜利,被发回母校石家庄,重新学习内燃机车驾驶技术。

回到丰沙线后,他改开型号为"东风4A"的内燃机车。

这辆穿着蓝色外衣的新搭档,真是"出得厅堂,入得厨房"。不仅外观干净漂亮，还装了风扇，配了电炉子，在车上就可以吃面条了。

王胜利喜欢得不得了，跑车的时候，得工夫就爱拿个棉丝擦车。大冬天，在电炉子上坐个白铁筒子，撒进洗衣服都舍不得用的洗衣粉，棉丝蘸一下，一划，就是一道冰冻的白印。

动力革命带来速度的提升和生活质量的提高。

王胜利驾驶着这辆机车，穿过丰沙线上大小108个涵洞，跟着永定河迂回，穿过太行山的余脉，将山西大同的黑煤，运回丰台，再转运到秦皇岛，成为全国经济建设的动力。

当两个儿子先后出生的时候，王胜利依旧飞奔在北京西北方向的铁路线上。

儿子的选择

二儿子王斌曾经多次发誓，长大坚决不干铁路，但最终他子承父业。那是一种理性选择，1996年的中国铁路系统，依然是令人羡慕的铁饭碗。

二儿子王斌对爸爸的最深印象，就是很少在家。"一周跑四天车，休息三天，第一天到家，第二天收拾行李，第三天走了。"

这给他幼小的心灵带来了影响，"我小时候发过很多次誓，长大坚决不干铁路。"

十几年后，他依旧子承父业。

像每个铁路家庭的后代一样，王斌在铁路系统的小学、中学完成基础教育，并考上父亲的母校——石家庄司机学校，接受正规的职业教育。

和父亲当初出于热情选择到铁路工作完全不同，成年后的王斌选择到铁路系统工作，纯粹是一种理性选择。

在他毕业参加工作的1996年，中国的铁路系统，依然是令人羡慕的铁饭碗。虽然此时中国以

● 家庭介绍

王胜利父子均在铁路系统，且都在丰台，一个机务段，一个车辆段。

一个开车，一个修车。

市场化为主导的改革开放,已在各个行业开展多年,牵涉中国经济和交通命脉的铁路系统,依旧是中国计划经济的一个堡垒。

王斌选择了铁路系统的稳定和保障。虽然他绝大多数的同班同学,最终都没留在铁路。

成年后参加了工作的王斌,更多地理解了父亲当年的生活。"他肯定也觉得累,只是不说。"

持续的晋升

王胜利的性格,就像铁轨一样,单一、规范。他几乎把一切的人生内容,都建立在了两条钢轨之上。家的地点、儿子的职业选择、朋友圈子、荣誉感,以及对这个世界的价值判断,都直接或间接地和铁路不可分割。

1983年,当丰台机务段从法国引进第一台电力机车的时候,王胜利告别了司机岗位,被提拔为丰台机务段丰沙线第四队副队长,一路干到了队长、车间主任,主管安全的副段长。

安全至今仍是铁路上的头等大事。

在现代科技还没有武装铁路的80年代和90年代初期,安全的保障全靠人工。王胜利带着几个队长,徒步在铁路沿线安装提示牌。

搭早上6点45分的通勤车到小站,下车,三个人拎着桶红油漆,沿铁路线走,电线杆子、山洞口,一切能利用的地方,都刷上大红字。正走在黑漆漆的涵洞里,列车呼啸而过,赶紧把身子贴紧洞壁,风呼呼地擦着耳根子。

一走就是一天,179公里的铁路线,一共走了两个多月。王胜利说,从丰台到张家口,每一块枕木,他都走过。

90年代后期,全铁路开始引进科技设备。像飞机一样,铁路也有了"黑匣子",司机开车前,先领个IC卡,插进去,跑线的道路情况一目了然,对着录音设备操控,所有操作都被记录下来。自动停车设备也跟上了,该停车没停,铁轨自动就给你卡死了。

这些设备上了后,王胜利花了两个月时间刷上的警示标志,用处就不大了,那些已经斑驳的红油漆,在丰沙线沿途的电线杆子上,还依稀可辨。

变迁的速度

站在丰台站的铁路桥上,王斌感受到了时间的苍凉。以往,每5分钟就有一辆车驶过,现在,货运量少了,半个小时也不一定看得见一辆了。整个时代,都被投入了一个巨大的加速器里飞速运转,有些东西,被离心力甩了出来。

二儿子王斌的工种,是检修车辆的钳工。出了问题的车厢送到修理厂,他就拎着大钳子,左敲敲,右打打。

和当初预想的不一样,1997年,王斌刚刚上班一年,铁路的不稳定就显现出来。

不断建成的高速路,让汽车成为短途货运的首选,火车独统货运的霸主地位被打破。货运量少了,需要修的车自然就少了,王斌每个月的工资,也就只有900块钱了,相当于刚上班时候的一半儿。

此时,全国范围内的国企改革,也波及铁老大。全铁路系统的减员风暴席卷而来。

1998年,王斌的母亲办理了病退。2001年,王胜利提前5年退居二线。

从1997年开始的仅仅10年间,铁路系统就完成了6次大提速,客运列车从K变成T又变成D。

速度带来的欣欣向荣,让人目不暇接。这与王胜利几十年在铁路系统的时间感,不太吻合。

儿子王斌努力适应着这种变化,用了不到6年的时间,他从一线工人,转到了技术室,又转行成了火车零部件的研发者。

就像铁路系统的大提速一样,这种转变的完成,比他的父辈快了不知多少倍。

两个世纪三代人的教师情结

■ 刘 杰

  1934年，18岁的杨富魁中学毕业，进洋学堂当了"先生"。他找到了归属感，因为先生传道授业解惑的职业精神，与家庭所秉承的向善、向上、文雅相契合。

  建国初期，杨富魁获得了一个二级教师的职称。此后60年，他的儿子、孙女相继成为老师。岁月改变的，是课本、学校环境、教师地位等教育载体。岁月改变不了的，是他们善良、进取、文明的教育情结。

信任共产党

  杨富魁抱着四岁的儿子，从牛街走到珠市口，看共产党的军队从城南进入北平城。

  那是1949年早春，34岁的杨富魁是西北小学的校长。

  回到家，他看着箱子里的两根金条，做了新的决定，"把学校交给共产党管吧。"

  两根金条是学校的最后一笔资金。

  15年前的夏天，18岁的杨富魁成为西北中学第一届第一班的毕业生，随后在西北小学当了老师。

  此后10余年，风雨如晦，兵荒马乱。西北小学却在这城南一隅，微弱但坚持地生存了下来。

  平津战役胜利后，共产党解放了北平城。杨富魁看完解放军进城，思索是否把学校的前途交给共产党。

  不知喜忧之际，往事乘虚而入，给杨富魁带来一阵疼痛——日本军队占领北平时，不准学校开设语文课程，用刺刀威胁着学生们上日语课。每天，都有专门的人在门口望风，日本人来了，老师和学生马上做出学日语的姿态；日本人走后，再恢复到正常上课。

妻子生下儿子杨立时，日本兵投降撤出，国民党入主北平，但教育状况改善不多。宣武区的很多学校，都是租用寺庙的便宜房屋做教室，随便用黑漆刷两面墙当黑板——"那样的条件下，学校都没有垮掉。如今代表老百姓的共产党来了，学校教育应该更不会缺失。"

就这样，杨富魁把西北小学的账本和最后一笔资金，上交给了共产党。

因为信任共产党，所以坦然无忧。

晋升二级教师

回民工作委员会很快在西北中学的基础上成立了回民学院，杨富魁当了总务处干部，主管整个回民学院的基建工作。虽然脱离教学，但他晋升二级教师，每个月拿76块钱的工资。

最让杨富魁骄傲的是，他主持建了回民学院的一栋教学楼。"那可是整个牛街第一栋小楼，很惹眼呢。"每天上课，琅琅的读书声传到整个牛街。

这个时候，杨立也在回民学院附属小学读书。1959年后，整个国家都处于困难时期。

让杨富魁深感骄傲的是，家里的四个孩子，虽然生活有些困难，但都热爱学习，成绩优异。

"就拿我来说吧，学习成绩特别好，还在班里担任干部，初中升高中还是保送的呢。"想起读书时光，杨立的脸上洋溢着笑意。

杨立记得，父亲在学校基建工作上大展手脚，几年时间就牵头负责修建了回民学院好几栋教学楼。

"那时候很忙，每天很晚回家，就在饭桌上跟家人讲讲学校的情况。"杨富魁指着不远处伊斯兰经学院的绿色屋顶说，那就是他牵头修建的房

● 家庭介绍

杨富魁
　　93岁，1934年起在宣武区西北小学当教师。

杨　立
　　64岁，1963年起在宣武区中恒街小学当老师。

杨海燕
　　37岁，1989年起在宣武师范第一附属小学当教师。

　　他们祖孙三代的职业生涯，只有重合，没有间断。75年来，他们的职业生涯见证了教育事业的变迁。

子,直到现在都是宣武区的一个地标建筑。

时光滑到杨立的高三,他面临一个重要抉择——考大学还是工作。作为家庭的长子,他最终放弃大学梦,决定工作。

"要么参军或进工厂,要么当老师。"杨立说。

儿子的教学成就

杨立跟父亲说出自己想当老师时,是在一顿晚饭的桌上。杨富魁听完,不假思索地点点头,连说"挺好,挺好"。

事隔两年,杨立才体会到当时父亲对自己的支持和子承父业的骄傲,其实是藏在这种淡然的表情里。因为杨立的大妹也要工作,说想当电影演员。杨富魁想了几分钟,大手一挥微微皱眉"不行啊,这是不务正业",一句话,让杨立的大妹改了志愿,进了工厂。

1963年9月,杨立和其他19名同学被挑选为教师,历经半个月的培训后,被分配在宣武区各个小学。与此同时,13名仅有初中文化水平的老师离开学校,转业或者参加培训,以达到中师水平。

正式上岗前,杨富魁帮儿子分析了小学各个年级的状态,建议他挑一个中年级的班开始教课,比如三四年级。杨立果然在挑班级时说出三四年级,他也被如愿分配到宣武区中恒街小学四年级,教语文课。

课本上开始有了毛泽东诗词,学校开始号召学生们向刘文学、雷锋等英雄人物学习。杨立记得那次少先队观摩会,就在他的班上举行,有区里不少的教育领导参观。黑板立在前排,上面有醒目的大字"纪念刘文学",旁边还有他的头像和事迹。

几年下来,杨立从模仿老教师讲课,已经学会自己摸索教学。"我教的班成了红领巾班,特别有成就感。"杨立说。

此时,他的工资是每个月37块钱,全部交给母亲补贴家用。

学校大发展

"文革"期间,教学工作曾经停滞了两年。

复课后,杨立重新回到讲台。虽然工资没变,父亲也还在湖北农村下放,但杨立还是重新燃起了对工作的热情。

"我发现自己的教学激情一点也没退减,因为一直相信教育本身的力量,也坚信国家一定会再重视教育。"

1971年,杨立结婚了。第二年女儿出生,他们搬到输入胡同的一所平房里。

拨乱反正后,杨富魁从湖北回到北京,已经到了退休的年纪。

国家给杨富魁分了一套楼房。他闲暇时,还是喜欢到学校转转,也曾跟经学院的同事们一起出国,到西亚参加朝拜。"我们都赶上了好时候"。

因为此时,教师又成为"工人阶级的一部分",社会上又开始敬重老师。

杨立的工资一下子涨到40多,没过一年又涨到60多。"有天听说工资可能涨到100块,真不敢相信。"

后来不但工资涨到100,学校的教学设施也飞速进步。

第一台电脑进学校时,杨立觉得很新奇。"我还记得,那是几台苹果电脑。老师们都围着看,高兴得很。我回到家后,也情不自禁地告诉了妻子和女儿。"

孙女继承祖业

杨立刚过而立之年,对一天比一天更好的生活充满了感恩,对一天比一天更好的教学环境充满了欣喜。他凭着自己10余年的经验,拿出十二分的力气,投入到教学工作中。

在女儿杨海燕的记忆里,刚刚读幼儿园时,父亲总是加班到很晚才接她回家。幼儿园的老师怕她想家,就让她唱歌,自己拉手风琴伴奏。渐渐地,她爱上了音乐。

杨立把女儿放到自行车后架上,父女俩开始往输入胡同的家里走。一边走着,杨立爱讲老杨家的过去,告诉女儿爷爷的爷爷是做骡马生意,爷爷的父亲是房屋中介,他们善良而有进取心,同时向往着成为文雅的"先生行列"。所以爷爷杨富魁成为先生后,杨家终于找到了精神上的归属感。

"因为我们要向善,要向上,要做文明有礼的人,并且把这样的想法传达给别人。"

从不懂事到懂事,杨海燕一直被父亲这样教育着。到她初三毕业时,说自己想去搞音乐。

杨立思索片刻告诉女儿,他尊重女儿的意向,但是女儿是否考虑过当老师。"把你所拥有的知识、品德等,一句一句地教给学生,不也很有成就感吗?"

正好宣武区的一三四音师班招生,这既符合杨海燕的兴趣爱好,也传承了老杨家的教育情结,杨海燕理所当然地报了这个志愿。

为了表达对女儿的支持,第二年,杨立花4000多块给杨海燕买了钢琴。当时还住在输入胡同,杨立在9平方米的房子外给女儿接了一间小屋,但只能放下单人床。

杨海燕的钢琴被送到爷爷家。每到傍晚,她放学回来就跑到爷爷家练琴。

开始的时候,前来串门的人说"燕子弹得不好听",年轻的杨海燕听了不免

失望。

杨富魁却摸摸杨海燕的头,淡淡一笑说"挺好,挺好"。他仍然用这种淡然的表情,表达对孙女当老师的支持。

学生遍大街

杨海燕也曾动摇过。

1990年,杨家分了房子,在陶然亭公园北门附近,是六层板楼的顶层,53平方米。对比输入胡同的9平方米,杨立很知足。

这时候下海潮涌起。杨海燕的好几个同事辞了职,下海去经商,也赚到了一笔钱。她看着父母奋斗半辈子,才分得这么一套二手房,心里有些动摇。

杨立依然用老杨家的传统说服女儿。"你爷爷在解放前的艰苦时期都坚持下来了,现在老师的境遇那么好,你怎么坚持不了?我们杨家别看重钱,最重要的是做人,做一个向善、向上的文雅人。"

听从了父亲的话,杨海燕的心踏实下来,投入到音乐教学中。

她的学生已经不像杨立的学生那般踏实听话。"他们早熟,独立,也有思想。可是不太听话,敢跟老师对着说。"杨海燕会把这些趣事告诉已经不在教育一线的杨立。杨立早就分到区教委,主管教研,但是脱离了学生。

前两年,杨海燕讲自己班里一个学生,在美国读了两年书又回来,课堂上很"美式",想喝水就喝水,想去洗手间就去洗手间。杨海燕告诉他,在中国的课堂上,学生要尊重老师,但那名学生竟然说出"不让喝水,那就不尊重人权"。

杨立不敢相信,摘下眼镜一再地问,"真的吗?现在的学生竟有这样的?"他现在已经退休,在人教出版社兼职,做编写语文课本的工作。

金庸小说入选语文课本时,杨海燕和父亲谈论过。最后两人的一致观点是,现在的教育,给学生传授的价值观已经多样化。

思想偏于保守的杨立,支持在小学语文中多加古文和诗词。"观念现代化,价值多样化,但是好的文化传统不能丢。"

现在杨家三代走在大街上,一路总听到不同年龄的人亲切地喊"杨老师"。这是他们的成就感。

乔氏父子音乐声中歌唱祖国

■王 鹏

少年出游，哼唱《让我们荡起双桨》；青年远行，高唱《我的祖国》；中年守岁，同等《难忘今宵》；暮年闲居，慢摇藤椅，倾听《夕阳红》……

这些堪称"人生注脚"的歌曲，均出自词作大家乔羽之手。而乔羽的两个儿子，也先后走上了歌词创作之路。这个"词作世家"不断创作着优美的歌词，将精彩延续，也在将故事延续。

共和国60华诞，经典的歌词，穿越了时间，凝固了历史，成为对祖国最好的献礼。

歌词世家

"让我们荡起双桨，小船儿推开波浪，海面倒映着美丽的白塔，四周环绕着绿树红墙。"

乔家人创作上有一个秘密。父子两代人都不喜欢电脑录入，唯爱白纸黑字，笔走龙蛇。

在通州一家文化传播公司内，总经理乔鲸的办公桌上有一个大笔筒，笔筒之内插满了数十只红绿两色的铅笔。

他说，他和父亲一样，喜欢用笔写作，在雪白的纸张上挥洒才气，"用铅笔写作，颇有小书法的感觉，有时灵感自然而生"。

乔鲸是乔羽的长子，出生于1955年。在他童年的记忆中，他的家几经搬迁，于京城内四处漂泊，最深的印象停留在东城区西塘子胡同。

那是一个特别大的四合院，院内居住着多户人家。乔家房屋宽敞，甚至有一间专用的书房。

黄昏之后，院内晚风习习。乔羽就在院内，教幼年的乔鲸背诵《唐诗三百首》。

然而父子之间聚少离多，按照当时的习惯，艺术家大多四处采风，乔羽的身影

■2006年4月2日,北京,第六届百事音乐风云榜颁奖盛典隆重举行。乔羽(左)和庄奴(台湾)获得终身成就奖。(图片来源:CFP)

经常消失在四合院内,一走就是大半年。

在仅有的相聚时光内,有时乔羽会带着乔鲸上街购物。50年代的北京,建筑低矮,"街上连自行车都少,见到小汽车,我会拉着父亲的手,蹦跳着激动半天",乔鲸说。

1954年,乔鲸尚未诞生时,当年27岁的乔羽应邀为电影《祖国的花朵》创作主题曲。他和小演员们一起泛舟北海。

北海之上,风起波摇,桨落影碎,四周的红墙绿树激发了乔羽的灵感。他急匆匆让小舟靠岸,开始创作《让我们荡起双桨》。

随着电影播出,这首歌传唱大江南北,回荡于许许多多课堂之内。数年后,乔鲸到史家胡同小学读书。上课前,同学们齐唱此歌,老师特意告诉大家,"大家知道么,这首歌就是乔鲸同学的父亲创作的"。

此时乔羽已名满天下,"我和许多同龄人一样,是在父亲创作的歌声中长大的,也从小就感受到了歌词的魅力"。

一条大河

"一条大河波浪宽,风吹稻花香两岸,我家就在岸上住,听惯了艄公的号子,看惯了船上的白帆。"

无论是《让我们荡起双桨》，还是《我的祖国》，乔羽的歌词总是与水结缘。

《我的祖国》诞生时的名字叫做"一条大河"，是乔羽为电影《上甘岭》插曲所创作的歌词。

1956年夏天，乔羽到江西采风，其间接到导演沙蒙从长春发来的数封急电，希望他为电影《上甘岭》创作歌词。

从南昌开往长春的火车上，乔羽一路凝眉沉思，志愿军战斗的场景于脑海中闪现，但歌词的灵感却无从寻觅。

多年后，已是古稀老人的乔羽回忆创作经历时说，当时他"憋"在招待所中，导演沙蒙每天拜访，不提催稿，总是坐坐就走，但让他压力很大。

最后，乔羽决定跳开关于志愿军战斗场面的桎梏，写一首激发爱国热情的歌曲。他自然地想到了在江西采风时所目睹的长江。

于是，长江的滚滚波浪，稻香白帆流淌进歌词内。数日后，沙蒙拿到歌词当即拍板采用。

当他询问为何开篇不用"万里长江"，而用"一条大河"时，乔羽回答称，一条大河可以想象成任何一条河。每一个人家门口的河，都和他的命运有关，想起这条河，就能想起很多事情。

这首歌，最初定名为《一条大河》，后来在乔羽的老搭档作曲家刘炽建议下，改名叫《我的祖国》。

在乔羽建议下，这首歌由郭兰英演唱，最先由中央人民广播电台播放。电影尚未上映，歌曲便已风靡全国。无数年轻人，在这首歌的激励下，奔赴祖国各地的建设岗位。

在歌声中，共和国的日历翻至60年代末。彼时，政治形势风云变幻，乔家大院的故事也迎来新的段落。17岁的乔鲸，响应上山下乡号召，到京郊插队。

● 家庭介绍

乔 羽

1927年出生，著名词作家，江湖人称"乔老爷"。曾创作《我的祖国》、《难忘今宵》等。

乔 鲸

乔羽的长子，出生于1955年，目前任一文化传播公司总经理。

乔 方

乔羽次子，词作家。

临行前,一向并不过多干预儿子成长的乔羽,给乔鲸提出三点要求,一是不要早恋,二是抽烟喝酒不支持,但在经济许可下可以有些嗜好。第三条,也是最关键的一条,乔羽希望儿子能学会一门手艺,"不反对你喜欢文学,但不支持你以此为生"。

因为当时环境等诸多因素,乔羽并不希望儿子们子承父业。不久后,乔羽也身受冲击,被下放张家口部队,负责养猪。

乔鲸说,这是他成长中,父亲对他最严肃的一次谈话,也影响他一生。

"文革"结束后,乔鲸遵从父命,参加了首都医科大学的口腔科医生培训,此后,他一度成为友谊医院的一名口腔医生。

然而,乔家的歌声并未断绝,随着春天复苏,更多优美词句开始重新酝酿。

难忘今宵

"难忘今宵难忘今宵,无论天涯与海角,神州万里同怀抱,共祝愿祖国好,祖国好。"

80年代,乔羽重新提笔,创作了一批脍炙人口的歌曲,其中最为经典的便是《难忘今宵》。

1984年,中央电视台春节联欢晚会排练现场。临近午夜,总导演黄一鹤忽然觉得晚会缺少一首相衬的主题歌。他急匆匆地赶至乔羽办公室,开口便直接索要歌词,并提出了"马上"的急令,"我坐在这里等,写好就拿走"。

无奈之下,乔羽答应早上5点前交稿。送走黄一鹤,已是凌晨3点,乔羽开始联想除夕之夜举国团聚的场面,灵感泉涌,挥笔立就。清晨5点,东方既白,歌词便交到黄一鹤手中。

这首急就之作,却成为了当年春节晚会最大的亮点之一,也成为永恒的经典。此后数十年间,《难忘今宵》一次次在除夕夜响起,一次次温暖着国人的心灵。

随着春节晚会一届届举行,港台的流行歌曲也慢慢流入内地。年轻人不再哼唱那些红色经典,开始迷恋于情爱纠缠。而在乔鲸眼中,父亲乔羽并未受此影响,依然坚持用传统文化和中国风韵,创作经典的歌词,"我父亲后来创作的《思念》、《爱我中华》等歌曲,依然保持着他的风格"。

90年代初,受下海风潮的影响,乔鲸辞去了医生工作,旅居日本从商。出国的决定最初招致乔羽反对,但乔鲸依然放弃了稳定工作,出国闯荡。

在日本的岁月,每逢华人圈聚会,聚会中唱得最多的歌就是《我的祖国》和《让我们荡起双桨》,这让乔鲸百味杂陈,"那时我才明白,父亲所说的中国文化的魅力"。

当时在日本，华人没有途径收看春节联欢晚会。乔鲸也因多种原因无法回国和父亲共度春节。每逢友人从国内寄来春节晚会的录像带，听见《难忘今宵》时，乔鲸便越发思念祖国和家人。

2000年前后，乔鲸回国，出国的经历让他更深地体味了歌词的魅力。他违背了数十年前与父亲的"约定"，决定踏上歌词创作的道路。

京娃奥运

"在这里看到了，跳动的心，蓝蓝的天，绿色的希望，金色的期盼，黑色奇迹的闪现，梦想实现，就在今天。"

乔鲸入行之前，弟弟乔方已经开始了歌词创作，并颇具名气。父亲乔羽更被尊为词坛泰斗，江湖人称"乔老爷"。

家人的显赫成绩，让乔鲸入行的举动颇为低调。"刚开始，没有人知道我要写歌词，我都是在杂志上匿名发表，像玩票性质，我想做出成绩来再让大家知道。"乔鲸说。

乔鲸的成名颇具阴差阳错的巧合。

2006年，联合国"世界水日"主题活动在中国举办，中国组委会广征主题歌却无一首合适。组委会想到了"乔老爷"，电话联络后，老人表示，时间太紧，他恐怕来不及交稿。

情急之下，组委会决定找乔方填词，然而电话却打到了乔鲸处。

"我当时解释了，写词找我爸或者我弟，但组委会表示两人都已婉拒，希望我能帮忙写一首歌。"乔鲸说，他当时受宠若惊，也决定冒险一试。

乔鲸开始闭门构思，他回忆起16岁时初见大海的激动，于是提笔写下"蓝天有了你，能把大地连成一片；太阳有了你，才有了跳跃的起点……"整个创作过程，乔鲸一直秘密进行，家人并不知晓。

歌词成稿后，组委会分外满意。他们隐去作者名，把歌词发给乔羽，请"乔老爷"评价，听到乔羽大为赞赏后，组委会才告知老人，歌词作者是乔鲸。

"我父亲当时操着山东口音大为惊讶地说，'我大儿子也能写词了？'"乔鲸说。

这首后来定名为《离不开你》的歌曲，获得了国际水协、中国清水同盟、中国人与水公益活动组委会共同颁发的世界水文化突出贡献奖，并因词曲清丽，在互联网上广为流传。

《离不开你》的成功，给乔鲸极大信心，他开始创作奥运组歌。

2007年，乔鲸闭门数月，体重掉了10余斤，写出了一组奥运组歌。组歌包括奥运会会歌、残奥会会歌、志愿者之歌、火炬之歌、运动员之歌和闭幕式之歌。

乔鲸并未署自己的名字,而是以"京娃"之名发表。对此,他解释称,京娃意即北京的娃娃,"我就是要让外国人惊讶,一个北京的小娃娃也可以写出好听的歌"。

2007年8月6日,《人民日报·海外版》全文登载了这六首歌曲,编者按中写道,"一位普通北京市民京娃在奥运歌曲征集活动中激情创作出系列词作……我们从众多歌曲征集参与者中选发这组歌词,以表达普通中国人对奥运的热切期盼"。

此时,无人知晓歌词的作者是乔羽之子乔鲸。而这些歌也一度成为各大论坛上网民推崇的对象。

余韵不绝

"顶天立地是我们民族的崛起……祖国我为你骄傲,祖国我向你敬礼。"

时光流逝至2009年,共和国即将迎来60岁生日。此时,乔羽已82岁高龄,老人隐居在北京顺义,安享天年。

每逢春节,乔鲸和弟弟妹妹总要到老人处一同团聚。老人年事已高,看不完春晚的全部节目,但总记得第二天问一下乔鲸,"今年放了《难忘今宵》没有?"歌词早已融入这个家族的血脉。

对于乔鲸而言,他最近的任务就是推广所做的庆祝建国60周年组歌。此前,他和伙伴成立了北京金立方文化传播公司。

乔鲸特意为记者播放了刚刚完成的阅兵歌曲《人民的检阅》,歌词朗朗上口,曲调铿锵有力,"我们还没有一首专门为阅兵所作的歌曲,我最大的愿望就是阅兵式上大家能听到这首歌"。

在乔鲸眼中,60年间歌词写作变化巨大,歌词创作早已从父亲当年的政治创作,变成了而今的商业运作,"一首好歌,如同股票,有很大的升值空间"。

但不变的是,乔家歌词创作对中国文化的依恋,"从父亲到我,从来不放弃对中国元素的发掘,浮躁的流行只是一时的,只有真正的中国文化,才能余韵不绝"。

濮氏父子话剧人生的轮回

■ 赵 颖

　　57年前，苏民进入刚刚成立的北京人民艺术剧院，很快，他们都迎来了自己的第一个艺术高峰。30年前，改革开放启发对"人"的关注，北京人艺也在试验，开创小剧场话剧先河，濮存昕继承父业回归人艺，父子二人在炫目的舞台灯光下聚首。

　　2007年，话剧百年，在电影、电视夹击下，道路凸现坎坷，大学生戏剧节等一系列青年戏剧活动让热爱话剧的濮氏父子看到希望。

建剧团演进步话剧

　　1942年夏天，北平男三中一个学生从家里拿出两块大五幅布，加上一批便宜木材，和几个同伴动手，制作了一套蓝色、咖啡色的小布景。这些珍贵物品使得一群爱好话剧的学生们聚在一起，更使他们有别于当时众多学生业余剧团的短命，而长期存在并成长发展。

　　那个学生就是当时16岁的苏民。苏民原名濮思洵，字苏民，青年时投身戏剧运动，因地下工作需要，以字为名。他是北京人民艺术剧院（简称北京人艺）建院时期老一辈的演员、导演、老师，曾任北京人艺副院长，也是著名演员濮存昕的父亲。

　　那个夏天，话剧被称为"爱美的戏剧"，因它是自西方引进的、完全有别于中国传统戏曲的新鲜事物。暑假学校联欢会上，苏民和同伴们第一次登上舞台，表演了田汉的两个小戏：《艺术家》和《获虎之夜》。

　　表演后，被请来做导演的北大法学院学生郑天健提议，正式成立剧团，根据声韵选择了两个平声字"沙龙"。

　　沙龙剧团一直延续到1945年底，发展成为之后的北平戏剧联合会，利用话剧形式宣传进步思想，在青年中扩大共产党的影响。

　　1942年冬，沙龙剧团在北平男三中学校礼堂演出了《北京人》。第二幕里，孙子媳妇愫方说，有一个地方，没有军阀战争和压迫剥削，我们要到那个地方去。听到这

■苏民、濮存昕父子在北京人民艺术剧院门口合影。（资料图片）

样的台词，台下观众席中的日本学监坐不住了，立刻通知校长，要求终止演出。

日本学监的敏感引起了苏民和演员们的警觉，"曹禺在剧本中说的'那个地方'，究竟在哪里？这次小波折增加了日后我们革命的自觉性"。

冬天过后，沙龙剧团走出学校四处演出，也走上了用话剧启发民众的道路。之后的十年，沙龙剧团发展成为涵盖了六个学校学生的祖国剧团，直至后来的北平戏剧联合会，一直从事进步话剧的演出。

五年历练方进角色

1952年6月，根据新中国文化部的文艺演出团体要专业化、正规化和逐步建立剧场艺术的要求，北京人民艺术剧院成立，这是一个专业话剧院。

当年那个制作小布景的少年，此时也迈进了人艺，成为一名职业话剧演员，但扮演过诸多大主角的苏民，却突然不会演戏了。

当时苏民正在自学《演员的自我修养》。由于没有老师引导，想象、肌肉放松、情绪记忆，一个个表演元素割裂开，上台后，苏民的注意力无法集中，越读书越不会演，后来被调去当舞台美术副组长。

1955年，剧院实行总导演制。由焦菊隐任总导演，欧阳山尊任副总导演。苏民又被调到总导演办公室当副主任。之后，就被送到中央戏剧学院导演师资进修班学习，"由苏联专家来教，教了两年，斯坦尼斯拉夫斯基体系的真传啊。"认真的苏民仔细做练习，得到了苏联专家的认可，毕业时演了《伪君子》中的第一大主角。

勇攀艺术高峰

从师资进修班回到人艺后，苏民又变成演员里的主要角色。当年的他排演了《青春之歌》、《日出》、《难忘的岁月》等5个剧目。

北京人艺成立之初，没有合适的排练场，也没有固定的演出地。1956年8月起，经周总理同意建设的首都剧场，正式移交北京人民艺术剧院管理使用，这是国内第一座以欧洲大陆体系为蓝本，安装了完备的舞台机械的剧场。

对于年幼的濮存昕来说，这个舞台是一个围绕着光环的谜。濮存昕对于演员父亲最早的记忆，源于父亲带他去人艺。

只要父亲晚上有戏，家里一下午谁也不能大声说话。父亲演戏之前不吃饭，濮存昕经常拿着饭盒去剧院给父亲送饭。

在化妆室通向舞台的长廊里，有条黑黑的甬道，这条甬道不准小孩子进，孩童时期的濮存昕常常站在这条神秘的甬道口等父亲，"我知道甬道的尽头就是充满灯光的辉煌舞台。"

1961年10月中旬至12月中旬，北京人艺携《蔡文姬》、《伊索》、《同志你走错了路》等五个剧目赴上海演出，轰动华东，这是北京人艺建院以来第一次全院范围的巡回公演，"那可是一段风光的日子"，苏民回忆说，那是人艺第一个高峰，形成了自己的风格特色。

这段时间，也是苏民演出生涯的一个高峰，他先后在《蔡文姬》中扮演周进、《雷雨》中扮演周萍。也许是冥冥之中的暗合，40多年后，人艺复排这两出剧时，儿子濮存昕又饰演了相同角色。

在苏民家，蓝天野、英若诚、于是之等一些人艺

●家庭介绍

苏 民

1926年10月生，原名濮思洵，曾任北京人民艺术剧院副院长，是中国话剧界元老级艺术家。主演《蔡文姬》、《雷雨》、《智者千虑必有一失》、《胆剑篇》等话剧。

濮存昕

苏民之子，1953年生，1986年调入北京人民艺术剧院任演员。主演《李白》、《哈姆雷特》等话剧。现任人艺副院长。

演员和导演经常聚集一堂,谈剧本,聊创作。大人们高谈阔论,年幼的濮存昕就守在旁边听。那种对话剧痴迷、费心琢磨的样子,濮存昕至今记忆犹新。

这种潜移默化的影响,不知不觉中,一点点渗入了孩子的血液和肌肤。坐在新装修的人艺化妆室里化妆,濮存昕回忆起儿时说,老年间卸妆用的是香油,香味弥漫着整个后台,现在后台早没这味儿了。

子继父业

1969年,苏民被隔离时,濮存昕离家远赴黑龙江生产建设兵团,那年他16岁。

1977年,濮存昕结束黑龙江的兵团生活,返回北京。当大部分回城青年还在街道等待分配工作时,濮存昕通过空政话剧团考试,成为一名国家专业话剧演员,"像一根火柴将灰暗的日子擦亮,以前做梦都不敢想。"

因为没有上过艺术院校,进入空政话剧团后,濮存昕开始三年基本训练学习,发声吐字、形体。对此,濮存昕心存感激。今天的人艺,已没有系统的基本训练,"现在是商业运作时代,新来的孩子学习全靠自己。"

虽是人艺子女,濮存昕从来没想过回到人艺舞台,"那时不缺人,有宋丹丹、张永强那一拨人艺培训班的演员。在家里连谈都不谈。"

1984年,空政话剧团的《9·13事件》在人艺上演。装台时,濮存昕搬箱子到舞台上,一直腰,朝空荡荡的观众席扫了一眼。一瞬间,好像都能看到儿时自己坐的位置。

接近人艺的欲望,被那次登台点燃。1985年春,北京人艺老演员蓝天野找到濮存昕,邀请他参加人艺《秦皇父子》的排演。濮存昕现在还记得,当时坐在沙发上说戏时蓝天野坚定的眼神,"深感欣慰的是,自己这么多年的努力,起码证明他(蓝天野)不是因为是我父亲的挚友,才这么看好我"。

一年半后,34岁的濮存昕进入北京人艺排练《秦皇父子》。此时外面的社会正在经历改革开放,人艺的舞台上正在进行改革——以林兆华的《绝对信号》为代表的小剧场实验。林兆华也是对濮存昕影响最大的导演之一。

以现在眼光审视自己在《秦皇父子》中的表现,"不顺利,刚开始都太初级"。濮存昕回忆说。

更困扰的是,这样的事情没法和父亲说,"灵犀没有,别人怎么点拨也是没有用的。"真正开窍还是在多少年之后。濮存昕一直感激人艺和蓝天野,"对待现在剧院里的年轻人,真的要有一种宽容。"

回到人艺,是濮存昕一生中的第三个关口,"笔直的路好像可以一直走下去,不再犹豫也没有别的愿望了"。

父子合作

北京人艺建院40周年之际，老一代艺术家大部分已退休，中青年成为剧院主要力量。

1992年，濮氏父子同台献艺排演话剧《李白》，苏民导演，濮存昕主演，这是父子俩首次合作。排练期间，既有父子间的默契，也有相互排斥，分歧最激烈的时候，甚至晚上干脆不回家，白天就在排练场见。这部剧作后来获得了八项大奖，成为北京人艺保留剧目。

刚上手时，饰演李白的濮存昕每天排练的内容就是找"李白是什么样子"，感觉浅显、浅薄，"我找了半天李白，其实已经不是李白了"。经过这次排演，年近古稀的苏民，意识到"年轻人有他们独特的见解，要择善而从，对年轻人不尊重是很落后的想法"；对濮存昕来说，"当孩子认识到父亲的局限性时，他才算是真正成熟了"。

"把心灵那扇门推开，把自己摆进去，这才是后路"。2003年，《李白》重排，濮存昕自己也有了一番李白一样的生命经历。

生命轮回

50岁那年，濮存昕被任命为人艺第一副院长。为了尽自己对剧院的责任，濮存昕接受了这个任命，"新办公室、奥迪车，如同囚笼一般"。

直到排演《北街南院》，一天下午，濮存昕根本入不了戏，干脆骑车到市里递交辞呈。这一递，演出状态就回来了。从下半年开始到来年的正月十五，濮存昕一共演出了100多场，包括《赵氏孤儿》、《李白》、《茶馆》等。

自上世纪80年代以来，电视、电影作为更快捷、更普及的媒体，替代先前由话剧承担的若干用途，话剧观众眼光更为挑剔，对话剧提出了更高要求。

而人艺"市场化的空间里一个事业化现状"，濮存昕一直在努力改善。他很看好大学生戏剧节和北京市青年戏剧节，"里面有非常好的导演，有非常热情而贫困的青年业余演员"。

56岁生日，在办公室墙上，濮存昕挂上了两句自己写的题词，简单白纸，图钉钉在四角，上面一幅"已得其所、安分守己"，下面一幅"玩斋做悟舍"。

这正反映濮存昕当下状态，"我要完成自己生命轮回，对我这个轮回过程中的观众们真诚对待"。

濮存昕说，未来他会将更多精力放在话剧上，专心做好每一场话剧，让自己更加强大。站在舞台中央，就一定能影响舞台边的青年演员。每一个话剧演员都强大了，话剧才会更加辉煌。

谭门七代京剧舞台写春秋

■ 郭 鲲

"谭派"是京剧史上的一朵奇葩,一门七代从事同一戏种、同一行当,绝无仅有。

1949年,谭门第六代谭孝曾的出生成就了谭家的四世同堂。从谭孝曾的曾祖谭小培、祖父谭富英、父亲谭元寿,再到他的儿子谭正岩,谭门整整五代人,见证了新中国成立以来京剧60年的沉浮。

四世同堂 第六代与新中国同岁

1949年的3月,北平城春寒料峭。

一个月前,这座千年古城刚刚迎来了和平解放,伴随着人民解放军进入北平城,城里人紧张了数月的神经终于放松下来。

这一天,前门外李铁拐斜街的一处老宅气氛异常紧张,内房里媳妇、丫头端着铜盆、毛巾进进出出。厅堂里,一名老者长衫马褂,正襟高坐,神情庄重,手里不时摆弄着精制的鼻烟壶,下首位陪坐着一名中年男子,精神矍铄,一身青色长褂。

伴随着一声婴儿清脆的啼哭声,老者两眼陡然一亮,将鼻烟壶一手攥紧,倏地站立起来。不多时,又一名长衫青年掀帘入内,一脸兴奋,"祖父、父亲,是个男孩儿。"

这户四世同堂的人家非比寻常,他们便是梨园行乃至北平城鼎鼎大名的谭家。自老祖谭志道进京已近100年,谭门第二代鑫培中年就登顶"同光十三绝",被称为"伶界大王"。谭鑫培博采众长,以一己之力奠定了京剧老生行当,稳定了京剧发展格局。

此时距离谭鑫培作古已近30年,厅堂上的老者是谭门的第三代传人,谭鑫培的第五子,人称"五爷"的谭小培。除了继承父亲所开创的谭派文武老生的传统,五爷平生最得意的便是一手培养出了一个"好儿子",京剧"四大须生"之一的谭富英。谭富英自幼被送到富连成科班坐科，后又师承余叔岩，以独特的唱腔做派开创谭派的新局面。为区别于其祖，时人称谭富英的唱腔为"新谭派"，毛泽东都是谭富英的戏迷。

谭家薪继火传，谭富英的长子谭元寿自1945年从富连成出科后，也已经自己挑班了。这一天在这个老宅出生的男婴，正是谭元寿的长子。"四世同堂，元寿，你可得好好给你儿子取名字。"谭富英说。"想好了，要他孝敬曾祖，就叫孝曾吧。"谭元寿答道。

主席点烟　谭家细品新旧社会

新中国成立后百废待兴，但人们对京剧的钟情依旧，戏照听、角照捧，京剧名家名角演出更加频繁。1950年初的一天，谭富英在朝阳门内南小街的陆军医院礼堂演出《红鬃烈马》的一折《武家坡》。

作为谭富英的戏迷，毛泽东得知消息特地前来观看。毛主席进入礼堂后，场内掌声经久不息。原本在后台的谭小培马上来到了观众席，代表演员迎接毛主席。

"戏还没开始，请主席先到后台休息片刻。"谭小培说。"现在到后台不合适，影响演员的情绪，还是戏散了再去慰问大家的好。"毛主席笑着拉谭小培一起落座观众席。

锵锵锵锵……大戏在一阵锣鼓声中拉开序幕。毛主席一边看戏，一边与谭小培聊京剧谭派艺术。"没想到主席对咱们谭家这么熟悉！""我不懂，但喜欢看，看多了，不免一知半解，这也算自学成材吧！"毛主席边说边从衣服口袋里取出香烟。谭小培也赶紧把自己身上带的香烟敬给毛主席。毛主席接过来说："我们交换一支，你吸一支我这个尝一尝！"

● **家庭介绍**

新中国成立以来，谭门历经五代。

谭小培
　　谭派第三代传人，京剧名角。

谭富英
　　谭派第四代传人，著名京剧表演艺术家，塑造的鲁肃、诸葛亮等形象深入人心。

谭元寿
　　谭派第五代传人，著名京剧表演艺术家，样板戏《沙家浜》中男主角郭建光的扮演者。

谭孝曾
　　谭派第六代传人，著名京剧演员，北京京剧院谭派当家老生。

谭正岩
　　谭派第七代传人，年方30，已是京剧红梅奖获得者。

此时,谭元寿正在后台伺候着父亲谭富英,年轻人好奇毛主席到底长什么样子,便从帘子掀开一条小缝朝观众席望去,这一望险些惊掉了手中的茶壶。原来毛主席正拿着打火机,给谭小培点烟。

"这如何使得,如何使得。"谭小培连连退让。"大家都是同志嘛,难道你高兴我脱离群众吗?"毛主席坚持为谭小培点上了这根香烟。谭富英演出完毕,毛主席又亲自到后台,赞谭富英的表演名不虚传。

回家后谭家人颇多感慨。1917年,为了给广东军阀陆荣廷助兴,病重的"伶界大王"谭鑫培被军警胁迫前往"那家花园"唱堂会,回来身心疲惫,不久便撒手人寰。

旧社会甭管你是怎样的角,也不过是戏子;新中国,昔日的伶人竟能够跟最高领导人平起平坐,谭家人开始细细品味这些不可思议的变化。

从《将相和》到《群英会》谭派随京剧至高峰

1950年夏,京剧剧作家翁偶虹在家里修改新作《将相和》,忽然听报谭富英谭老板前来拜访。

"翁先生,在下是无事不登三宝殿。"谭富英握着翁偶虹的手说:"我听说您新近成了一个本子——《将相和》,特来先睹为快。"

"其实还在修改,恐怕难入谭老板的法眼。"翁偶虹一边说着,一边取出《将相和》的本子。

一炷香工夫,谭富英合起剧本,左手摁在扉页,略忖片刻,望着翁偶虹说:"翁先生,如不嫌弃,谭某希望将这个本子排出来。"

翁偶虹听后面带难色,"承蒙谭老板看得起,不过……我向谭老板交个底吧,这个本子原是应了(李)少春和袁(世海)老板的。"看着谭富英一脸的期待,翁偶虹顿了一下说:"想必谭老板也知道,这二位近日因故不能排这个戏,如果谭老板真的看得上,还容我去征求一下少春的意见。"

隔日,翁偶虹带着本子找到李少春向他原原本本讲了。李少春看过本子,爽快地表示,"这个本子适合富英,让谭老板先演!"

不到40天,谭富英、裘盛戎便排好了新中国成立后的第一出新编历史剧《将相和》,并在上海天蟾剧场公演,连演40场,场场爆棚。

1957年,北京电影制片厂拍摄京剧电影《群英会》、《借东风》,将传统京剧推上顶峰。马连良、谭富英、萧长华、叶盛兰、裘盛戎、袁世海等名家打破剧团界限联合演出,群英璀璨,空前绝后。马连良饰演的孔明,谭富英饰演的鲁肃等至今被称为"活孔明"、"活鲁肃"……

两代《沙家浜》"阿庆嫂"成了孙媳妇

60年代,谭家受到了一些不公正的对待,传统京剧也靠边站,但谭派的影响却有增无减。

谭富英渐渐淡出舞台后,儿子元寿又在京剧舞台上挑起了谭门的大旗。

1964年初,谭元寿正在长春拍摄电影《秦香莲》,突然接到北京京剧院的一封电报,要他们拍完电影速回北京。谭元寿回到北京才知道,京剧院要排演一出现代戏《芦荡火种》,并将在1964年的京剧现代戏观摩演出大会上演。谭元寿被安排出演这部戏的男一号——新四军指导员郭建光,京剧院另两大名角赵燕侠和马连良则分别饰演阿庆嫂和刁德一。

这部大戏后来改名为《地下联络员》,如约在全国京剧现代戏观摩演出大会上演。演出结束后,毛主席走上台和演员合影,他掰着手指头说,"阿庆嫂演得好,郭建光演得好,刁德一演得好。"

之后毛主席专门为这部戏提了三点意见:第一,要加强突出新四军战士和军民关系的戏;第二,突出武装斗争的重要性,从正面打进沙家浜;第三,戏名可以参照传统京剧,就以故事发生地为名叫《沙家浜》。几经修改,风靡至今的革命样板戏《沙家浜》诞生了。谭元寿饰演的郭建光深入人心,他去外地演出,观众看到他都交口高呼"郭建光"!

1967年,中央电视台直播北京戏校和中央音乐学校合演的交响京剧《沙家浜》,还在戏校学习的谭孝曾在其中饰演刁德一。谭家人围坐在电视机旁紧张地观看孝曾的表演,看着看着,谭富英突然自言自语道:"哎,这阿庆嫂演得好,今后要当我孙媳妇不错。"听者都一笑而过,可几天后谭富英却真的将阿庆嫂的扮演者阎桂祥请到了家里说戏。

谭富英此后又多次邀请阎桂祥来家里吃饭,一来二去,直脾气的谭富英直接对她说:"我非常喜欢你,当我孙媳妇吧!你们先交朋友。"

后来孝曾与桂祥果然走到了一起,相濡以沫至今。

百年《定军山》 祖孙三代联袂演出

1979年,谭孝曾和阎桂祥的儿子出世了,这是谭家第七代,他能否成为谭派新一代传人呢?谭元寿为其取名谭正岩,殷切之情溢于言表,"让他继承真正的谭派和余派,成为谭家的余叔岩。"谭鑫培曾拜余叔岩的祖父余三胜为师,余叔岩又拜谭鑫培为师,此后谭余两派互为师徒,梨园行有了"谭余不分家"的说法。

谭正岩自出生之日便被寄予厚望,虽然是家中独子,谭元寿坚持将孙子送到

了北京戏校插班。当时其他同学已经先进校两年甚至四年。懂事的谭正岩日夜加班补课，急起直追。谭正岩15岁时首次登台，演的是武生戏《八大锤》。梨园界同人闻讯，纷纷来观看。剧场气氛热烈，舞台上一招一式，不管谭正岩做得怎样，台下一律报以热烈掌声。演毕，谭元寿上台，抱住孙子，老泪纵横。

2004年，谭元寿、谭孝曾、谭正岩祖孙三代在香港艺术节上联袂演出谭派名剧《定军山》、《阳平关》，由谭正岩、谭孝曾分饰《定军山》前后黄忠，谭正岩还赶演赵云，谭元寿则以《阳平关》黄忠垫底。《定军山》是谭门第二代谭鑫培的拿手好戏，中国的第一部电影也是由谭鑫培出演的《定军山》。百年之后，谭门祖孙三代又同台演出《定军山》，一时间一票难求。

作为谭派第六代，谭孝曾现在是国家一级演员、北京京剧院当家老生。谭正岩先天条件优越，扮相、唱腔颇有谭富英遗风，已经获得了京剧红梅奖、CCTV京剧青年演员电视大赛金奖两项京剧界大奖。

虽然谭门薪继火传，但京剧却不再是当年"满城争说'叫天儿'"的时代。在娱乐活动多样化的今天，京剧受到了很多挑战，但仍有很多观众喜爱京剧。

2005年，谭元寿、谭孝曾、谭正岩一齐亮相上海国际艺术节著名品牌节目——"情聚梨园"京津沪京剧名家名段演唱会时，出票第一天就卖掉了1/3，一票难求的局面再次出现。

2009年正逢60年国庆，谭正岩正在苦练排演几部大戏，正岩挑的是前《坐宫》后《战马超》、前《长坂坡》后《汉江口》，都是纯文纯武的戏。

定下计划后，正岩每天早起练功夫、吊嗓子。孝曾看到儿子勤奋，一方面高兴，一方面也担心他长劲不足，有意激他："不要命的干，每个月也是那些工资。"谭正岩轻松笑道："谁叫我姓谭呢？"

考古父女接力发掘文物

■ 陈 荞

阳光从窗外照进来,89岁的佟柱臣老人微微眯起眼睛,头略抬起,语速慢,语调却激昂。老人讲述那些记忆中的考古旧事时,坐在一旁的女儿佟伟华不时予以补充。父亲曾走过的考古路,女儿仍在继续。

跨越大半个世纪的考古历程,父亲曾走遍万里山河的双腿如今蹒跚难行,女儿的黑亮青丝已染上白霜。时光见证了两代人对考古难以割舍的执著和热爱。

60年来,我国考古行业从最初的摸索尝试,到建立了完备的考古学体系,考古手段、法律法规都得到长足的发展和完善。对于考古人来说,历史永远在最深处的远方等待被发现。

去留抉择

1949年,解放后的北平。

时年29岁的佟柱臣面临两个选择:留在北京,或者回沈阳。回沈阳,他可以继续在沈阳博物院任副研究员;留在北京,意味着要在一个陌生的地方从头开始,包括生活和事业。

1948年下半年,东北解放在即,国民党开始把沈阳博物院的文物运往北平,佟柱臣和数名同事作为护送人员跟着文物到了北平。没过多久,北平解放。新中国成立后,佟柱臣等人将这批国民党没来得及运走的文物又送回沈阳。

回沈阳前,时任文化部文物处处长的裴文中先生向佟柱臣发出邀请:"来北京吧,来这里你会有更好的发展!"佟柱臣很心动,但他脑子里还是有些斗争。他生于东北,长于东北,凭着兴趣通过自学,走上了考古这条道路,并进入沈阳博物院任副研究员。6年自学期间,佟柱臣发现了多处新石器时代、青铜时代遗址,以及后来有名的夏家店遗址,在东北考古界已小有成就。更重要的是,沈阳方面也力邀他回去。

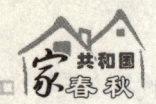

回沈阳,还是留在北京?一番思索之后,佟柱臣决定选择后者。"我觉得留在北京,学术视野会更加开阔,能做出更大的事。"1949年,经裴文中先生介绍,佟柱臣进入北京历史博物馆(今国家博物馆)陈列部工作,后进入考古部,先后任陈列部及考古部副主任。

和佟柱臣同来北京的还有妻子、4岁的大儿子和2岁的女儿。1949年,佟柱臣的二儿子在北京出生了。佟柱臣当时不会想到,20多年后,女儿和二儿子相继踏上考古这条路,女儿佟伟华更担起了他曾担过的职务:国博考古部副主任。

短暂春天

19座石棺墓、石斧、石刀、陶碗、陶石等共138件。

1950年,吉林西团山遗址发掘现场,裴文中先生带队的东北考古发掘团在西团山收获颇多。西团山遗址是距今3000年前的原始社会文化遗址,是农业由"刀耕火种"进入锄耕的重要阶段。作为发掘团成员之一,发掘的细节佟柱臣现在已难以回忆。他记得由于技术条件不发达,这次考古挖掘清理、测量、记录几乎没有任何技术手段辅助,"那时考古队能有个老式照相机,就算条件很不错了。"

在后来撰写发掘报告时,佟柱臣提出了一个建议——将西团山墓葬文化遗存为代表的原始社会遗址的考古文化,命名为"西团山文化"。这个建议后被采纳。西团山文化是中国东北地区第一个命名的考古学文化。

佟柱臣回忆说,建国后,周口店、殷墟两项已中断10多年的考古发掘重新开始,中国科学院成立了考古研究所,北京大学历史系设置考古专业……"当时各地的考古发掘工作开展得很热烈。吉林西团山遗址发掘只是其中之一。"

1961年,佟柱臣进入中国社会科学院考古研究所工作,开始致力于中国新石器的研究工作。对于个人研究来说,这是一个浩大的工程,课题需要将全国的各遗址发掘出土的新石器资料全部收集,同时需要对重要的遗址进行现场考察。当时,由于生活条件、技术设备所限,在野外考察期间,佟柱臣经常步行,翻山越岭,一走就是大半天。"那时考古经费也有限,我的经费大约是一年1000多元,作为个人来说,已经非常高了。"

佟柱臣常年奔波于全国各地考察、收集标本资料,一走就是几个月,"家里的事都是我母亲一个人料理,很辛苦。"佟柱臣的女儿佟伟华说,但父亲一回家,就会给几个孩子讲他的考古经历,"他经常对我们说,以后你们考大学,也去学考古。"那时佟伟华的心中,对考古充满了简单的向往,"我觉得考古能去很多地方,比在办公室工作应该有意思得多。"

佟伟华开玩笑地说,父亲当年的教育是有目的的,"他是想自己能有个接班人。"佟柱臣有三个儿子一个女儿。4个孩子考大学时，除了大儿子因不喜欢文科，最终学了数学外，佟伟华和二弟都听从父亲的意见，报考了考古专业。最小的弟弟读历史系，"也是父亲让他报的，后来他对这个不感兴趣，又去学了法律，现在是律师。"

父业女承

1970年，大学毕业的佟伟华被分配到河北邯郸国棉二厂劳动锻炼，在前纺车间当了一名挡车工。女工经常要上夜班，十分辛苦，"看见线头断了，得赶紧接上。每天那么来回地走，线头似乎永远也接不完。一天8小时工作，相当于走70多里路。"一年半后，佟伟华被调到邯郸一所中学教书，生活相对轻松、安定下来。不久她结了婚，生下一个可爱的女儿。

这期间，佟伟华数次写信给省级考古部门，希望能专业对口，调入文物单位，但一直未能被批准。"有一段时间我特别苦闷，也想着放弃，想就这么过一辈子算了。"她写信把情况告诉父亲。"他给我写来一封信，让我一定不能放弃考古，说我既然学了这个专业，就不能荒废。"在信中，佟柱臣让女儿直接去找河北省文物部门说明自己的情况，并托熟人帮忙。

此后三四年，每到寒暑假，佟伟华就多了一件事：去河北省文物机构，不厌其烦地找人，说自己的情况。到了1976年，"省里的人说，你也别来了，我们跟邯郸市文物部门打个招呼，你直接去那吧。"于是，佟伟华如愿以偿，进入邯郸文物部门，开始从事考古工作。

真正的转机来自1979年。该年4月，中国考古学会成立，这被称为中国考古事业走向繁荣的一个重要标志。继1977年恢复高考制度后，国家恢复了研究生考试制度。佟伟华第一时间报考，并顺利考

● 家庭介绍

佟柱臣

1920年出生，1939年开始从事考古工作，原中国社会科学院考古研究所第一室（新石器时代）副主任。著有《中国边疆民族物质文化史》《中国新石器研究》等多部著作。

佟伟华

佟柱臣之女。1946年出生，原国家博物馆考古部副主任，长期进行山西垣曲商城文物保护及抢救发掘工作，著有《垣曲商城》《垣曲盆地聚落考古研究》等。2006年，佟伟华被国家文物局评为全国文物保护先进个人。

上北京大学考古专业研究生。

同迎辉煌

1987年,山西垣曲商城遗址发掘现场。

清晨,国家博物馆田野考古队的考古人员就开始忙碌。那一天对他们来说是个特殊的日子——考古队将首次利用直升机,在空中为垣曲商城遗址拍摄全景影像图。

飞机盘旋着在天空飞过一圈又一圈,佟伟华的心情也激动起伏难以平静。"我们等这次拍摄等了两年。"佟伟华现在回想起来,那些场景仍像是在昨天。当时飞机很难租到,飞机起飞的手续审批、与气象部门的沟通等也非常艰难。

佟伟华研究生毕业后进入国博考古部工作,后担任考古部副主任,从1983年开始,她一直在山西从事垣曲东关、垣曲商城遗址的发掘保护工作。"那会儿我们考古队一年的经费才3万,租飞机拍摄就花了3000多元。"佟伟华说,那会儿考古队很少用到飞机,"但航空拍摄对于了解遗址的全貌、获得一手宏观资料,是有非常大的优势的。"

但到1991年,考古队再次航空拍摄时,用上了热气球,比起飞机,热气球飞行的高度更低,能更细致地拍摄到遗址的情况。到2004年,"我们用轻型航空摄影飞机拍摄了城址全貌,又用当时最先进的测绘仪器——全站仪,绘制了极其精确的城址大比例实测图。"当时全站仪极其珍贵,但是现在,"全站仪已经成了每个考古队的必备仪器。"

佟伟华说,随着经济的发展和国家对考古工作的重视,考古工作也发生了很大变化。80年代考古队一年经费是3万至5万,90年代增加到10万至15万,2000年以后已经有几十万了。除了技术更新快,各种硬件设备也更加完善,到本世纪初,每个考古队配了汽车,还有了专业照相机、摄像机等。"这些变化我在80年代初时几乎想都不敢想。"

女儿忙碌的时候,父亲没有闲着。佟柱臣忙着整理近20年间通过实地调查得到的全国各地新石器的资料,并付诸文字。1995年,220万字的《中国新石器研究》出版了。是年佟柱臣已75岁。

考古学界对《中国新石器研究》的评价是,这是中国新石器时代石器综合研究的第一部专著,明确地指出了中国新石器在世界上的重要地位。

家庭付出

2009年6月,佟柱臣家。国家文物局局长单霁翔为佟柱臣带来一份特殊的礼物:"中国文物、博物馆事业杰出人物"荣誉证书。这一年,文化部、国家文物局授予全国 21 名终生致力于中国文博事业、成绩卓著、德高望重的同志"中国文物、博物馆事业杰出人物"荣誉称号,由于部分专家年事已高,国家文物局专门将荣誉证书送到了各位老专家的家中。

得知单霁翔局长的来意时,89 岁的佟柱臣很激动,他颤巍巍地接过证书说:"国家给我们这么好的条件,我们不能吃闲饭啊!"

女儿佟伟华也有自己的体会,她在山西呆了 20 多年,每年春秋两季主持野外考古发掘,一年中至少有 5 个月是在野外考古,每天要在野外工作一整天,有时是天寒地冻,雪花飞舞,有时是风吹日晒,大雨倾盆。

"对一个女同志来说,考古是非常辛苦的。"佟伟华说,但这些苦还是次要的,"没法操持家庭、照顾孩子,才是心里最觉得苦的。"她和当年的父亲一样,对家庭感到一种深深的歉疚。她说,父亲对母亲始终心存感激,在多个考古著作的序言中都会提上一笔"感谢我的爱人"。

2007 年,佟伟华退休了,退休后她被返聘到国家博物馆田野考古部,继续承担垣曲商城发掘报告的编写工作。原国博考古部主任信立祥是佟伟华的多年同学兼同事和友人。极其熟悉佟家人的信立祥这样说道:一个考古人,最需要的是个人牺牲,是能耐得住寂寞和艰苦,"这种精神,可以说在佟伟华和佟老先生身上得到了最好的体现。"

邮政母子 34 年投递路

■ 彭科峰

她，1975 年进入邮电局，从送信到分拣信件再到管理邮递员，34 载春秋中，从未离开邮政事业。

他，自小在邮局办公桌上长大，职高毕业后听从母命，2000 年进入邮局，目睹新世纪邮政事业的变迁。这对母子，是共和国邮政变迁的最好见证人。

走入邮电局

"邮局不但给了我工作，还帮我找到了另一半。"

1948 年 12 月 26 日，河北省西柏坡，毛泽东主席在指挥解放战争的紧张时刻，挥笔写下"人民邮电"四个大字，为即将成立的新中国邮电事业勾画出发展蓝图。

彼时，老北京人吉全明正在东直门附近拉人力车，为生计奔波。新中国邮电，和他并无关联。

1949 年 10 月 1 日，天气晴。天安门城楼上，毛泽东主席宣布新中国成立后，楼下的万千市民欢呼雀跃，掌声雷动。那一刻，吉全明挤在人群之中，喜悦的泪水挂满脸颊。

随后数小时，这个消息被无数邮递员以电报、信件等方式向全国扩散。吉全明不会想到，26 年后，他的大女儿吉凤茹，会加入这个当时在他看来无比神圣的行业。

1956 年，吉凤茹呱呱落地。两年后的 6 月 2 日，《人民日报》头版发表《大开方便之门》社论，号召全国服务行业向东四邮局学习。

当天下班，吉全明去给吉凤茹买奶粉。他也看到了这个报道，但他不会想到，42 年后，外孙会成为这个模范邮局的一员。

1973 年，吉凤茹高中毕业，在怀柔农村插队，一呆就是两年。

1975 年 6 月的一天，吉凤茹正在山上放羊。"单位招工"，村里的喇叭响了。

■邮递员一度骑自行车穿梭在大街小巷送邮件。（本报记者 朱嘉磊摄）

吉凤茹怔了一怔，半晌才回过神，随即拼命往大队跑。

公交、环卫、邮电，三选一。她选择了邮电。

吉凤茹进入了地安门邮局，返城回家。上班很早，6点就要出发。当时她还只有19岁，随后，父亲承担起了送她上班的任务。时隔多年，吉凤茹依然记得，1975年冬日的清晨，推开房门，外面是呼啸的寒风和遍地的冰雪，一大一小两个身影，行走在寂静无人的长街上。

刚到单位的吉凤茹，认真地向师傅和同事请教，很快成为一名技术能手。

1979年初，邓小平作出指示，"邮电通信，对整个经济发展关系极大"。响应这一号召，同年，东区邮电局举办行业技能比赛，吉凤茹代表单位参赛，在手抄技能比拼中，夺得了第一名。

在邮电局工作，不仅让吉凤茹体验到了工作的快乐，也收获了一份难得的爱情。经师傅介绍，她和一名军人结识，最终成为夫妻，丈夫的两个姐姐都在邮局上班。

"不在邮局，我不可能有现在的家庭。"吉凤茹说。

邮递总关情

"直到邮递员平安回单位，我才放心回家。"

吉凤茹工作的34年，始终未与邮递员脱离关系。从做邮递员到分拣信件，

再到负责投递工作,她目睹了太多邮政的变化。

参加工作时,她的第一个任务就是去认道。地安门邮局所管辖的区域,有哪些胡同,街道上有哪些单位,邮递员们都必须一清二楚。

跟着师傅,骑着自行车,吉凤茹走遍了辖区每一个角落,"谁家信件多,谁家人经常不在,这些都在我们心里"。

1990年,因为工作突出,吉凤茹成为地安门邮局投递部的班长,后来改称股长、主任。

进入90年代,吉凤茹的同事们发现,城市的变化日渐加快,昔日杂乱不堪的大院被铲成平地,再盖上高楼,随着居委会不再负担送信的职能,他们的任务也在加重。

信件没有专人负责,大院里开始兴起了信箱。一开始,是大家共用一个,后来几乎每家门前都安了一个。邮递员挨家挨户送信,不管多高的楼也得爬,有的没安装信箱,邮递员就得等,"实在不行才塞进门缝"。

2001年,吉凤茹从地安门调到安外邮政支局,一直干到现在。

虽然身为主任,但偶尔,吉凤茹也干邮递员的老本行。2002年1月的一天,外面风雪交加。下午5点,一名前往人定湖西里送报的邮递员,自行车中途出了故障,天色已晚,周围很难找到修车摊,他的报袋里,还有180份报纸没送。随后,他打电话求助。

接到电话后,吉凤茹立刻骑上一辆自行车,前往增援。

雪花飞舞,狂风大作,吉凤茹一路跌跌撞撞,"心里着急,路又不太熟,地上都是雪,走得就更慢了"。艰难地骑了一个小时,吉凤茹总算找到了邮递员。但她没想到,附近正在修路,雪花掩盖了被挖开的大坑,自行车一打滑,她连人带车摔倒在路上,摔伤了左腿。

吉凤茹强撑着起身,发现车子并没有问题。把车交给邮递员,看他带着报纸骑车远去。

"回单位还是不踏实,怕他出事",一直到晚上8点,她看到这名邮递员安全回来,才坐车回家。摔伤的左腿,一星期后才恢复。

难舍母子情

"我最对不起的,就是我的儿子。"

邮递事业带给吉凤茹的,除了欢乐,还有遗憾。

1981年,儿子王俊出生。孩子刚出生56天,吉凤茹就把他送到托儿所,回单位上班。当时,吉凤茹的丈夫已经复员,在王府井附近上班,工作也很忙。为了有人能照看孩子，吉凤茹和丈夫协商，要么她换工作，要么他换。最终，丈夫妥协。

辞掉经理的工作，吉凤茹的丈夫在东四邮局当了一名负责送电报的邮递员。当时，改革的风潮席卷神州大地。电报作为最快捷的信息传递方式，广受欢迎。吉凤茹发现，丈夫的工作也不清闲。她常在半夜惊醒，听到丈夫骑着摩托车出门，留下她和哇哇哭泣的儿子，"这也不是办法"。

干了不到一年，丈夫还是辞掉邮局的工作，去其他单位上班。工作繁忙，吉凤茹无暇在家中照看儿子，只得经常把他带到单位。一栋两层的楼房，吉凤茹把孩子扔在二楼的办公室里，给他准备一大堆花花绿绿的图书，让他自己在桌上玩耍。而她不得不在一楼大厅内办公。

王俊有关童年的记忆，最深刻的，莫过于地安门邮局那宽大的办公桌和沙发，他睁着好奇的大眼睛，用胖乎乎的小手翻动着图书，不时扭头看看窗外办理业务的人群。这些人当中，最多的是等候拨打长途电话或者发电报的人。

王俊还记得，偶尔会有穿着绿色制服的叔叔阿姨上楼，给他糖果，逗他玩。更多的时候，他一个人沉默。办公室的邮册，和那到处可见的绿色，是王俊对于邮政最初的认知。

"别人的童年都是玩泥巴、弹珠子，我的童年，却是在狭小的办公室度过。"多年以后，王俊谈起此事，并没有责怪母亲的意思，"她当时确实挺忙的"。

吉凤茹却并不这么认为，在她的心目中，王俊是个老实、内向、不太能表达的孩子，"这可能和他的童年有关。我最对不起的，就是他"。

吉凤茹坚持认为，正是因为她工作的忙碌，使她没有足够的时间教育孩子。尤其是在孩子上初中时，因为没有足够的辅导，原本上小学时成

● 家庭介绍

吉凤茹

1956年出生，19岁进入邮局后工作至今，曾是北京市东区邮局投递部第一个女主任，现任北京邮政投递局安外投递部主任。

王 俊

吉凤茹的儿子，1981年出生，2000年进入东四邮局工作至今。

绩很好的王俊,初中时表现平平,最终没有考上理想的高中。

子承母业

1998年,中国邮电行业发生巨变。邮电分家后,邮政与电信从此迈上不同的发展轨迹,并极大地改变了老百姓的通讯生活方式。

几乎是在一夜之间,昔日"八大员"之一的邮递员,陡然失去了过去的荣光。很多人的生活,从此发生巨变。昔日的同事,因为被分到电信和邮政两个不同的部门,工资待遇截然不同。但当时的分家,更多的带有行政色彩,主要由组织分配。当时的吉凤茹是投递方面的骨干,自然留在了邮政。

吉凤茹并未觉得邮电分家有什么巨大影响,除了不再有人请她帮忙装电话。此后几年,中国移动通讯事业的发展几乎出乎所有人的意料。

她的感受是,发电报的人越来越少,邮局于1999年前后取消了电报这一业务。满大街的人,腰身别着的是滴滴作响的寻呼机,诺基亚、西门子、摩托罗拉,这些看似奇怪的品牌,已经开始侵入北京城古老的四合院里。

她因此很庆幸丈夫当年的选择,"否则有可能下岗"。而来邮局办理业务的人,也比以前要少。

1998年对吉凤茹的家庭来说是重要的一年。当年,王俊职高毕业,进入一家酒店工作。

一年后,吉凤茹觉得儿子离家太远,劝说儿子进邮局。2000年,王俊进入东四邮局,在他父亲昔日的工作单位上班。

参加工作不久,王俊就赶上北京申奥成功。

2001年7月13日晚,许多报纸都印制特刊,详细报道这一胜利。尽管当晚因庆祝此事彻夜未眠,但第二天一早,王俊还是准时来到单位去送报。

"恨不得早一分钟把报纸送到订户手中,让大家更详细地知道我们的胜利,分享这份喜悦",王俊说。因为骑得太快,他甚至连人带车摔了个跟头,嘴唇都磕出血来。爬起来一看,报纸没事,他咧着嘴,继续往前骑。

让王俊自豪的,还有他对工作的热情。

2002年8月3日,王俊照例骑上自行车去负责的片区送报。送完报纸,他从袋子里摸出一个1000元的汇款单,地址是"前厂胡同21号"。

地点并不陌生,他很快就赶了过去。但问遍院里的住户,也未找到收件人。

"难道是附近的四合院?"王俊在附近跑了两小时,却依然未果。随后的一个月,他四处打听,却仍然找不到人。再找不到人,汇款单就要被退回。

"收件人不来找,不代表这汇款不重要,"王俊再次来到这个四合院。最终,一个探亲归来的老人给了他一个电话。

王俊当即拨打了这个电话,对方正是他苦苦寻找的收件人。原来,收件人的房子确实在这个四合院里,但长期不在这个院里住。收件人连声道谢,"这才是真正的信使"。

坚信未来

60年,整个社会如同一台加速器,变化之大难以想象。邮政,也发生了巨大的变革。

34年前,母亲吉凤茹所送出、分拣出的信件,大都是家信。如今,儿子王俊送出的信件,大部分都是商业信函,包括社保账单。

34年前,邮递员是北京人羡慕的职业,打破头都想进邮局,"工作稳定,福利好"。34年后,吉凤茹手下的邮递员换了一拨又一拨,"都不愿干临时工,太辛苦"。

34年前,邮递员叮当的铃声响过,大街小巷会钻出一堆人,着急地询问是否有他们的信件。34年后,手机短信、网络邮件已经取代了大部分的信件,路人们不再对邮递员绿色的制服报以羡慕的目光。

事实上,随着社会的变化,中国邮政事业确实经历了前所未有的挑战,但也成功抓住了时代赋予的机遇,在多个方面实现了转型。

特快专递发展迅猛;邮政物流已成为联结全国新的物流网络。

吉凤茹和王俊都相信,邮递员不会消失,信件也不会消失,"不管时代怎么变,信件里的情谊带给人的感觉,不是E-mail所能代替的"。

一个农民家庭的土地情结

■ 夏命群

一个周四的下午,杨德禄坐在他的洼里博物馆里,默默喝着茶。在他身后,一个环形的展厅吸引着众多游客驻足观看,洼里形成厅、土改厅、改革开放厅、洼里奥运厅依次排列。

在一个显著位置,"乡土民俗厅"格外引人注目:一间瓦房里,竹席铺成的土炕,铺着绣花棉被,中间摆着褐色茶几。正厅里摆放着一张八仙桌,桌子上方是毛主席的画像。右墙上,还挂着一把锈迹斑斑的剪刀——这是四五十年前洼里农村人真实的家庭写照。

如今,生活早已不同。杨德禄说,无论时代怎样变化,作为一个农民,用心与土地交流的虔诚都不可亵渎。

为地而生

1953年,杨德禄出生时,正值中国农村大规模的"土改",杨家顺利地分到了自家有史以来最大的一块3亩面积的自留地。

说起这块地,杨德禄呵呵一笑:"我是为地而生啊。"

由于分田分地都是按人头来算,杨德禄的出生为家里多挣得了几分地,这也一度被杨德禄的爷爷杨玉田视为一种好的预兆:"这娃以后肯定能给咱家乡干出点名堂。"

1969年,杨德禄初中毕业之后留在农村,和大量涌入农村的知青们一样,学大寨,垦荒耕地,热情高涨。也就是在这段时间里,杨德禄开始全面接触农活、农具、农作物,割稻子、插秧、收玉米、耕田下地无所不能。他说:"现在想来,那段历史苦是苦,却值得回味。"

1972年,杨德禄进入北京市汽车修理一厂当工人,一干就是近10年。在此期间,杨德禄住在农村,干的却不是农活,只有在农忙时才会帮家里赚点工分。

■ 杨德禄在一个老式灶台前。他的洼里博物馆里收集着许多旧时的农具和灶具。(本报记者 夏命群摄)

分田到户

1978年12月，小岗村18位村民秘密签下分田到户、自主生产的"生死契约"，拉开了波澜壮阔的中国农村改革的序幕。1981年底，分田到户、包产到户等不同形式的农业生产责任制在全国农村90%以上的生产队建立起来。

由于杨德禄所在的洼里乡洼边村九江口生产队本身地少，村里并未将集体土地进行重新分配，而是把土地集中起来，让更有空闲的家庭来种。杨德禄的父亲杨文举作为一家之长承担起了耕种的任务，杨德禄被彻底解放了出来。他可以随心所欲地做自己想做的事。

改革开放后，农村人口开始出现富余，年轻人在打工热潮下纷纷外出。杨德禄与哥哥杨德山也不例外，看准了太阳能市场后，哥俩合作成立了一家太阳能工厂，哥哥负责销售，弟弟负责技术，重点向北京的郊区县推广太阳能热水器。就在业务蒸蒸日上时，杨德禄又闲不住了，他在立水桥成立了一家建材城，专供京北等地的建筑用材。当农村还在热炒"万元户"时，杨德禄已经是个百万富翁了。

"可以说，是分田到户激活了我。"杨德禄说。

家乡拆迁

北京申奥成功之后，在外闯荡20年的杨德禄再次把目光聚集在农村。当所有中国人都沉浸在欢喜之中时，杨德禄一家世代居住的院子却要被拆了。由于要建设奥运场馆，洼里乡的土地被全部征用。

"顷刻之间，2.3万村民全散了。"在这次拆迁中，杨德禄家祖传的老宅和土改时分得的3亩地全部被征用。其他乡邻也被政府分别安置在北苑家园、龙祥小区、天通苑、望都、王府温馨公寓等13个小区。

拆迁前夜，杨德禄在院子里踱来踱去，萌生了一个想法。第二天，他跑遍洼里大大小小的街道、院巷，把门牌号一一记录。与此同时，他雇了一辆大车把家里用过的石磨、碾子、犁头、铲子等农具一点点挪到了一起。遇有村民丢弃的农具，他也一声不吭地拾起来，放到了车里。

如今，这些老物件全部摆放在杨德禄新建的农具馆里。它成了原洼里乡村民参观最频繁的地方。

2009年7月，恰逢洼里拆迁六周年，杨德禄忍不住重回故里，回忆起儿时的情景，感慨不已。整整呆了两个小时，他才抬起步子，打量起周边清幽的环境来。他指着一块绿地告诉记者："拆迁前，我们家就在这里——仰山公园南侧的山脚下，3亩多地的院落呢。"

"我每隔几个月就回来看一次，忘不了。"杨德禄说，自从洼里被拆后，这里已经改称为"奥运村地区办事处"，原来的地名、街道名称也全部改变，取而代之的是鸟巢、水立方、仰山公园、奥运村等。

土地流转

以前有地的时候没觉得怎么样，但一旦没了，心里却难受得很。杨德禄的母亲在世时曾说，农村人总想着离开农村，其实迟早是要回去的。

为了让母亲重返田园，杨德禄走访了昌平、顺义、通州等多个远郊区县，经过多重比较后，最终选择了一块临近大树、有水流的地方，这就是昌平区小汤山镇南官庄村。在那里，他租下了50亩地，种些果树、蔬菜，有空还养些鸡鸭鹅等禽类，自给自足。2005年，他一手设计的乡居楼最终建成。不远处，他为自己的母亲盖了一间木头房子，就在树林里头，每天都能听到鸟叫虫鸣。

2008年10月12日，党的十七届三中全会一致通过《中共中央关于推进农村改革发展若干重大问题的决定》，明确提出允许农村土地在自主、自愿的前提下进行流转，形成规模经营。

杨德禄先后将南官庄村600亩土地流转到一起，分别种上玉米、豆子、西瓜、辣椒等，同时又搞起了养鸡场、养鸭场，俨然成了一个农庄。由于人手不够，他开始请南官庄村的村民来做工，每人每月的报酬均在1000元以上。

如今，这些种植基地不仅成了城里人采摘、体验的乐园，所种的蔬菜和五谷杂粮也全部搬上自家经营的餐桌，形成了一个特有的循环链条。杨德禄说："是土地流转政策帮了我。"

建博物馆

"两年前的一个晚上,我在梦中遇到了儿时的伙伴'生子'和'四头'。两人提着10多把打鸟的夹子,大声喊道:'三哥,我们打鸟去!'梦醒之后,我揉揉眼,发现自己哭了。睡不着了,索性起来,在院子里来回走,突然,一个念头出现在脑海里,建一个洼里博物馆。"杨德禄说。

随后,杨德禄把以前收集的农具、乡土图片进一步梳理,还与洼里公社的第一任副社长进行了交流,把当年的情景以图文的形式呈现出来。姚永祯作为洼里公主坟第五代看坟人,更成了杨德禄必访的重要人物。根据姚永祯的回忆,杨德禄特地请来画家把当年公主坟的原景给勾画了出来,张贴在洼里博物馆。部分老粮票、老算盘、老石磨、水车、簸箕等农村经常使用的物件也被一一集中、归位。

从目前呈现的效果来看,洼里博物馆涵盖了洼里乡的形成史、发展史和终结史。从展厅分布来说,则有洼里形成厅、老物件厅、老照片厅、土改厅、改革开放厅、洼里奥运厅等。

2008年7月18日,在北京奥运会举办前夕,洼里博物馆开馆了。姚永祯回忆,当天,杨德禄特地请了100多名原洼里乡的村民来聚会,并特地设计了一套"钻木取火"的火炬传递仪式,用最古老、最传统的方式来迎接奥运会的召开。

留洋回乡

相对于长辈对田园的依恋,杨德禄的儿子杨宏显得更为理性。最初,杨宏对洼里这块土地的定义不过是"奶奶住的乡下"。他童年的大部分时光是在这里度过的。提起在河里捉泥鳅、到麦田

● 亲历者

杨德禄

1953年生于朝阳区原洼里乡,目前为小汤山镇南官庄园庄主。原洼里乡拆迁后,建起了鸟巢、水立方等奥运场馆。为重拾家乡记忆,他自办洼里博物馆。

杨　宏

杨德禄之子。1970年生于原洼里乡,曾留学爱尔兰,获计算机博士学位。现回归农村,帮助父亲杨德禄打理农庄。

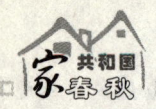

里捉迷藏的往事，杨宏脸上会露出一抹天真的笑容。

2002年年底，杨宏远赴爱尔兰克兰大学读书，攻读计算机硕士、博士学位。在原先的人生计划中，他将成为一家知名外企的软件工程师。

但父亲开办博物馆改变了他的计划。2008年，杨宏博士毕业，他被父亲召回来打理洼里博物馆。一同回来的还有妻子罗莉·赫利（Lorraine Healy）。

"她觉得这个主意棒极了。"杨宏说，爱尔兰是个非常注重历史的国家，无论是建筑民居，还是传统民俗，他们都一一保留。

杨宏开始了解家乡的历史。华表、石碑、寺庙……洼里乡的每处古迹，他如数家珍。除此之外，他还对老人们进行访谈并整理录音，为博物馆提供文字资料。

"忘记历史就等于背叛过去。"杨宏现在习惯于把这句话挂在嘴边。

回家住了一段时间后，杨宏开始迷恋田园风光。他的办公室就坐落在一片菜地里，推开窗户能看到整排的杨树。不远处是个人工水池，鸭子和白鹅通常让整个农庄充满童趣。

杨宏说，洼里博物馆不仅仅是自家的博物馆，它记录的是整个洼里乡乃至逝去乡土民居的过往。闲暇时，他还会和父亲一同走访河北、山东等地，去拍摄一些乡土建筑，运气好的话还能收集到一些有价值的石磨、碾子等。

如今，杨宏又承担了一项更为重大的任务，那就是农庄数字化管理。杨德禄这个一辈子不懂电脑的农家汉希望儿子能够发挥所长，把庄园搞成一个局域网，只要点击一下，就能直观地了解到相关信息。杨宏很快就把局域网建成了，庄园也有了自己的网络主页，乡居楼作为农家标志性建筑被放在了首页，而洼里油鸡、窝头、采摘、乡村乐园等城里人喜闻乐见的元素全部放在了重点推荐位置。

杨宏说，现在的城里人越来越多，也越来越渴望重回田园，但很少有人能够说清楚儿时的农村是什么样子。他的使命就是让老人重温童年，年轻人学习历史。

杏林之家接力守护人民生命

■李秋萌

当年毛主席的指示,把王子林送至"最广阔的天地"。磨练,使这个在象牙塔里专攻学术多年、在城市取得卓越医学成就的医生认识到,中国还有不计其数的患者"缺医少药",需要现代化的医疗设备和更多更专业的医务工作人员来保护。

在新时代做医生的王杉有他要面对的困境和突破,医疗卫生体制、保险制度等一系列改革政策及配套措施不断出台,使医疗机构的管理和服务改革取得了一定成效,但是社会性的"看病难、看病贵"问题仍然没有得到根本缓解。

下乡行医

"把医疗卫生工作的重点放到农村去,培养一批'农村也养得起'的医生,由他们来为农民看病服务"。1965年夏,随着毛主席"6·26指示"的发布,全国医疗卫生界掀起了一股"城医下乡潮"。

时年35岁的王子林,作为山西省重点医院山西医科大学第二附属医院心胸外科(以下简称山西二院)的带头人,先后于1968年和1972年,两次前往太原周边的农村开展巡回医疗工作。

见到农村恶劣的工作及生活环境时,王子林许久没缓过神来,距大城市数公里外的农村竟还有如此缺医少药的现实,使这个有着医学理想的青年既心酸又无奈。面对着医院内拍张X光片就可以确诊的病症,却只能凭着自己的经验和独自对病例的摸索,来开方下药。

这样的"窘迫",盘踞在王子林"下乡"后的每一天。

王子林讲起了1972年某个夜晚的一场手术,在昔阳县大寨村。就是在这个因为"自力更生、艰苦奋斗"精神闻名全国的村寨里,他体验到了作为一个医生,最沉的担当和最深的责任。

"那天晚上8点,村里一位年过六旬的老太太消化道出血,无法动弹,眼看

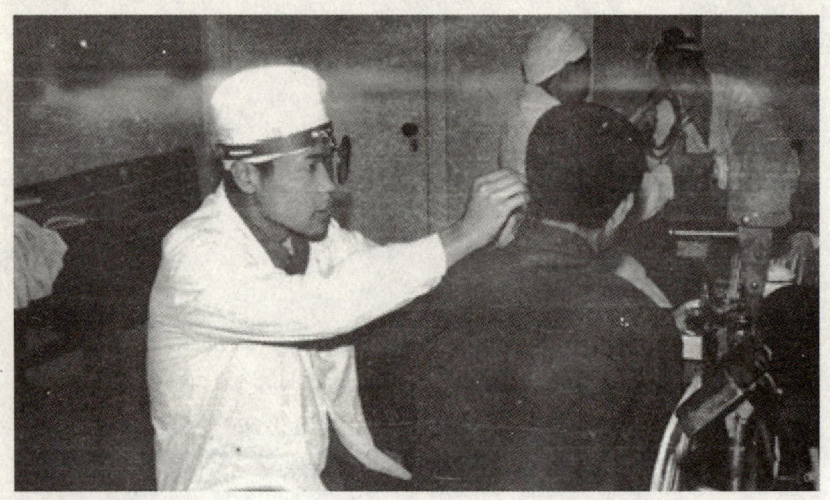

■1984年除夕夜，北大人民医院，王杉在为一名患者进行诊治。（资料图片）

着她大量呕血，却无法确定病因。"王子林当时内心万般纠结："救，因未做相关的术前检查，且手术设备不足，风险大；不救，老人的生命危在旦夕。"

这份焦虑感，王子林至今难忘。短暂的考虑后，他立即在助手的帮助下对其进行开胃检查，因没有扩胸器，只得找了两个一尺余的拉钩固定在肋骨上，让助手分别拉向两边，进行开腹后的胸内手术。经过12个小时的努力，手术宣告成功。

王子林既欣慰又后怕，"在当时特殊的时代背景下，每次手术，就仿佛头上悬着两把剑，一把来自强烈的社会舆论，一把则来自医生救死扶伤的职业道德。在那个缺医少药的时期，这对每个医生来说，都是种巨大的精神压力"。

童年第二课堂

1969年，当时山西省的心胸外科处于刚起步阶段，山医二院作为省内重点医院，发展心胸外科的工作已刻不容缓。凭借着在苏联列宁格勒4年留学深造的经验，作为科内骨干力量的王子林和4名医生一起共同承担着科内临床、研究等全部工作。因人手少、经验不足，王子林每天都要泡在医院内至深夜，从患者术前准备、上阵手术，再到术后监护，都由他一个人完成。

小王杉因此多了很多机会，去医院看爸爸。自此，父亲走过的实验室、手术室及病房都留下了他小小的身影。因家就在医院大院内，每当父母加班时，他就会被带到医院内，穿梭于医院的各科室间，慢慢成长着。

王杉回忆说，小时候他和小伙伴们最热衷的，就是在医院的太平间外进行"勇敢者"的比赛，只要经过100米的过道，摸到太平间的门就算胜利，虽然100米的距离并不遥远，但黑暗中却因其狭长和一种莫名的恐惧气氛而让人望而生畏。

作为游戏的发起人，10岁的王杉总是早早进入亢奋状态，未等同伴缓过神来，他就以冲刺般的速度奔向太平间，在到达终点后，一下子把大门拉开，随即转身掉头，伴着"咣"的一声大门在身后关闭的撞击声，他已面带胜利者的微笑，回到了起点。

在医院的时间一多，这个细心的男孩忽然发现了"新大陆"——先心病的孩子都挺漂亮。原来，大多先心病患儿因自身氧合不好，治疗前嘴唇、手指尖都是紫色的，一个个跟"紫茄子"似的，但手术后就完全变了个样子，不仅面色红润，人也漂亮了许多。

在年少的王杉看来，山西二院就是他童年时光中的游乐场和第二课堂。

两代医生的传承

1976年，时值"文革"末期，社会各行业处于百废待兴状态，各地的医疗部门都渴望通过努力，将"文革"对卫生系统的损害竭力弥补回来。

王子林着手从事的心胸外科研究工作，也找到了重新研究的机会。

得知广州地区心胸外科发展处于国内领先水平，王子林即率队前往当地学习。"从手术数量来说，国外都是冠心病搭桥、心脏起搏器安装等名列前茅，而我们却恰恰相反，往往是先心病及瓣膜置换等手术占多数，一方面说明人家技术和基本医疗的发展水平比较高，此外，百姓也有着明确的预防观念，有病后会尽早就医，我们的患者则是宁可用药保守治疗，也不愿到医院看病，更别提手术了"。

回到太原后，王子林立即开始通过对动物进

● 家庭介绍

王子林

79岁，1954年作为省内首名公派出国攻读医学研究生学位前注苏联学习，山西省心胸外科学的奠基者之一。

田桂贞

王子林妻子，76岁，山西医科大学第二附属医院呼吸内科医生。

王　杉

王子林之子，1960年生人，现任北京大学人民医院院长。

行实验,掌握心脏瓣膜体外置换术的要领。为不耽误白天的正常诊疗、手术工作,他总是将实验安排在晚上,难耐寂寞的王杉就成了他的"跟班"。

"太新鲜了",王杉第一次走入动物实验室,看到父亲通过管道将一条狗的大血管连接起来,通过人工心肺机代替动物的心肺功能来维持其心脏跳动时,他无比兴奋。

时值憧憬未来的年龄,这个外表寡言、内心丰富的男孩,在心里默默规划了人生——像父亲一样,成为一名出色的心胸外科医生,在与团队成员的配合下,完成如此高难度且能让人起死回生的手术。

1978年夏天,凭借着对医学专业耳濡目染的了解,王杉毫不犹豫地在志愿表上写下了两所医科院校的名字——山西医学院和北京医学院(北大医学部前身),并以高出分数线3分的成绩被北京医学院录取。

当王子林得知儿子考上了北京的医科院校,将来可以与自己并肩战斗,外表平静的他心中早已如波澜般翻滚起来,但因当时不容乐观的医疗环境,也不禁为儿子的发展捏了把汗,"各科人手都短缺严重,而且连基本的监护设备都不全,往往都是一个人干着几个人的活,监护、查体都是医生一个人来干,不知道他将来是否吃得消"。

儿子赶上好时代

1978年,中国迎来了盼望已久的改革开放。

此后6年,国家开始着手调整卫生系统。短短几年,王子林所在的山西二院心胸外科,除病床数量翻倍,还先后引进了两台产自美国和德国的人工心肺机,使得手术质量大大提高。

同时,全国各地针对各自领域的学术交流日渐增多,各行业纷纷举办全国范围内的交流年会。自此,分隔两地的王子林和儿子也有了在京团聚的机会。

1983年,王杉大学毕业,成为恢复高考后走进医院的首届医科院校毕业生,凭借优异的成绩,他被留在人民医院普外科。此时,随着社会经济的发展和医疗技术水平的提高,大医院的就诊数量扶摇直上,夜间急诊相比少了许多,王杉的工作干劲儿十足。

创新医疗体系

王杉毕业后,一直工作在医疗、教学、科研和管理第一线,救治了无数病人外,也眼见了诸多问题。

提及医院当时"人满为患"的场景,他不禁皱起眉头,"一、二级医院与大医院间没有畅通的转诊机制,所有人都涌向大医院,社区服务站处于闲置状态不说,急危病重的患者往往得不到及时救助"。

2000年后的5年间,中国以社区医疗改革为基础,包括医疗卫生体制、保险制度等一系列改革政策及配套措施不断出台,虽然当时医疗机构的管理和服务改革取得了一定成效,但是社会性的"看病难、看病贵"问题仍然没有得到根本缓解。

虽然中国的医疗服务需求远高于GDP增长,但从供给方面看,从1978年到2005年,中国各类医疗机构的增长是76%,其中医院增加了一倍多,诊所增加了不到两倍,公共卫生机构增长很慢,医护人员增加了75%,其中护士增加了2.3倍,医生的人数却只增加了不到一倍。医疗服务存在严重的供不应求。

2007年,眼见"看病难看病贵"的问题未得到缓解,凭借留美多年的经历和3年现代医院管理学习经验,王杉萌发了一个想法——建立一个以三甲医院为核心、区属医院和社区卫生服务中心的医疗共同体,使各级医疗机构回归原有功能。

经过两年努力,全市首个以北京大学人民医院、德外和展览路两个社区卫生服务中心为联动核心,覆盖23万居民的医疗共同体日趋成熟,其中人民医院主要功能定位于疑、难、急、重症的诊治与研究和处理突发公共卫生事件;两个社区卫生服务机构则坚持六位一体的功能,实现全人群、全生命周期、全方位的健康服务。

"在医疗体制改革的大潮中,会有越来越多的患者享受到更加完善、贴心的医疗服务"。提及医药卫生事业的将来,王杉表示,自己将和同仁们一起努力,在提高医疗服务质量的同时,也会在诊疗过程中注入更多人性化的服务,使百姓不仅能看上病,也能看好病,并享受看病的过程。

如今的王子林已经是一位耄耋之龄的老人。回想起行医的一生,他说:"做医生挺好的,就是与孩子的沟通太少了"。回想起自己大半生都是在先心病手术、瓣膜置换手术、安装心脏起搏器等各类手术中度过的,他不禁为工作太忙而欠孩子的爱而感到愧疚。他因此倍加理解儿子每日的奔忙,也为此欣慰而骄傲。

从竞技到健身三口之家的体育之路

■ 孙 乾

2008年,北京奥运会,我国体育健儿拿到了百枚奖牌。有人说,还有一枚奖牌应该颁给奥运会志愿者以及参与全民健身的普通民众。

"发展体育事业,增强人民体质"的口号早在1952年就被提出,但新中国从发展竞技体育真正走向健身与竞技并举用了将近60年。

刚守林一家半个多世纪的故事,便循着这个轨迹。

野泳者转正

"刚守林,上课了!"沿着济南护城河两岸的垂柳夹道,几个小子一路走,一路喊。

刚守林则在水里像泥鳅一样钻来钻去,猛一抬头,平静的护城河水花四溅。水花中央,一个十几岁的小子,头发挂着青苔,浮在河中央咧着嘴笑。

1942年出生在护城河边的刚守林,自打记事起就"长"在河里,无论冬夏,"狗刨"是刚守林和伙伴们最爱的游戏。那时候,刚守林虽酷爱玩水,却从来不知道还有一项体育比赛叫"游泳"。

1957年的一天,济南市业余体校为迎接第一届全运会,到各个中学选拔体育人才。就读在济南一中的刚守林,被教练从护城河里"捞"出来,去参加了济南市的一个比赛"练练兵"。

游"野泳"惯了的刚守林,不知道比赛规则,只听哨响,就"哧溜"钻到水里,半天没有声响,一露头却得了第二名。就这样,刚守林被选拔为专业运动员真正开始接触游泳。

几乎同时,13岁的张萍因为修长的体型以及超强的柔韧性,也被选拔到济南业余体校进行体操锻炼,与刚守林分到同一个全运会突击班。

就这样,几十名"野"运动员组成了全运会突击班。彼时,全运会算是当时中国体育界最顶级的赛事。

1952年新中国参加赫尔辛基奥运会后，便因反对制造"两个中国"问题，宣布退出奥运会。1958年，新中国中止了与国际奥委会的关系，并退出了所有承认台湾的国际单项体育组织。

整个50年代，中国体育几乎与世界绝缘。

1959年，第一届全运会举行，刚守林和张萍排在运动员队列里，雄赳赳地走过主席台。"发展体育运动，增强人民体质"的口号在体育场回声荡漾。

命运突变

在山东队没呆几天，刚守林凭借着出色表现，被派往国家游泳队。

从护城河游进国家游泳池，刚守林一家颇为荣耀。进入国家队意味着在条件艰苦的60年代，生活无忧。

刚守林渐渐明白了比赛的意义，"全国冠军"的梦想在向他招手。

然而，他虽有一身如鱼的水性，但是身体底子太差。国家队教练安排的训练强度对于游"野泳"出身的刚守林来说，实在吃不消。

越疲惫，越不示弱，刚守林越是"玩儿命"一样没日没夜地练。很快，刚守林在游泳池能坚持的时间越来越短，实在挨不下去才去医院检查，已经肝功能退化。

那时他到国家队还不到半年，还未参加过比赛，就住进了医院，一住就是两年。刚守林仿佛从云端跌入谷底，随后，是无尽的绝望。

实际上，60年代，运动员以及教练急于求成，像刚守林一样受到伤害的运动员，不在少数。远在山东的张萍，也遭遇了同他一样的痛苦。

张萍腰部柔韧性超出一般体操运动员。教练抓住这个特点，为她编排了一系列软翻动作，几乎每

●家庭介绍

刚守林

1942年出生，原国家游泳队教练，1988年带领国家游泳队参加汉城奥运会。

张　萍

1944年出生，原山东省体操运动员，现在北京、香港两地普及大众健身操舞。

刚　毅

刚守林之女，1968年出生，现任崇文区健身操舞协会秘书长。

一套动作对腰部的使用率都非常高。借此，张萍在山东队取得了优异成绩，但腰椎疼痛随之而来。

"疼痛难忍时，教练就让我想想董存瑞，比比邱少云。"张萍说，那个年代，受不了苦是一件丢人事。

一次训练跳马时，张萍前手翻落地，腰部疼痛难忍，手一滑整个人掀翻在地，这才去医院拍片检查。医生称，腰椎陈旧性扭伤，意味着张萍将要结束运动员生涯，那时张萍已经达到国家运动健将级别。

绝处逢生

1963年夏天，全国首期教练员训练班在武汉体育学院成立，山东共派出四位学员。组队那天，刚守林在人群里一下子认出了张萍。

相似的经历让他们相互珍视。武汉体育学院外的东湖边，能经常看到两人背书的情景。但读书两年来，这份爱意彼此心照不宣，对外也一概隐瞒。直到毕业，大家一起坐船回山东，两人上船后将行李打到了一起，队友才恍然大悟，"原来你们真的谈恋爱啊"。

回山东后，两人被分到同一所体育学校当教练。1967年，刚守林和张萍结婚了。

求婚时，刚守林还有个条件："我这辈子就是喜欢游泳，跟游泳有关的事，你都得让着我，我死在游泳池边我都愿意。"张萍点点头，她喜欢刚守林身上这股子韧劲儿。

1968年女儿刚毅出生时，两人带的第一批队员刚好到了可以参加比赛的时候，可是"文革"逐渐影响到体育界。

刚守林夫妇被下放到山东省菏泽市巨野县一个村子。刚守林重操旧业，他把村里的小孩集中起来，钻到河里教他们游泳。

一年后，菏泽要组建游泳队，刚守林一家借此被调到县城。没有游泳池，但遍地是渠湾。刚守林就带队在水湾里训练，这他太擅长了。

冬天湾里的水结成厚冰没法游泳。等到河水一开化，水上还漂着冰碴子时，刚守林抿一口白酒，双手在身上搓一会儿，"哧溜"一下跳到水里。队员见状，也接二连三地钻下去。

就是这支"野战军"，每到济南市参加比赛，几乎都是满载而归。

不同的梦想

1979年，张萍因腰痛不再担任体操教练，转而教授体育理论。但腰疾仍反复发作,疼起来一动不能动。医生建议,只有用强劲的腰肌保护,腰椎才能减轻疼痛,可以去练迪斯科。

那时,一股迪斯科热潮伴随改革开放席卷城市的大街小巷。清晨傍晚,街头公园总是聚集了很多人,和着动感节拍扭动肢体。

"专业体操运动员去跳迪斯科?"张萍放不下架子。

最后,刚毅拖她来到公园,站在队伍最后面,陪着她一起跳。

毕竟是体操运动员,张萍很快在动感舞曲中找到感觉,肢体动作非常舒展。不出一个月,她从末排被推到前排领舞。

那时,国际奥委会通过决议,确认中国奥委会是代表中国的唯一合法奥委会,台湾则以"中国台北奥委会"的名义保留下来。这意味着中国重回国际奥委会怀抱。

1984年,许海峰在洛杉矶奥运会上为中国夺回第一枚奥运会金牌,点燃了沉寂30多年的中国体育界的激情。

同一年,为迎接汉城奥运会,刚守林作为蛙泳组教练被调回国家游泳队。那时,刚毅已经到了考大学的年龄。1986年,刚毅考取山东大学经济学院。

因体育而结缘的一家人,从此开始走向各自不同的领域。

体育不分家

2001年,北京申奥成功的那一刻,刚守林一家欣喜若狂,刚毅泪流满面。

毕业后,刚毅去一家专业体育报,当了一名体育记者。转了一圈,刚毅发现自己还是喜欢体育。更让她吃惊的是,"我的坚韧乐观竟然都是游泳带来的。"

即刻起,她做了一项大计划:筹划组建拉拉队,借此杀回体育圈。

然而,对于拉拉队,刚毅却无从下手。那时,张萍已有了一大批"拉拉队"。

90年代初,因刚守林在北京执教,张萍经常往返于济南、北京之间,进京后,张萍就"长"在天坛、东单等活动点,把济南舞艺传给首都市民。回济南,就把"偷学"的舞艺教姐妹们。

一来二去,张萍成了老师。跟刚守林遛弯时,很多粉丝都能认出她,老远就喊:"张老师,我爱你!"

刚守林坐不住了。他虽游"野泳"出身,但在国内已小有名气,不但研究了一套高原训练法,而且黄晓敏、陈剑虹等世界级优秀运动员也均出自他手下,但走在路上还没有多少人能认出他来。

一天早上,他偷偷跟在张萍身后到了天坛活动点。

一个上百人的大方阵,拿着扇子踩着节拍扭秧歌,那阵势比自己手下十几人入水时气派多了。而在最前面领舞的竟是妻子张萍!

他盯着身姿婀娜的张萍,仿佛忆起武汉体育学院时那朵体操队的小金花。回到家后,刚守林对张萍说:"家务我都包了,关于健身操的事我都让着你。"

在刚守林的支持下,张萍退休后,全心投入到大众健身操舞编排和教授之中。至今,张萍已是国家级社会体育指导员,发行了100余张中老年健身操教授光盘,学生"粉丝"遍布各地。

因此,张萍与刚毅联手,从社区和公园晨晚练点入手,制定培训计划,联系训练场地。直到2006年,刚毅带领的第一支拉拉队参加北京市第一届文明拉拉队大赛,夺得看台拉拉队冠军。在此之后,刚毅不断整编和扩大队伍。

全民健身

2008年北京奥运会,刚毅共派出50多支拉拉队,参加了15个场馆和项目的现场助威任务,圆满完成奥运任务。

残奥会闭幕式上,刚毅作为170万奥运会志愿者代表站到了冠军领奖台接受献花。

领奖台上有一个环节为写一封"给未来的信","这个领奖台是他的梦,他为体育事业奋斗了一生,却从来没有站在这儿,今天我为他圆梦了。"刚毅将这封信寄给远在香港的父亲。

此时,刚守林已从国家队退休,但犹如他对张萍所言"死在游泳池边都愿意",67岁的刚守林仍在香港俱乐部任教,为竞技体育培养人才。

只是这时,刚守林对中国体育有了新的认识。

清晨走到街心公园扭秧歌、打太极的老年人越来越多,健身房里看到满头银发的老太练瑜伽也不再是稀罕事儿。

体育俨然不仅仅是体育运动员的专利。

如今,已年过六旬的张萍,甩着绸子、摇着扇子,身姿矫健不输当年。"以前有句顺口溜'退休没事干,整天跑医院',你看看现在参加锻炼的老太太哪个不貌美如花?"

张萍说,现在每年还要多过一个节日,那就是8月8日全民健身节。

劳模时传祥祖孙三代为城市美容

■ 张 然

1959年,掏粪工人时传祥受到中央领导接见,成为家喻户晓的全国劳动模范;1990年,时传祥从事垃圾分拣、装卸、运输工作的小儿子时纯利荣获全国"五一"劳动奖章;2006年,时家第三代环卫接班人时新春再次捧回全国"五一"劳动奖章。

时家祖孙三代劳模完成家族传承的同时,以"宁愿一人脏,换来万家净"的精神内核一以贯之,勾勒出60年环卫行业发展的曲线。

国家主席接见掏粪工

解放前,北平城里家家户户大多是旱厕,一些黑势力称霸粪道,瓜分地盘,雇用掏粪工人去市民家里掏粪,然后将粪便卖给附近郊区用作肥料。被称为"利巴"的掏粪工人成为社会最底层的受压迫者。

1949年10月1日,"利巴"从社会最底层的"贱民",翻身成了国家的主人。北京市建起了"粪污管理所",将所有的粪道都纳入管理,灭了粪霸的嚣张气焰。

时传祥被分到崇文区清洁队。每个清晨,他一身蓝色工作服,左肩一只粪桶,右手一柄粪勺,穿梭于蜘蛛网一样的小胡同里。一样的掏粪、背粪桶、拉粪车。不一样的是,阳光从草帽檐漏下来,映出时传祥一张憨厚的笑脸。

"同志!"有人叫他。时传祥爽快地应着,这个崭新的称谓让他浑身充满使不完的劲儿。他把自己的工作量由原来每天背50桶粪,增加到每天70桶,最后甚至增加到93桶。

时传祥的女儿时俊英记得,由于工作强度太大,父亲背粪桶的左肩总是肿起来,磨破出血,衣服粘在皮肤上,收工脱衣裳就得扒一层皮。直到时传祥临终前,左肩上还有一大块紫黑色的老茧。解放后,时传祥在环卫战线上劳作了17年。时俊英说,那块老茧是几千个平凡的日子留给父亲的永恒印记。

1959年10月26日,是时传祥生命中最荣耀的一天。他作为全国劳动模范

出席全国群英会,受到了国家领导人的接见。刘少奇主席紧紧握着时传祥布满老茧的大手问:"这是老时吧?"时传祥又是紧张,又是惊喜。

国家主席接见掏粪工人。第二天,新闻媒体将这个消息传遍了大江南北。国家主席与时传祥握手的图片也大量发行。握手这一看似简单的动作,改变了当时整个社会轻视服务行业的风气。

时传祥成了那个年代的超级明星。全国各界人士纷纷涌到他所在的清洁队,排队等着和他一起工作。据时俊英回忆,当时有个清华大学的女学生,因为等待同父亲一起劳动的人太多,排不上号,还假冒是时传祥的干女儿,终于如愿和"干爹"一起掏粪。柬埔寨西哈努克亲王的侄子以及在北京参观访问的加拿大、英国、日本等代表团也纷纷前来拜访,他们以与时传祥在一张饭桌上吃饭为莫大的光荣……如今再强大的粉丝团也无法和当年时传祥的崇拜者媲美。

临终前的两个愿望

1966年9月末,时传祥经过推选,入住中南海,准备参加国庆观礼。在人民大会堂为观礼代表团举行的国宴上,周恩来总理向他举杯敬酒,从不喝酒的时传祥高兴地破了戒。

国庆当天,时传祥登上天安门城楼,也登上了人生辉煌的顶点。他放眼望去,广场上红旗招展,像一片海。

一个多月后,"文化大革命"的矛头指向了时传祥。挂着"工贼"、"粪霸"的牌子,时传祥遭到了批斗。

1971年10月,时传祥被送回山东老家。大孙女时新春第一次见到爷爷。她儿时的记忆里,爷爷弯腰驼背,刚从北京回来时总是挂着拐站在村口张望。

多年以后,时新春终于懂得,爷爷一直在等,等一个清白。

1973年8月的一天凌晨,身患重病的周恩来总理处理完外事工作,把当时在北京市市委工作的万里等人找到人民大会堂开会。周总理望着窗外路灯掩映下挂在树上的塑料袋,同与会者谈起了北京市环境卫生的问题。

"时传祥同志现在在哪里?"周总理突然问。得知时传祥的遭遇后,周总理"啪"的一声拍了桌子:"难道'文化大革命'是要打倒一个掏粪工人吗?"随即,周总理下了指示:接他回来,给他平反,向他道歉,给他治病。

时传祥这个一生刚强的山东汉子,当着接他回京的工作人员的面嚎啕大哭。很快,他被接到北京的医院。治疗期间,意识稍微清醒,他便用含混不清的声音表达自己的两个心愿:接班人和机械化。

子承父业成为劳模

为了完成父亲的心愿，1974年，时传祥刚刚20岁的小儿子时纯利扛起铁锹，进入北京使馆清洁运输管理处，成了时家第二代中第一个进入环卫行业的人。本来一心想成为一名技术工人的时纯利却成了一名垃圾分拣工。

每天蹲在垃圾堆里将各种垃圾分类、装箱，琐碎的重复中，时纯利感到一丝宽慰："父亲可以安心了。"

那时候，时传祥已经丧失了语言能力，意识不清醒。每个周末，时纯利来到医院看望父亲，都会握着他的手，告诉他这一周以来队上发生的新鲜事。可惜，父亲已经无法回应。

1975年5月19日，做了一辈子掏粪工的时传祥离开了人世，终年60岁。

从悲痛中挣脱，时纯利觉得有些无助。他工作上的一些困难，真想再向父亲取取经。

工作不久，他又被安排负责垃圾装卸。寒风中，时纯利抢着站在下风口，尘土飞扬着扑来，他成了"灰人"。

时纯利记得，父亲当年经常利用节假日到市民家里义务劳动。自己从小在父亲亲切的笑容里长大，也是个热心肠。1976年，队里更新设备，时纯利被抽调当了一名清洁车司机。只要车一停，他不管分内分外，下车就抢着帮工人们装卸垃圾。"多做点事情心里踏实。"

话不多，干活儿抢在前头，老师傅们总说，看到时纯利，就好像看到了时传祥。

1990年，从小为父亲刷粪勺的时纯利凭着实干荣获全国"五一"劳动奖章。那一年的清明，时纯利扫墓时告诉父亲："爸，儿子没给你丢脸。"

● 家庭介绍

时传祥

1915年至1975年，山东齐河人。少时逃荒流落京郊，成为一名掏粪工。解放后在北京市崇文区清洁队工作。

时纯利

时传祥之子。1954年1月出生，曾是使馆清洁队工人，后担任北京市环卫局纪委书记。现任北京市总工会副主席。

时新春

时传祥的孙女。1962年3月出生，曾任山东省胜利油田滨南社区胜滨环卫绿化队工人。现任滨南社区胜滨公司副经理兼环卫绿化队指导员。

继小儿子率先入行,时传祥的其他子女也陆续全部进入环卫战线工作,他临终前的第一个愿望实现了。

孙女捧回劳动奖章

如今,时纯利已从环卫岗位调任北京市总工会副主席,兄弟姐妹们也都已从环卫岗位上退休。

时家的第三代环卫人时新春再次捧回了全国"五一"劳动奖章,接班接得漂漂亮亮。

当年时传祥怎么也想不到,自己被送回老家,人生最低落的时段里,大孙女时新春有一天会成为时家第三代劳模。

因为工作需要,1999年,时新春成为山东省胜利油田滨南社区胜滨环卫绿化队的一名普通职工,职责包括4000多户的小区楼道、8个公厕、20多个垃圾收集点的清洁工作。

小时候,爷爷被送回老家之前,她向村里人打听:我爷爷是什么样的?村里人告诉她:什么时候看见村里的小路被扫得干干净净的,准是你爷爷回来了。

原来爷爷爱扫地——还是小孩子的时新春天真地想。多年以后,当她拿起扫把,大雪漫天中站在小区里送走寒夜的时候,真正体会到了以"扫地"为职业的辛苦。

时新春还记得,工作第一天,同队的年轻女孩因为怕丢面子,戴上大口罩和大墨镜,天暗了才悄悄出来清扫。她自己却大大咧咧无所谓:怕什么,三百六十行,哪行都得有人做。直到一个接孩子放学的妈妈刺伤她的自尊:宝宝,你将来如果不好好学习就像她一样!时新春哭了。但是她没有因此再哭。"不理解是个别的,环境好了对更多的人有利,值。"

上世纪90年代以来,随着城市化进程加快,环卫工作从开始仅进行一般的保洁、垃圾运输,拓展至市容绿化等方面。

2004年,时新春当了环卫绿化队的队长。

"原来老说咱们工人有力量,工人得懂了技术才更有力量。"时新春对技术革新近乎痴迷。

为了扩大小区绿化面积,队里决定在小区里种植三叶草。可是第一批种子种下去没有几株活的。打了病虫药,丝毫不见好转。队员们经过土壤化验,才知道问题出在盐碱度高的土壤上。换土工作量大,成本太高,时新春开始带着队员们到处找专家、查资料,运用科学技术对土壤进行改良。嫩绿的小苗破土而出,社区里茂密的三叶草代表着幸运。

用最新的技术防治病虫害、改装清洁设备……爱琢磨的时新春觉得比起闷头蛮干，科学技术的运用和工作方式的革新更有利于提高效率。她找来社区内部环卫绿化方面的技术人员、农科院的专家等给队员们讲课，自己也利用业余时间啃完了企业管理的大专课程。

同前两枚奖章相比，时家的这第三枚奖章有着更高的科技含量。

跻身家族劳模行列，不爱张扬的时新春专程去了一趟时传祥纪念馆。

"跟您那时候背着粪桶走街串巷比起来，我们幸福多了。"在爷爷的石像前，时新春像孩子一样向爷爷炫耀着。

如今，京城里的旱厕早已不见了，高科技含量公厕、设有残疾人专用设施的星级公厕、移动公厕等"时髦"的厕所陆续出现。粪便清理靠汽车抽运，当年笨重的木桶、粪勺已成为馆藏。通过 GPS 全球卫星定位系统，实时监控、精确指挥，环卫作业情况尽在掌握——机械环保时代，清洁工人成了开关机器的人。至此，时传祥临终前的第二个愿望圆满实现。

时新春对爷爷说，自己的目标并不高远：让辛苦了一天后回家的人们觉得环境舒服。

时传祥凝固在塑像里的微笑一如既往：孙女的这个简单、朴素的想法正是时家三代全国劳模共同的心愿。

文物修复贾氏三代的使命

■王阳

　　司母戊鼎、四羊方尊、孔庙御匾——建国60年来，贾玉波一家与这些名字紧紧相连。作为新中国屈指可数的文物修复技术人员，他们唤醒了这些停靠在他们身边的"破铜烂铁"，并赋予其新的神韵。

　　60年中，贾氏一家的生活跌宕曲折。隐现其间的，是三代普通人改变自己命运的奋斗历程，也是中国文物业60年的民间变迁史。

琉璃厂的地下党

　　1949年2月3日，站在迎接解放军进城仪式的队伍里，26岁的地下交通员贾玉波心中忐忑不安。

　　贾玉波13岁时来京，跟清宫造办处太监"歪嘴于"的第三代传人王德山学习青铜器古玩修复。后来，在宣武区琉璃厂，他开了一个修复青铜古玩的小店。

　　青铜古玩修复，很多时候被视为"屠龙之技"。"铜是古代贵金属，存世时就是宝贝。尤其是殷周青铜器，多为皇家用器，每逢国家大事才铸器留念。哪来那么多宝贝让你修？"贾文忠说。

　　然而，贾玉波师徒赶上了一个特殊的时代。

　　上世纪三四十年代，琉璃厂是古玩交易的一个重地，也是青铜器出没最多的地方。贾文忠说："（民国时）军阀混战，政府控制力太弱，民间盗墓严重，司母戊鼎、四羊方尊等国宝级青铜器，大多是在这一时期发现的。"

　　一件件带着铜绿、泛着青光的青铜器，"停"在了贾玉波师徒的手中。"停"，是这个行业常用的一个动词，用来说明人与器物之间的状态。和很多中国文人一样，这些工匠认为，器物既有外表，又有灵魂。"停"的意思是，器物的生命远远长于这个时代。在这一刻，它恰好停靠在了自己的手边。这与金钱无关，也与所有权无关。

■ 贾文忠正在鉴赏春秋铜盘。
(供图/贾文忠)

每次送走这些偶然"停靠"在自己身边的青铜古器之前,年轻的贾玉波总会花大价钱,用当时最时髦的照相技术——玻璃板,把这些器物的样子"留"在自己身边,先后攒了上千张照片。

在国际上,这也是中国青铜器瑰宝层出不穷的一个时代。陈梦家编著的《殷周铜器集录》,收录全美各大博物馆、私人机构收藏的青铜文物845件。其中的312件,均为琉璃厂古董商卢芹斋在这一时期倒卖。

1948年年底,战火纷飞,贾玉波修复生涯中的第一个黄金时代已过去。这一刻,他心中忐忑不安的有两点:一是,持续近3个月的围城,家里已没有存粮,老婆儿子吃啥;二是,13岁开始修古玩的他,若新政权不让修,还能干啥?

入城仪式结束后,中共华北局城工部地下工作者张荣广带着贾玉波到北平市军管会报到,他的忐忑迎刃而解。他被分配到前门区粮食供销社检验粮食质量,成了"琉璃厂人人羡慕的军管会干部"。

从武器到司母戊鼎

1959年9月,已是北京市粮食局检验科科长的贾玉波,接到了参加历史博物馆文物修复的通知。

新生的共和国,在第一个10年内焕发了巨大的建设激情,并以前所未有的速度前行。新中国十大工程之一的历史博物馆,主体建筑刚刚完工,有关机构就紧急抽调数万件文物,筹建中国通史展——这是一项史无前例的工作。

当年年底,贾玉波回到老行当,任美术公司驻历史博物馆文物复制组的组长。做决定前,贾玉波一晚没睡,"在粮食局算国家干部。文物修复,说得再好听,也是一工人。"

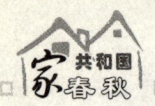

起初，贾玉波与师傅王德山、师兄杨正填等人开始修复手枪、地雷、红缨枪等革命文物。很快，司母戊鼎、四羊方尊、虢季子白盘、越王勾践剑等数千件国宝陆续到来。工作分为两块，一是修复，一是复制。"后者更多一些。按中央与地方当时的约定，每调一件文物，要还当地一件复制品。"

这一年，贾玉波与妻子王翠云已经有了 5 个孩子。老大贾文超出生于 1948 年，老二贾文熙出生于 1950 年，老三贾文珊出生于 1953 年，随后，老四贾新、老五贾丽丽这两个女孩也出生了。

会发光的毛主席像章

1969 年，再一个 10 年来临时，伴随着"全国山河一片红"的喇叭声，贾玉波等人成了全国闻名的毛主席像模具制造者。

始于 1966 年的"文化大革命"，几乎叫停了所有的文物修复工作。1966 年 8 月，接到红卫兵打算冲击故宫的紧急电话后，周恩来下令关闭故宫。冲到故宫神武门前的红卫兵，不甘心无功而返，贴大字报将"故宫博物院"更名为"血泪宫"。

这时，全国各地找毛主席像模具的人已踏破了北京美术公司的门槛。起初，贾玉波等人与雕塑家张松鹤一同工作，后者负责制作毛主席像，贾玉波等人则用该标准像做出标准模具。后来，青铜器修复中的一些技术，在毛主席像章上得到了改进。喜欢琢磨新技术的贾玉波，试着用电解铜做模具，与同事研制出了会发光的夜光毛主席像章，轰动一时。

这一年，家人团聚的日子越来越少。贾玉波经常出差去外地指导修建毛主席塑像；长子贾文超是老三届，前往河北插队；次子贾文熙随后去了陕西插队。年少的贾文忠和弟弟贾文进留在北京。"我在南城宣武区南横街小学读书。考试背毛主席诗词，背十几首，就是好学生。大多数时候，我们跟着抄家的红卫兵到处'破四旧'看热闹。"

"破四旧"，是指"破除旧思想、旧文化、旧风俗、旧习惯"。贾玉波的家中，已早早地破了"四旧"。贾玉波的爱人王翠云在街道做治保委员。"街道传达完'破四旧'的精神，我母亲回家拿出了父亲收藏的一大摞老青铜器拓片和名人书画，一把火全烧了。"贾文忠说。

煤炉烧出的工艺品

1979 年，第三个 10 年来临时，新中国从各个领域恢复理性。多年练就的这手复制手艺，悄然改善了贾玉波一家的经济状况。

刚刚过去的这个 10 年里，文物、乒乓球是外交领域展现中国实力的两大利器。

1971年6月30日，此前被称为"血泪宫"的故宫重新开张；9天后，美国国务卿基辛格访华，参观了故宫。次年2月，尼克松点名要求参观故宫的消息成了国际媒体的头条，中国宝贝再一次吸引了世界的目光。

在民间，国门渐开后，青铜器、唐三彩这些带有典型中国元素的东西，成了来华旅游者的最爱。

"上世纪70年代中期，国家缺外汇，提倡用文物仿制品换外汇。看到同行都干后，我爸也偷偷地在自家煤炉上烧制了一些仿古的陶制工艺品，放到文物商店里寄售。我爸手艺好，他做的能卖9元，商店卖了后分我家3元。"贾文忠说。

1978年年底，贾文忠通过考试进入北京市文物局修复组工作，月工资是18元；这一年，插队回京的老大贾文超也调入了故宫博物院工作；老二贾文熙，则从插队农村进入西安市文物考古所工作。

每月一次的家庭聚会时，贾文忠会到前门烤鸭店买一只烤鸭。"18元一只。我有一个同学在前门全聚德工作，可以走后门挑大个的。"

安居乐业

1989年，刚刚过去的这个10年，是中国走向改革开放的10年，也是贾玉波一家变化最大的10年。

上世纪80年代初，贾玉波从干了20多年的美术公司退休，五子贾文进接了他的班。随后，在单位只是个技术工人的贾玉波，在社会上成了知名文物修复专家。全国各地的博物馆邀请他去当修复文物顾问，一些工艺品公司也聘请他去指导工艺品生产。

"每个月收入上千，当时是笔巨款了！"贾文忠说。

有家传绝技在身，有贾玉波的现世榜样，他的5子2女中，6个都在文物业工作。

1983年，时为首都博物馆工作人员的贾文忠修

● 家庭介绍

贾玉波

1923年12月17日至2000年3月10日。新中国第一代文物修复专家。

贾文忠

1961年生。贾玉波之子。中国农业博物馆研究馆员。

贾　树

1987年生。贾玉波之孙。澳大利亚昆士兰大学学生，学习英语及文化遗产保护。

复了国子监的9块清帝御匾；1988年，农业博物馆以一套楼房"挖"走了这个"年轻的文物修复专家"。

盛世收藏兴

1999年、2009年，新中国第五个10年、第六个10年接踵而至，贾文忠的工作室门庭若市。

中国的民间收藏热，以1999年为界。前一个10年，是民间财力积蓄力量的时期，各类收藏悄然升温；后一个10年，则是民间收藏突然爆发、价不惊人死不休的时期。

中国社会持续了100多年来的文物净流出，仰赖国家经济力量的强大，也在这个时代画上了句号。1995年，故宫博物院以1800万元人民币买下北宋张先《十咏图》；2000年5月2日，中国保利集团公司以总价3000多万港元购得圆明园大水法前12铜兽首中的虎首、牛首和猴首。

不外出时，已被业界誉为"青铜修复神医"的贾文忠会把自己关在办公室里，低头面对那些需要修复的青铜古器，一如他的父辈那样。一遍遍地凝视、一次次地拼接抚摸过后，原本锈蚀缺损、难以辨认的破铜块儿，一点一点地露出了原本的面目和魂魄。

父亲那一代的修复技术，已有很多地方被改进：牙科大夫使用的洁牙机，现在用来除去沾染在青铜器上的杂质；更先进的，还有激光除锈仪、等离子除锈机。

2009年年初，贾文忠被评定为正研究馆员，享受教授级待遇；大哥贾文超早几年也获得了副研究员的职称。"是儒不是匠，是匠不是儒"这句文物界老话，这一刻在他们家终结。这是他们的父亲干了一辈子都未获得的荣誉。

2009年年初，贾文忠送22岁的儿子贾树去澳大利亚昆士兰大学学习英语。他希望儿子将来协助自己从事世界文化遗产方面的工作。贾家的第三代中，还有贾汀、郭纷也在从事纺织品、书画的修复工作。

8月中旬，贾树发了一份电子邮件回国。信中，贾树给父亲翻译了澳大利亚一博物馆的网页。他认为，网页中的那个青铜斝，是爷爷珍藏的那上千张玻璃板底片中的一件。

他和父亲约定，找机会去看看这个曾停靠在爷爷手中的青铜斝。

两代裁缝见证服装"演义"

■ 易 靖

　　一把剪刀、一把尺子、一件烧炭的熨斗、一台脚踏缝纫机——凭借这四样东西，彭德明的父亲走家串户做衣服，养活了6个儿女。彭德明接过衣钵，于1985年闯到北京，摆摊"收活儿"。经年发展，裁缝铺一度扩大到拥有工人十二三人。

　　儿子彭伟承接着这个职业。他学了三年裁剪，现掌管雅秀一家服装定制店，为诸多名人制装。

　　其间，他们见证着国人的着装实现由单一到多彩的变迁、由新潮向传统的回归。

15岁开始学做裁缝

　　1955年，彭德明出生在江苏南通的一个小岛上。父亲靠着裁缝这门手艺，养活他和另外5个弟妹。哪户村民要做衣服了，就先买好老粗布，再把父亲请去。那时都是纯手工缝制，因此，做一件衣服就要一天的时间。做衣服的人家管吃，父亲总会留一些带回来给孩子吃。

　　15岁时，彭德明开始跟父亲学做裁缝。

　　彭德明虽然上了六年学，但"识字水平只有三年级"，因此，父亲要让他早点学会手艺。从基本的手针到裁剪等手艺，彭德明跟在父亲身边，边做边学。

　　学成后，父亲传下4件东西——一把剪刀，一把尺子，一件烧炭的熨斗，还有一台脚踏缝纫机。父亲觉得，凭借这些东西，彭德明可以安家立业了。

　　当时，农村人做衣服不讲样式。然而，中山装的改良版已在北京出现，并影响至今。

　　1956年，大批裁缝名师从上海迁入北京，其中一批精英专为国家领导人和国际友人制装。田阿桐、丁奎英等师傅根据毛主席的特点，对原中山装作了三处改革：一是将上面两个秃而圆的兜盖改成"扁而尖"，使衣服上部显得富有朝气；二是垫肩微微上翘，使肩部更加平整服帖；三是根据毛主席丰颐宽额的脸

■彭德明在缝纫机上操作。这台飞人牌脚踏缝纫机,他已经用了20多年。

(本报记者 范继文摄)

型,将领子加宽加长。

毛主席穿着这套中山装拍了标准像,就是至今仍挂在天安门城楼正中的伟人像。此后,毛主席在很多正式场合都穿中山装。这套经过改良的中山装被人们称作"毛式中山装"。

这样的变化,彭德明当时并未听说,他们那里做的还是老式中山装。他更没想到,在这第一拨外地裁缝进京潮之后,他会成为第二拨裁缝进京潮的一分子。

背着缝纫机进京

"这边不错,来吧!"

1985年9月的一天,彭德明收到了一封电报。电报是妻弟徐红兴发来的。他跟彭德明学了手艺后,于当年8月奔赴北京,在南苑落脚。

彭德明开始有些犹豫。虽然是裁缝,但买不起布,他的衣服穿过后,也要传给老二穿,再传给老三和老四穿,其他村民更是这样。因此,在农村做裁缝的生意并不多,只能勉强养家糊口。儿子彭伟渐渐大了,家里的花费会更多。

到北京去?这在以前是想都不敢想的事情。那时,改革开放的声音已传遍各地,江苏等地的很多裁缝北上寻找机会。

彭德明跟家人商量后,决定和两名乡邻同行。他们背着两台缝纫机、三床被子和换洗衣服就出发了。

到达北京火车站时，已经是夜里10点多。当时，并没有公交车到南苑。根据徐红兴描述的路线，彭德明等人开始步行。

彭德明背着一台缝纫机、一床被子和衣服，总共有七八十斤。走到木樨园附近时，他走不动了。三人停下来歇会儿，但越歇越不想走。彭德明背起缝纫机，开始数路边的电线杆，鼓励自己走两个电线杆才能歇一下。

次日天亮后，彭德明3人才找到徐红兴的落脚地——南苑红房子。彭德明在菜市场边租了一个10多平方米的房子，安顿下来。当地居民送给他一块木板，他铺上被子美美地睡了一觉。

白天，彭德明在行人较多的路边支上铁架子，上面铺一块木板，摆上剪刀、尺子、画粉等家伙，开始"收活儿"。当时，裁缝铺不卖布料，只负责做衣服，裤子两块钱，上衣三块钱左右。

此前，北京人的衣服多半是自己缝制，裁缝店很难找。李岚清曾回忆说，1978年初春，他要做一件短袖衬衣，好不容易找到一家裁缝店说可以做。量完尺寸后，问什么时候来取？裁缝说，11月。

彭德明等江苏裁缝的到来，满足了这个市场需求。白天收完活儿，彭德明整宿地干，第二天就把客人要的衣服做好。

这个时候，布料已告别"老粗布"，夏天流行"的确良"，冬天时髦"迪卡"。一部反映纺织厂女劳模与漂亮裙子之间矛盾冲突的电影《街上流行红裙子》播出后，影片中的"红裙子"成为中国女性追捧的对象。此后，红裙子、黄裙子大行其道，蓝色、灰色、绿色主打的服装时代终结。

除了布料和色彩，服装的样式也在不断变化。田阿桐的徒弟、红都服装公司技术总监闫

● 家庭介绍

彭德明

　　54岁，江苏南通人。15岁跟父亲学做裁缝。1985年来京，其裁缝店一度发展到有工人十二三人。

彭 伟

　　30岁，彭德明之子，学习裁剪3年，现在雅秀市场负责一家服装定制店，曾为劳拉·布什、罗格夫人等知名人士制装。

瑞环说,当时,一些年轻人开始穿宽大的蝙蝠衫和喇叭裤,包臀的牛仔裤也悄然出现。此外,西装取代绿军装,成为新时代国人第一种流行服装。

日新月异的变化,让彭德明兴致勃勃,又感觉压力重重。好在江苏的裁缝老乡们常常沟通,一起学新样式的做法。

从高峰到低谷

出活儿快、能做新样式,彭德明的生意好起来,添置了电熨斗等工具。他将妻儿接过来,还从老家招了徒弟。10多平方米的裁缝铺显得更加拥挤了。晚上,彭德明和徒弟在案板上做衣服,彭伟就睡在案板下面。

上世纪90年代,除了做衣服,裁缝铺也开始卖布料,做一条裤子变成了20元左右。因为生意好,彭德明从老家招的徒弟越来越多,徒弟出师后,就在他那里当工人。1996年,他有十二三名工人。除了裁缝铺,他又租了一间大房子当厂房。

附近制鞋店的店主说,彭德明当上了老板,开始搞"管理"了。彭德明笑着说,工人忙不过来时,他也帮着裁剪。那时候,彭德明一年的收入有10多万元。

其时,成衣销售已开始风行,但凭借在当地的人缘,彭德明的裁缝铺依然生意兴隆。

此后,各种各样的服装品牌纷纷涌现,找裁缝做衣服的人不断减少。2003年,看到很多裁缝改行卖衣服,彭德明心动了。

他到六里桥等地的超市、商场租了柜台,开始搞成衣销售。转战数地,花了大价钱付场租、进货,但就是卖不动衣服。短短一年,数十万元亏损殆尽。

徐红兴认为,做成衣销售的人太多,竞争过于激烈。彭德明比较保守,对于做衣服之外的管理和销售等并不擅长。

此后,彭德明回到南苑,原先的裁缝铺已经立起了高楼。他在高楼对面租了一间8平方米的平房,重新开起了裁缝铺。

名人纷纷光顾

在彭德明遭遇低谷的时候,彭伟跟着舅舅徐红兴,摸到了一条新路子。

彭伟中学毕业后,就跟着徐红兴学了三年裁剪。在他看来,年轻些的舅舅比爸爸观念更新,更能了解和接受新趋势、新样式。

进入新世纪,"撞衫"成为尴尬的事情,人们开始追求服装个性化,定制成为"潮人"的新宠。

裁缝店生意转衰之后，徐红兴开始转向服装定制。在做企业服装团体定制取得成功后，他于2005年在雅秀市场租下两块场地，取名苏珊裁缝（服装定制）店，彭伟帮他管理其中的一家店。

雅秀市场地处三里屯，很多外国人来此购物。为了与外国人做生意，彭伟报了一个班，突击学习英语，尤其是关于布料、尺寸、报价方面的词汇。他的英文名叫Peter，"简单，老外容易记得住"。

在这个店铺里，柜台摆满了各种中高档布料，根据最新流行趋势制作的服装在醒目处展示。除了西服，复古的唐装、中山装，都是这里的主打。

2009年7月21日上午，一对外国父子来定制服装。营业员跟他们沟通后，得知他们想定做西服。

"5套还是10套？"营业员用英语问。

"No,no。"对方笑着说，他并不想天天穿西服，只要一套西服、一件夹克和衬衫。

彭伟为客人量完尺寸，报价时，让对方看了此前同款衣服的售价。彭伟说，这些客人是以前的客人介绍的，不能比以前的卖得贵。

每到下午，彭伟就忙得没法儿分身了。当然，这比起那些为名人制装的时候，确实显得平淡了。

彭伟记得，2005年，劳拉·布什在该店定制了一套唐装。接到通知后，徐红兴亲自到酒店，为劳拉·布什量体。徐红兴说，当时只专注地测量，跟对方没有什么交流。量完后，立即让店里专门做唐装的裁缝赶制。2008年，罗格夫人和女儿来店里定制了套装。此外，李金斗等诸多演艺界名人均来此定制过服装。

彭伟说，他曾为不少名人量体裁衣，很多人是这里的老主顾。

最大的愿望

彭伟觉得，现在他干的活儿：帮人量体、记下尺寸，跟当年父亲站在路边"收活儿"是一样的。不同的是，当年父亲"收活儿"后，要自己熬夜赶制；现在，他只要把尺寸发到工厂，工人们就会按要求赶制了。

徐红兴邀请过彭德明跟他一起干，彭德明没去，他说："我干我的裁缝铺，也方便照顾小孙女。"

裁缝铺尽管利润很少，但生意很好。最近，当地居委会的老太太要搞表演，托彭德明做50套表演服。他和现在仅有的一名工人紧赶了好几天，在她们需要前做完。

来北京20多年了，彭德明熟悉这里的老人和新人。遇到浑身是泥的农民工

来补裤子,他会少收一块钱。因为,在北京这么多年,他"遇到了很多好人"。当年,他刚到北京时,是当地人送他木板当床卧,送他板凳待客坐。

刚来时,一家人挤在10来平方米的平房里;现在,彭德明和老伴租了一间大院子,儿子、女儿有单独的住处。当年,买不起菜,他到菜市场拣菜叶子回家煮着吃;现在,想吃啥都能买了。

彭德明在老家建了一套三层楼房,一直没人住。最近,彭伟又到老家所在的城镇,花40多万买了一套商品房,把女儿的户口转过去了。

彭伟说,江苏来的老裁缝绝大多数都回去了,30岁以下的很少再学裁缝了。因此,彭德明打算一两年后回老家,把孙女转回老家上学,那边教学质量好。他最大的愿望,就是培养孙女上大学。

彭德明一边说话,一边把飞人牌缝纫机踩得飞快。他说,这台脚踏缝纫机跟了他20多年,不会再传给谁了。

法官世家法治精神在传递

■ 裴晓兰

1963年9月，21岁的吴志国高中毕业，迈进丰台区人民法院的大门。他的人生从此和法治结缘。

从业39年，吴志国从未放弃对公平正义的追求，法治精神已融化在他的血液中。

受他的影响，他的大女儿吴红梅也选择了法官作为自己的职业。

近半个世纪以来，父女两代法官见证了中国法治的完善与进步，审判从无法可依到有法可依，从重实体轻程序到实体与程序并重。

父女两代的传承，既是职业的传承，也是中国法治精神的传承。

30余人的法院

吴志国不做法官7年了，67岁的他背已微驼，但只要一说话，语气中还是充满威严。

吴志国出身革命家庭，父亲吴成云1929年参军，历经抗美援朝、上甘岭等战役，身负9处重伤，是师级指挥员；母亲石俊杰1938年参加革命，在解放区做后勤工作。

吴志国的童年，家教甚严。从小学一年级开始，他就在北京军区七一小学住校读书，接受军事化管理。"每天和战士一样出操、点名、站队、唱歌。也领工资，钱数是战士的一半。"

每年寒暑假，吴志国可以回家见父母，他不爱说话。有一次父亲喊他："志国"，他没吭声，结果遭父亲一记耳光。打那以后，吴志国只要见到父母就主动敬礼，父亲喊他名字他就立马答"到"。

特殊的成长经历造就了吴志国刚毅的性格，做了法官之后，他始终品性刚直。

1963年9月，吴志国高中毕业，赶上北京市高院招人，他被学校保送到丰台区人民法院工作。

■吴志国和女儿吴红梅在法庭上。(吴红梅供图)

吴志国记得,当时的丰台法院成立仅11年,位于丰台区正阳街一个平房院落,整个法院包括院长、副院长、庭长、法官、书记员、法警和厨师,一共才30几个人。整个法院只有法警有统一服装,和公安的一样。

法律的缺失

吴志国最初的岗位是书记员,每月工资37.5元。

第一次出庭记录的案件让吴志国至今记忆犹新,那是一起涉及"妨害家庭罪"的刑事自诉案件:一个家庭的丈夫发现妻子与他人有不正当关系后,将"第三者"告上法院。

庭审在一个约五六平米的平房内进行,简陋的桌椅,没有打字机和录音设备,也没有公民旁听。

年长的审判员了解案情时,问到了男女间的性关系问题,未婚的吴志国不好意思记,停下了笔。审判员发现后小声问他:"小吴,你怎么不记啊?"吴志国的脸刷的一下红了,硬着头皮,他勉为其难地记了。后来,那个"第三者"被判拘役6个月。现在,"妨害家庭罪"这个罪名已经没有了。

那个年代法院的案子不多。吴志国印象中,他每个月参与开庭不足10次,审判时可依据的法律更是寥寥无几。当时只有一部婚姻法和一部土地法大纲,还有就是治安条例。法官断案,多是参考最高院、市高院的谈话记录和有指导性的政策材料。在写判决书时,因为没有法律依据,法官在"本院认为"那一段只能不提法律,模糊不清地直接写判决结果。

混乱的年代

做了3年书记员后，1966年，不堪回首的文革开始了。在"砸烂旧公检法"的思想指导下，丰台法院仅留下5个人归入军管会，其余人都被下放。

吴志国被下放到了卢沟桥干校种地，虽未亲历军管会，但他听同事说，那时的公检法混乱不堪，司法形同虚设。

军管会审判的指导思想是一切以阶级斗争为纲。有些不一定触犯刑律的被告人如果被查出来出身不好，军管会几乎没有参考任何证据就会将其定为"反革命罪"。有些刑事案件，庭都没开就潦草判决了，根本没有程序可言。

民事审判工作则几乎陷于停顿状态，作为法律监督机关的人民检察院甚至干脆被撤消，公安直接就可以把被告人押进法庭。

当时，吴志国的父母也蒙冤受到迫害。为了照顾生病的父母，吴志国经人介绍从河北老家找了一个妻子。结婚后三年，两个女儿、一个儿子相继出生，长女取名吴红梅。

下放的10年，吴志国的日子过得很艰难，一家老小租住在丰台机务段北门一处紧挨火车道的平房里。那原本是房东用来放破烂的屋子，一共4、5平米，身高1.85米的吴志国站直了，头就能碰到顶棚。

全家每月26斤半粮票和半斤油票根本不够吃，为了贴补家用，吴志国的妻子外出做临时工。吴志国则把家里值钱的东西都卖了：自行车、手表、皮箱，还有父亲的军呢子大衣。

在吴红梅的记忆中，小时候吃不饱是常有的事。"6岁那年冬天的一天中午，我爸拿回一个烧饼让我们姐弟3个分着吃，那就是我们的午饭。"

●家庭介绍

吴志国

1942年出生，曾在北京市丰台区人民法院工作39年。退休后接受返聘，现任丰台法院"诉前人民调解工作室"人民调解员。

吴红梅

1967年出生，吴志国的女儿，现任北京市丰台区人民法院花乡法庭民庭法官。

曾经的曲折

终于，文革结束了。

1978年，36岁的吴志国重回法院，已去世4年的父亲得到平反，一家人被安排住进了部队大院。吴志国的妻子也被安排到工厂上班，有了正式的工作，生活逐渐富裕起来。

1979年，刑法和刑事诉讼法相继出台，次年，吴志国被提为助理审判员，开始在刑庭独立办案。

此时，吴志国最宝贵、最黄金的青年时代已经远离了他。但是，这动荡的10年使他更加坚定了对法治和秩序的追求，没有法治，这个国家就没有正常发展的基础。

这时的吴红梅和弟弟妹妹也都上了小学。晚上，经常是吴红梅趴在桌子上写作业，吴志国就在旁边的桌子上写判决。

吴志国当时最主要的工作是复查文革期间的冤假错案。他记得，一个生产队的工人因为发了几句牢骚，就被军管会定了"反革命罪"，原因竟然是他"阶级成份不好"。吴志国依法审查后，宣判这个工人无罪。

阅卷时，吴志国经常感慨军管会的不公平，一旁的吴红梅好奇地听着。年幼的她对"公平"的含义似懂非懂，但她总听父亲把这两个字挂在嘴边，"他说自己的工作就是将公平带给别人"。

不过，在那个年代，现实情况离吴志国期望的公平还有很长的距离，中间夹杂着曲折，比如没人会忘记的"严打"。

吴志国亲历了第一次严打，那是在1983年。改革开放初期的中国出现了一大批以暴力为主要特征的犯罪分子。

在急切需要降低犯罪率的背景下，一场带有浓厚行政色彩的严打开始了。法院刑事审判量刑的依据就是要依法从重、从快判处，有些案子平时不判的，判了，有些本应判轻的，判的很重。公平很难保证。

职业的传承

第一次严打后，吴志国被调到经济庭当法官。吴红梅发现开始有人给父亲送礼，但父亲总是严词拒绝。

有一年年底，有当事人把一辆货车开到了吴志国家门口。"我一看，半车厢水果，半车厢挂历，那时候时兴送挂历。"吴红梅说，她喜欢吃桔子，但就在她想着"要是能卸下两箱桔子该多好"时，他的父亲出来了，板着脸对送礼的人说:"你要是这么送,这案子就没法判了,你有证据我会支持你,别的都没用,赶紧回去吧。"

桔子最后没吃成,但吴红梅感觉父亲这样做是对的。

很快,吴红梅高中毕业。她大学没考上,差了3分!

吴红梅至今想起来还有些委屈。高考志愿是她父亲给填的,没和她商量,第一志愿是中国政法大学,第二志愿是公安大学。

弟弟妹妹的情况也差不多:吴红梅的妹妹是体育特长生,但学历是司法中专;学经济管理的弟弟一度被父亲要求去当公安,因自己不愿意,最后做了审计工作。"现在想想,我爸当初的目的很明确,就是得有个孩子接他的班。"

落榜后,吴红梅先到一家部队宾馆上班,其间自费攻读了刚开办的中国律师函授中心。1985年毕业后,她来到丰台法院,和父亲成了同事。

这时候,法院刚发统一制服,每天下班,父女俩一起骑自行车回家,吴志国坚持让女儿穿制服,不能换便装。吴志国的心里有一种说不出的骄傲。

吴红梅最初在执行庭工作,11年里,她做过书记员、内勤、执行员,有时也会临时顶上去做女法警。吴志国要求女儿要能吃苦。

1996年,吴红梅正式到丰台法院花乡法庭做民庭法官。此时的国家已从计划经济向市场经济转变,民事案件增多,吴红梅每年审理的案件已达百余件。

比父亲当年幸运的多,吴红梅审案时已有民法通则、民事诉讼法、劳动法、公司法等多部法律可以参阅,写判决时,她基本不用担心没有法律依据了。

这期间,吴志国又回到了刑庭,"依法治国"已经纳入正轨,虽然也有过"打黑除恶"的严打运动,但程度已大大降低。

1997年,新刑事诉讼法实施后,刑事诉讼开始走向文明、公正的征程,重实体轻程序的观念已然退出舞台,程序公正日益深入人心。新刑诉法引进了控辩式庭审方式,强化了对刑事诉讼各个阶段的法律监督,适当提高了律师在刑事诉讼中的法律地位,使刑事辩护的作用大大加强。

所有这些改变,让吴志国感觉审判程序明显规范了许多。

司法在进步

2002年,60岁的吴志国退休了。此时,他已满身荣誉:他多次被评为法院系统先进个人,荣记过个人三等功,获得过优秀共产党员称号。在他的办公室墙上,有25面锦旗上面都写着"感谢吴志国法官"。

正式办退休手续那天,吴志国在法院地下室的长椅上坐了许久,眼神中流露出失落,他舍不得。

这一年，法院刚实行穿法袍、敲法槌，而吴志国刚好没有赶上。吴红梅曾拿着自己的法袍对父亲说："您可以穿我的，去照张相。"吴志国动了下念头，但最后还是摇了摇头。

退休后，放不下业务的吴志国接受丰台区工商联邀请做过法律顾问。2008年4月，他又被北京市司法局返聘到丰台法院任人民调解员。而与他同甘共苦多年的妻子，已经有了自己的公司，前不久还给吴志国买了一辆黑色越野车。

如今，42岁的吴红梅也已是有着16年审判经验的资深法官，她可以在气势恢弘的审判大楼里，穿着更能体现法官职业特色的法袍审案。

在她前面，书记员飞速敲打键盘记录着。写判决，吴红梅不用像父亲当年那样趴在桌子上手写，她有电脑和打印机，此外，她还有3000多部法律可以参考、依据。

而在吴志国曾经工作过的刑庭，司法在严格执行法律的同时，也开始彰显着人文关怀。

比如，检察院在对一些失足青年公诉的同时，还会附上一段饱含真情的寄语，以促使他们认罪悔罪；法庭上，控辩双方除了可以就被告人的罪名进行辩论外，还可以对被告人的刑期进行"讨价还价"，控辩双方的力量逐渐在趋于平衡。

吴志国和女儿吴红梅一起感受着司法的文明和进步。

不过，吴志国始终没有忘记嘱咐女儿要公正判案，他还不断告诫女儿："你可不能因为某一个案子，把法官这个声誉给毁了啊。"

吴红梅说，她深切体会着父亲对法治和公平的执着追求，这种追求影响着她，现在经她传递，也影响着她的孩子。

吴红梅的儿子14岁，读初一，最喜欢看的电视剧是《重案六组》。有一次，民警到他们学校调查一起刑事案件，他对写笔录的警察说："叔叔，您可不能写罪犯啊，现在只能写犯罪嫌疑人。还有，我们都是未成年人，您应该先找我们家长。"

简化字载入共和国元年的改革

■ 刘薇

在1949年的年鉴里，和共同纲领、开国大典共同载入史册的，是中国文字改革协会的成立。

这个机构及其变身机构，在之后60年的新中国历史中，推动了一场关乎所有国人的简化字运动。

在中国有汉字的3000余年历史中，这是唯一一次由官方推行，并最终成功的简化字改革。

所谓人如其字，在中国，文字向来和其书写者有着某种人格精神上的互通。60年简化字的推行，改变了十多亿中国大陆人的书写习惯，影响了至少两代人对中国文字的认知、使用和情感，改变了整个大陆的文字情感、街市面貌、书籍形态和文化认知。

傅永和的职业生涯，就从"文改会"开始。他干的第一件事，是阅读读者寄来的简化字改革建议。

1956年的变革

不知为何，如今，傅永和记不起1956年那场改革的任何细节。

细节是历史最生动的注脚，可是傅永和摸着脑门，陷入沉思，结果依旧是一片空白。

比记忆更可靠的文字记载，是这样描述这段历史的开端。

1956年1月1日，《人民日报》由竖排改为横排。两个月后，第一批简化字方案发布，共260个字。

从此，中国3000余年的汉字史，进入简化字时代。

然而，初中二年级学生傅永和并不看报，更别说《人民日报》，除了上课，他大部分时间还要用来劳动。

在不同参与者的记忆里，历史往往有着不同的版本。

傅永和记忆的空白，或许恰是历史的真相。

1990年，傅永和被任命为国家语言文字工作委员会副主任。
（本报记者 潘之望摄）

"简化字改革，最重要的目的是便于扫盲，那些大字不识的农民、工人，应该记忆最深。"傅永和说。

政协委员李凤莲的弟弟，应该有着和傅永和完全不同的记忆。

1958年，第一批简化字公布两年后，周恩来在政协会议上说："李凤莲同志有个弟弟，在家乡种地，写信给李凤莲同志诉苦，说农民普遍感到汉字难学。农民常用的一些字，像'農民'的'農'，'麵粉'的'麵'，'麥子'的'麥'，还有'雜糧'这两个字，这一类字都不好写。李凤莲同志给她弟弟寄了一本简化汉字的书去，她弟弟高兴极了，回信说'这些新字好学得多'，还埋怨姐姐为什么不早些给他寄去。"

文改会成立的背景

这是一种现实的窘境。

1949年，新中国成立时，全国四万万人口中，八成是文盲。

列宁曾说，在一个文盲充斥的国家，是建不成社会主义的。这显然也是当时执政者的共识。在新文化运动中成长起来的第一批中共领导人，对简化字改革有着很深的情结。

早在30年代末的陕甘宁边区，使用新文字就已经是真正的实践。

1938年冬天，延安的革命者们，都在传阅一本用新文字编写的刊物《抗战到底》。识字讲习所里，人们用毛泽东的老师、边区教育厅负责人徐特立编的新文字课本，学习文化知识。

1949年，当共产党的实际权力扩大到全中国以后，文字改革作为革命性的力量,被给予高度的重视。

专门负责文字改革的机构——文改会在1952年成立,吴玉章任主任,因为吴老在党内的地位,这个机构直属国务院。

文改会的办公地点,在朝内小街一幢5层的办公楼。建楼的材料,用的是建人民大会堂剩余的材料。

吴玉章是简化字改革的积极推动者。他写信给毛泽东,建议试行新文字,整理简化字,推动汉字拉丁化。

毛泽东综合了郭沫若等人的意见,给他回信,提出"文字必须改革,要走世界文字共同的拼音方向,在实现拼音化以前,必须简化汉字,以利于目前应用"。

根据毛泽东的这个精神,简化汉字、推广普通话、制订和推行汉语拼音方案三项措施,被当作实现"汉字拉丁化"的序曲和前奏,在中国大地上演。

从最终的结果看,汉字拉丁化,并未在中国真正实现。现在搞文字改革的人,也不太愿意提起这个曾经的梦想。

20万人参与讨论

第一批简化字从筹备到最终公布,用了整整7年。

这是一个复杂而细致的挑选、整理、讨论和最终确定的过程。

参与讨论的专家有上百名,均是赫赫有名的大家,吴玉章、马叙伦、郭沫若、丁西林……

最终发布的简化字,并非凭空捏造。

事实上,自殷商甲骨文始,繁简两种文字就同时存在。

人们在开药方、写唱本、写私信时使用的笔画

● 那一刻

1972年春天,在宁夏五七干校的傅永和接到调令,和6个同事一起,回京搞第二批简化字。

● 亲历者

傅永和

1940年10月17日出生于北京。北京大学中文系毕业。从毕业起便在文改会工作,直到2001年退休,参与汉字的整理和简化,致力于汉字的中文信息处理研究。

简单的字，被称作俗体字，与官方用来写史书、习书法的"正体字"并行存在，难登大雅之堂。

学者在甲骨文的龟甲兽骨上，发现两种"渔"字的写法。一条河，四条鱼，用了两次；一条河，一条鱼，用了几十次。可见古人也是喜欢笔画简单的。

傅永和翻过方案里的一个个字，绝大部分可在宋元以来民间使用的俗字谱中找到，生造字比例很小。

只有两个字例外，一个是邓小平的邓，"本来也要像灯一样，把'登'改为'丁'，后来考虑到邓小平的签名一直用草书的写法，也是约定俗成，就没改。"

另一个是国家的国。"本来有人提议，借鉴日文中的国，里面简化成王字，但这个方案得到大部分人的否定。

一个方框里放个王，从里往外念是"亡国"，从外往里念是"国亡"，怎么听都不舒服。最后还是郭沫若出了个点子，不如加一点，变成玉，国里藏金玉，吉祥。

另一个有趣的细节是，这场文字改革，在尊重民意的设计上，非常周到而细腻。

除专家学者，普通大众也热心于这场文字改革。各个省市都在组织座谈会，大小媒体均开辟了专栏接收读者来信，文改会收到的群众来信装了好几口袋。

根据胡乔木主编的《当代中国》文字改革卷的记载，全国有语文教师、部队官兵、工会工作者20万人参加了讨论。

在这本重要的中国当代史文献《当代中国》中，关于简化字一章，由傅永和操刀。

农民也能轻松学

傅永和的记忆里开始出现简化字，是在1964年。那时，他在北大中文系念三年级。

那一年，分4批公布的第一批简化字，已经在社会上使用了几年，文改会对其进行归纳整理，发布了2000余字的简化字总表。

傅永和的班上专门成立了"文字改革业余兴趣小组"，全班同学都参加了，87岁高龄的吴玉章，还专门在北京的科学会堂接待了这个兴趣小组。1966年，吴老便去世了。

那时候，全中国学习简化字的热情，依旧红彤彤的。傅永和跟着兴趣小组，到山西万荣考察。在王显公社东河大队，傅永和待了一个月，白天干活，晚上帮着扫盲。

这一个月的生活，在傅永和的记忆里，充满细节。

学习简化字，农民真是高兴啊，简直无法形容。一个五六十岁的老农民，语言能力很强，喜欢编顺口溜，过去不识字，只能说说，现在能写下来了。还出了农民诗人，不认识几个字，就可以写出简化字夹杂着汉语拼音的打油诗。

最重要的是记工分方便了，以前出一天工，就划个道，最后数来数去数不清，认了字，自己也能记清楚账了。借钱也会写借条了，有凭有据不能再欠账了。

这些事情，让从小学习繁体字的知识分子傅永和感到吃惊。

直到今天，他还在感受着这种巨大的震撼。

前些日子，当年考察时房东的儿子，带着两个女儿来看傅永和。他在中俄边境做生意，生活富足。两人40多年没有联系。他找傅永和，只想表达几十年来，一直埋在他和母亲心中的谢意。

40多年前，在山西农村的一个土坯房子的房檐下，傅永和教他认了字。

第二批简化字

傅永和有一个牛皮纸的笔记本，里面夹着一张《人民日报》的社论，社论的作者，就是他自己。社论的旁边，几个红色圆珠笔标注的小字，"小平同志批示，可用"。

红字映衬着已经发黄略卷的纸边，提醒着傅永和已经过去30余年的记忆。

这篇社论，发表在1977年12月20日的《人民日报》上，题目叫《加快文字改革工作的步伐》。社论发表的当天，全国文字改革工作会议在北京召开。

之后，第二批简化字表公布。

此时，傅永和已经毕业10多年了。

1966年，大学毕业生傅永和被分配到文改会工作，不久，"文革"开始了，傅永和真正上班，是在7年后。

1972年春天，在宁夏五七干校的傅永和接到调令，和6个同事一起，回京搞第二批简化字。

这是周恩来的亲自批示。回到北京，机构都没有了，只好在中科院下面成立了临时的文字改革办公室，郭沫若直管。郭老打了报告给国务院，朝内小街的5层楼才又重新划给了文改会。

回来第一件事，郭老让大家到酒仙桥看电影，朝鲜的《卖花姑娘》，"补补课，了解点流行的文化"。

每天坐在办公室，傅永和的工作，就是看群众来信。

很多事情，很难想象，在一个似乎已经混乱的社会里，依旧有人惦记着文字改革这样对比起来似乎微不足道的小事。

河南林县一个体育老师,认为当时的简化字不成系统,自创了一套简化字,寄给了文改会。一个煤矿工人,专门给《红旗》杂志写信,询问什么时候把文字改革推向更高潮。

郭沫若认真回了信,并在《红旗》杂志公开发表,表示一定会再推出一批简化字。

废止和记忆

这之后,便是5年多的第二批简化字的讨论和筛选。

文改会一楼的办公室里,每周三,都会有老先生们的讨论,话都不多,但字字珠玑。

1975年,111个经过反复讨论的简化字,提交给国务院。

当时,总理已在病中。国办负责联系总理的秘书长吴庆彤转述了总理的批示:"第一批已经公布这么多年了,这次为什么简化这么一点?"

文改会只得再想办法。

"111个字,是经过反复挑选的群众已经在用的字,再增加就只能生造了,文改会反复斟酌,始终认为不能再增加新字。"傅永和说。

最后的办法,只能是增加偏旁内推。"面"简化成"面",所有"面"字边的字,也都同时简化,这样字数就增加了。

再次将方案报给国务院,已是1977年的冬天,简化的总字数,增加到248个。

这份方案,先后经过了政协和人大的审议讨论,均被认为是一个不错的方案。

1977年12月20日,方案以草案的名义,向全国公布。国务院的原则是,这批字,在使用中征求意见,部分不成熟的字,继续讨论。

9年后,在政治局讨论后,这批简化字最终被废止。第二批简化字废止的同时,国务院重新发表了1964年的《简化字总表》,这是到现在为止,13亿国人的汉字规范。

关于第二批简化字废止的原因,官方至今未给出明确的说法。

胡乔木在和傅永和等讨论的时候,曾私底下说,第一次简化字发布后,很快就进入了"文革",没有进行系统的推广和学习。中央一些老同志认为,第一次简化字还不掌握,再推行一批字,各方面意见比较大。

无论废止的原因究竟为何,但作为一个曾经的存在,第二次简化字依旧留在某些时光的缝隙里。

北京曾对街头的22127个门店进行检查,招牌上用了第二次简化字的门店,有7000多个。

挖掘定陵历时一年方见宫门

■ 夏命群

"我觉得我亲手做的工作，从发掘出土来说，没有走弯路。"一位自称"掘皇陵人"的老人回忆53年前定陵挖掘的情景时说。他就是当年带队挖掘定陵的考古队队长赵其昌。现在已经80多岁，居住在京郊一处农家院中。

孙宪宝，昌平区长陵镇村民，定陵挖掘队队员，现年72岁，从挖掘第一锹土开始到全部文物出土，他全程参与，成为非文物专家的重要参与者。他的视角更具有平民特色。

吴晗提出挖掘计划

定陵是明代万历皇帝朱翊钧的陵寝。作为迄今为止唯一一座由考古学家主动挖掘的皇家陵寝，它的挖掘颇具戏剧性。

最初提出挖掘计划的是著名明史专家，时任北京市副市长的吴晗。

据赵其昌回忆，由于吴晗长期研究明史，特别想了解陵寝下面的秘密。1955年末，由吴晗发起的一份由郭沫若、沈雁冰、邓拓、范文澜、吴晗、张苏六人签名的挖掘考古计划书上递国务院。当时的国务院总理周恩来收到报告5天后，批示"原则同意挖掘"。

就这样，一份由历史学家正式提出的挖掘古代皇陵的考古计划，得到了中国政府的批准。不久，由北京市委、中国科学院考古所和文化部联合组建的考古队成立，一次秘密的考古行动在1956年春开始了。

在整个挖掘计划中，定陵其实只是个替代者。挖掘皇陵的首选此前一直是长陵，即明代皇帝朱棣的陵寝。因为整个十三陵中，长陵规模最大，保存得也最完整。

然而，对长陵的调查工作进展得并不顺利。最终，考古队决定，先另找一个陵墓进行试掘。就这样，明朝第十三代皇帝朱翊钧（万历皇帝）的陵墓——定陵进入了考古队的视野。

■定陵博物馆,1959年9月30日建馆,位于北京市昌平区北10公里的大峪山下。(图片来源:CFP)

挖掘点锁定绑票处

1956年5月,挖掘工作正式启动。面对如此浩大的陵寝,考古队一时不知从何下手。

据当时参加考古队挖掘、现居住在昌平长陵镇的村民孙宪宝回忆,考古队来到定陵后,从宝城前开始勘察。几天奔波,队员们精疲力竭,却一无所获。

一天,当队员们转悠到宝城一角时,队长赵其昌发现离地面三米多高的城墙上方,有几块城砖塌陷,露出一个直径约半米的圆洞。

经观察,这个洞口亮处可辨别砖砌的痕迹。"这是地宫入口!"赵其昌说。他立即把这一情况报告给当时中科院考古所所长夏鼐。经过多次协商,最终决定把挖掘地点定在此处。这就是传说中的土匪绑票处。

孙宪宝说,这个洞口十分偏僻,村民种地的时候也不轻易去。当地村里老人讲,只有旧社会土匪绑票时才会把人质放到里面。

1956年5月17日,在一个晴朗的天气中,定陵发掘正式开始,这也宣告了中国历史上首个皇家陵寝的挖掘工作启动。

挖掘3月毫无头绪

挖掘先从探沟开始,直到挖至一米深时才在宝城内侧墙壁上发现了一块砌在墙里的石条,擦去石条上的泥土,3个刻在石条上的字显露出来:"隧道门"。

这给了考古队极大的信心。随后，"大中"、"左道门"、"右道门"、"宝城中"等字样陆续出现。赵其昌把这些字样发现的位置绘到纸上，希望构建起一幅建筑设计图。

十几天后，考古人员在城墙的下方发现了一个券门，同时在探沟两侧发现了两道砖墙，两墙之间形成一个隧道，伸向宝城的深处，考古队判断这就是通向地宫的隧道。

为减轻挖掘工作量，考古队没有继续第一条探沟的挖掘，而是在第一条探沟的延长线上挖开了第二条探沟。但是3个多月过去了，第二条探沟一直没有新的发现。

金刚墙刻字破天机

挖掘队员孙宪宝回忆说，挖掘定陵使用的是一种洛阳生产的探铲。这在当时是一种挖掘古墓的常用工具，长约30厘米，直径有碗底那么大。

进入9月，挖掘工作出现转机。一天，在第二条探沟的深处，挖掘队员栾世海、孙宪宝等人挖出一块小石碑，上刻"此石至金刚墙前皮十六丈，深三丈五尺"。

大伙欢呼不已，立即跑去报告。"这就是一把打开定陵大门的金钥匙。"赵其昌说。考古队在通向宝顶中心的方向紧接着开挖了第三条探沟。

由于有了小石碑指路，大胆的机械出土随即代替了小心的手工挖掘。在隆隆的机器声中，金刚墙现世已指日可待。

然而，恰在此际，天气出现变化，时而风起沙扬、尘埃弥漫，时而乌云吞日、黑如锅底，倾盆大雨吞噬了整个探沟。据挖掘队员回忆，联想到掘墓必遭报应的传闻，挖掘队工作人员均心惊胆战。

直到第二年5月17日，恰逢开挖一周年时，

● 那一刻

这时，年龄最小的孙宪宝进去，移开了顶门石，并用身体顶住，让其他人把门彻底推开。至此，关闭300多年的地宫大门终于敞开。

● 亲历者

孙宪宝

昌平区长陵镇村民，定陵挖掘队队员，现年72岁。

考古队终于找到了坟墓的外墙——金刚墙。在金刚墙上,考古人员发现了一个神秘的梯形开口。它就是万历皇帝入葬时的入口。

大公鸡探路地宫

金刚墙高8.8米,厚1.6米,下面部分是长方形结构,上面是三角形,用砖砌成,呈"圭"字形。由于陵道填土多年的侧压力,它向里凹进去约两厘米多。圭形券门上的砌砖没有用灰浆,是干垒起来的,这为发掘人员拆墙提供了便利。可以断定,进入圭形券门,里面就是埋葬帝后的地下玄宫了。

1957年5月19日傍晚时分,考古队成员披挂整齐,下到探沟,将梯子搭上金刚墙……

10来盏汽灯吊在上面,拍照、绘图、记录、测量、编号等各项工作的负责同志,都手执工具,整齐待命,现场一片将士出征前的紧张与肃静。

一声令下,站在梯子顶端的赵其昌挥起特制铁铲,对准"圭"字形顶部的第一块城砖砖缝,轻轻地撬起来。

因为砖缝之间没有灰浆黏合,赵其昌毫不费力地将48斤重的城砖撬开了一角。两手抓住砖边向外慢慢抽动,宽厚的城砖终于全部从墙中抽出。

"当心毒气!"有人喊。

话音刚落,只听"扑"的一声闷响,一股黑色浓雾从洞中喷射而出。赵其昌抱住城砖,就势趴在梯子上,低下头一动不动。

一股霉烂潮湿的气味在金刚墙前弥漫开来。雾气由黑变白,渐成缕缕轻烟,由沟底向上飘浮。人群被这股刺鼻的气味呛得阵阵咳嗽。

在现场指挥的夏鼐告诉大家:"这是地宫300多年积聚的腐烂发霉物质的气体,只要放出来,就可进入地宫了。"

由于地宫一片漆黑,谁也不知道里面有没有传说中的暗箭、翻板、毒气之类的东西,所以谁也不敢第一个下去。

为保险起见,考古队有人提议从村里找条狗先放进去探路。但没成想,这狗特别凶悍,推不进去。这时,有人提议,干脆从村里抓只鸡放进去,"既不会瞎刨,也不会弄坏地宫文物。"

就这样,第一个进入地宫的既不是人,也不是狗,而是只大公鸡。

几天之后,公鸡不但没有任何危险,还能照常打鸣。考古队确认无疑后,队长赵其昌身拴粗绳,一步一探第一个走了进去。

赵其昌回忆当时情形说:"地宫里黑乎乎、雾茫茫。太寂静了,静得让人心里发慌、发毛、发蒙、发憷。"

文物一一编号

　　挖掘队员随后把"圭"形门全部拆除。在漆黑夜色中隐藏了300多年的地宫终于暴露在光亮之下。孙宪宝回忆，在六道手电光照射下，大家来到门前，终于看清了它的本来面目。原来这是用整块汉白玉做成的两扇石门。每扇大门雕刻着纵横九九81枚乳状门钉，两门相对处的门面上，雕有口衔着圆环的兽头，使石门显得格外庄严和威武。

　　有人走向前轻轻推了下石门，不见任何响动。将手电光沿两厘米宽的门缝照过去，只见有一块石条把大门死死顶住，无论使出多大力气，都无法将门推开。

　　翌日，8名考古队员骨干重聚汉白玉门下。考古专家白万玉根据查阅的历史资料断定，这是一块所谓的"自来石"将门别住了。要打开这扇门，必须利用"拐钉"把它钩起来。

　　"拐钉"，顾名思义，一定是个带弯的东西……

　　于是人们找来一根小手指粗的钢筋，把顶端弯成半个口字形，一头拴着绳子。白万玉先把拐钉立着从门缝里插进去，再转过来，套住顶门石的腰部，然后把外面多余的铁丝边弯边往里送，慢慢地，铁丝的头回转过来，形成了一个完整的铁丝圈，再把铁丝圈拧死，这样就做成了一个套牢顶门石的圈。几个人控制着铁丝圈，防止顶门石倒下摔坏，其他人用竹板顶着顶门石的上端，用力去推。顶门石慢慢离开石门，再慢慢推门，几次反复，门被推开有两尺多宽了。

　　这时，年龄最小的孙宪宝进去，移开了顶门石，并用身体顶住，让其他人把门彻底推开，至此，关闭300多年的地宫大门终于敞开。

　　打开了地宫大门，就意味着挖掘工作宣告成功。下一步，该清理地宫中的珠宝、文物了！有人会想，第一批进入地宫的人是否会贪图私利，偷偷顺走哪怕是随便一样东西？

　　"电影中经常出现的哄抢局面在当时并未出现，大家肩负的都是国家使命，没人往那方面想。"孙宪宝说。进入地宫看到的第一眼，也并非满眼的黄金珠宝，而是腐烂的枕木，以及三个硕大无比的朱红色棺椁。里面分别是万历皇帝和他的两位皇后——孝靖皇后与孝端皇后。旁边整齐排列着皇帝生前用过的器皿、玉器等。

　　为了确保国家文物安全，赵其昌和其他几个负责人组成了临时监管组，赵其昌负责拍照和文物编号，其他人负责文物提取和安放，只有组员全部到位后，工作才能进行。

　　这也使得收集清理工作进展非常缓慢。

　　据悉，此次挖掘，共从定陵地宫出土4000多件文物，万历金冠、凤冠、夜明珠和明三彩等四大宝物都很健全。

国宴改革菜谱越来越简化

■ 刘 杰

奶油芦笋汤、中式豉椒牛排、栗茸酥金枪鱼卷、珍菌香瓜盅——这是奥运会闭幕式前，胡锦涛为参加闭幕式的外宾设的奥运国宴。

相比八菜一汤的纯中式"开国第一宴"，奥运国宴显得中西合璧。

60年的岁月里，饭菜的清香始终弥漫在大大小小的国宴中，却被宴会主人和客人的尊贵身份的光芒所遮挡。

国宴是外交活动的一部分，不能出半点差错，因为国宴的品质，在一定程度上保障了外交的顺利。孙应武担任总厨师长时曾奉献了诸多丰美的国宴。

拨开政治的风云变幻，国宴餐桌上，美食依然飘香。

首次见识国宴

建国15周年的国庆招待会，是孙应武与国宴的第一次相逢。

彼时，孙应武18岁，是人民大会堂培养的第一批"嫡系厨师"。由于技术不成熟，15周年的国宴，人民大会堂从北京各大饭店征调了一批老厨师，准备国庆宴会。

近半个月的准备中，孙应武等小厨师的工作，就是带着饭店厨师熟悉厨房环境，帮他们联络、协调找好固定位置。

"每家饭店准备的菜，原料都是他们自备带过来的。"孙应武回忆说。国宴前一天，厨师们整夜呆在厨房，只是抽空睡了一会儿，就大展身手工作了。

9月30日晚上7点，国宴厅开始忙碌。国务院秘书长等人在迎宾厅迎接客人，毛泽东和主宾席首长入席时，明快的欢迎曲在厅堂舒缓流出。

稍后，仅有的两道热菜上桌，国宴气氛达到高潮。约两个小时后，国宴接近尾声。毛泽东和主宾席的全体人员集体祝酒，《东方红》乐曲声响起来。

外交部公开的档案显示,建国15周年的国庆招待会菜谱报送国务院后,没有在外交部存档。至此官方资料已无法查证。

孙应武站在国宴厅门口,第一次如此近距离地看到了毛主席等国家领导人,内心抑制不住地激动。时隔多年,他已然不记得当时的菜谱。

他是第一次出安徽。老家在芜湖,初中时辍学学厨,三年期满分配在一家饮食服务部工作。

1964年年初,人民大会堂要在全国各地选调一批人员,培养成为"嫡系部队"。

从学冷菜开始

人民大会堂外表的庄严雄伟,令刚到北京的孙应武震撼不已。二层最大的国宴厅两侧都是厨房,进了厨房,孙应武看到的是,依然使用砖块砌成的灶台和水池,木制的普通案板,普通的木头蒸笼。

孙应武刚来时,并没有进厨房,而是去军训。

来自全国各地的近百名人民大会堂新员工,被编成几个班、十多个小组,统一进行军训。

早晨6点要出操,然后是学习,包括政治学习和文化学习。"政治学习,就是我们国家当时的方针政策,还有人民大会堂内部的规章制度。"

"还学英语呢,其实也只是简单的几句。"孙应武说自己差不多快忘记了。因为是厨师,不像服务员学得多,只需学会打招呼、帮忙指路即可。

三个月后,孙应武终于进厨房学习做冷菜。"人民大会堂的冷菜有300多种,八大菜系的所有冷菜基本都有,只是做法有所改变。"

孙应武开始成为小学徒,跟在老厨师后面学习调味和装盘。以专门学过淮扬菜的基础来说,国宴厅的冷菜并不难学,难的是掌握合适的度。

● 那一刻

1964年9月30日晚7点,国宴厅开始忙碌。国务院秘书长等人在迎宾厅迎接客人,毛泽东和主宾席首长入席时,明快的欢迎曲在厅堂舒缓流出。稍后,仅有的两道热菜上桌,国宴气氛达到高潮。

● 亲历者

孙应武

1948年出生于安徽芜湖,少年开始学做菜。1964年,人民大会堂国宴厅在全国各地征调员工,孙应武入选,进入国宴厅做冷菜。1981年,人民大会堂改制,孙应武成为史上第一任人民大会堂国宴厅总厨,2007年退休后任中国烹饪协会副会长。

人民大会堂要把各个菜的精髓加以融合，制造一种适用于国宴环境的风格——堂菜，其特点是清淡、软烂、嫩滑、酥脆、香醇、口感温和不刺激。

比如川菜中的怪味鸡，本来应该是麻辣爽口的。来到国宴厅，就得变样。"得把麻辣味调低，花椒辣椒要少放，味道尽量清淡些。这样吃起来，仍旧是怪味鸡的味道，但是口感就清爽多了。"

孙应武跟在老厨师的后面，亦步亦趋。老厨师调好一道菜，孙应武先是用眼睛看，是什么颜色，大致放了什么调味品；然后放进嘴里尝，看看各种调味品大致的用量。"40多年以前都是凭感觉。"孙应武说，后来部分堂菜逐渐有了标准：什么菜该放什么调料、放多少调料。

给新国厨留下最初印象的，还有不可或缺的"取餐细节"。这是为了保证国宴菜品的安全性。每次切菜时，都有两名专职化验员，用镊子取两片菜装在盒子里；菜做好后，他们又过来用镊子取一些，放在培养基里保存好。等到国宴结束24小时后不出问题，菜样才被销毁。

鲍鱼国宴

"文革"开始后，外事活动断绝，国宴近乎停滞。直到1972年，中美关系破冰，美国总统尼克松访华。早在前一年年底，中国已经为这次宴请尼克松做准备。外交部打听到美国人喜欢海鲜，决定准备1000公斤新鲜黄海鲍鱼备用。

辽宁省长海县獐子岛人民公社的潜水队接到了采捕鲍鱼的任务。在零下20多度的天气下，他们进行了数十次采捕，终于在1972年1月底采来了1500公斤鲍鱼，并从中挑选出1000公斤精品，运到北京。

1972年2月21日上午11点半，尼克松携夫人飞抵首都机场，他"寻求和平的旅行"正式开始。

人民大会堂国宴厅再次被启用。当晚，周恩来在国宴厅隆重宴请尼克松一行。

30年后，美国国家档案馆公布了一批秘密档案，显示当晚的国宴菜单为：冷盘7道，黄瓜拌西红柿、盐封鸡、素火腿、酥鲫鱼、菠萝鸭片、广东三腊（腊肉、腊鸭、腊肠）、三色蛋（松花蛋）；热菜6道，芙蓉竹荪汤、三丝鱼翅、两吃大虾、草菇盖菜、椰子蒸鸡、杏仁酪；点心7道，豌豆黄、炸春卷、梅花饺、炸年糕、面包、黄油、什锦炒饭；水果2道，哈密瓜、橘子；酒水8种，茅台酒、红葡萄酒、青岛啤酒、橘子水、矿泉水、冰块、苏打水、凉开水。

孙应武当时在冷菜间任组长。他们是在半个月前接到外交部的命令准备晚宴。

一周后，准备工作进入"务实"阶段。孙应武组织厨师们洗菜、切菜、调味和装盘。"即便是冷菜，也得在成熟24小时之内上桌。"

热菜更复杂，以三丝鱼翅来说，先要精选上等的冬笋、鸡胸肉、火腿肉，切成和鱼翅相等的细丝，再把冬笋的涩水处理掉，把鸡胸肉加调料腌制好，最终上菜时，把鸡丝、冬笋、火腿爆炒，用以辅佐焖好的鱼翅。

"堂菜的鱼翅做法很讲究，基本保持了谭家菜的风格。"孙应武说。要用鸡肉、鸭肉、火腿、蘑菇等配料，小火焖煨约10个小时，这样一来，出锅的鱼翅清香四溢，入口浓香。

时隔多年，尼克松在其回忆录中，还谈到在中国国宴上与周恩来喝茅台酒的趣事。在最后一次告别国宴上，尼克松发表祝酒词说："我们在这里已经一周了，这是改变世界的一周。"自此，中美关系的坚冰已然消融。

厨师长负责制

越来越多的国家与中国建交后，国宴厅的使用频率也越来越高。孙应武回忆，一年下来，至少也有五六十次。

为了同社会上的厨师进行交流，人民大会堂决定改制，变为厨师长负责制。"不再叫组长、科长，统一改称厨师长。"

大会堂需要一个总厨，1981年时任热菜组组长的孙应武被领导叫到办公室。"领导问我，愿不愿意挑起这个担子。我说愿意。"

国宴是外交活动的一部分，不能出半点差错，刚担任了总厨师长的孙应武感觉压力倍增。因为国宴的品质，在一定程度上保障了外交的顺利。

从组长升为总厨师长，意味着要处理好三重关系。一是工作的性质决定了他在任何时候都不能出半点差错；一是国宴厅人员结构复杂，总厨师长要想办法调动所有人的工作积极性；一是技术问题，堂菜的质量要逐日提高，让客人吃完感到满意。

每次筹办国宴，孙应武先是从外交部拿到要宴请的人员名单。然后按照客人的不同地区、宗教信仰、风俗习惯甚至个人爱好，斟酌四菜一汤如何搭配。

一个小小的资料库，写着每位客人对国宴的反馈意见。厨房把它们收集起来，如果客人再来，就会参考上次的反馈。提到资料库的好处，孙应武笑了，"基本上，每个国宴上都有一道客人比较偏爱的菜，他爱吃清淡，我们就偏淮扬菜、粤菜风格；他口味偏重，我们就选味道厚重的川菜、鲁菜"。

比较有意思的是厨师长们一起开发新菜品。10多个厨师长凑在一起，讨论如何改进菜品。你一言，我一语。"富贵龙虾就是我们开发出来的。"孙应武

说，当时吃龙虾的方式很单一，要么是刺身，要么是白灼，要么是爆炒。厨师长试着把龙虾和蟹钳搭配在一起，拼成味道、外观、营养都丰美的新菜。

国宴改革

仅在1949年的开国第一宴中，热菜上了八道——红烧鱼翅、烧四宝、干焖大虾、烧鸡块、鲜蘑菜心、红扒鸭、红烧鲤鱼、红烧狮子头。此后为厉行节约，周恩来定下国宴规矩——四菜一汤，菜指的是热菜，冷菜和点心水果不包括在内。

此后，这一规定基本维持下来。

菜品虽然厉行节约，但每次宴请的人数都很多。因为当时国宴有个不成文的规定，无论接待哪一国的外宾来访，外交部都要邀请所有驻华大使夫妇、驻华代表团。"这样一来，每次国宴人数都达到1000以上。"

1959年7月9日，外交部向中央递交了《关于调整平时接待各国元首和政府代表团的礼遇安排的建议（草案）》，其中的内容有："目前接待工作存在着一些脱离实际和比较繁琐铺张的缺点。宴会多，陪同人员多，繁文缛节多，饭菜过于丰富。另外，接待标准偏高。每次外宾来华，我接待单位举办宴会、便宴和陪宴次数太多，其间便宴和陪宴甚至多达五次。"

直到1978年9月，国宴改革方案才正式实施——外国国家元首、政府首脑访华，中方不再通知各国驻华使节参加迎送；为来访国举行的国宴，只邀请来访国驻华使节和使馆部分外交人员出席（1990年后增加邀请来访国周边友好国家驻华使节）。

其间，外交部于1984年对国宴标准进行了具体而明确的规定。规定总宴请时中餐四菜一汤，西餐一般两菜一汤，最多为三菜一汤；国宴一律不再使用茅台等烈性白酒。

这个规定一直维持至今。2008年8月8日中午12点，胡锦涛在人民大会堂摆开奥运国宴，宴请包括80多位国家元首在内的175名贵宾。

菜谱简化到三菜一汤——冷菜有水晶虾、腐皮鱼卷、鹅肝批、葱油盖菜和千层豆腐糕，汤食瓜盅松茸汤，热菜有荷香牛排、鸟巢鲜蔬、酱汁鳕鱼。这顿中西合璧的菜单，引发中外媒体的纷纷评论，甚至有媒体以罕见形容之。

孙应武不以为然。在奥运之前，已经退休的他被邀请回国宴厅，参加了关于奥运菜谱的讨论，"我认为最后定的这个菜谱，更多的是考虑了外宾的饮食习惯。一般的国宴，还是以中餐为主。就连荷香牛排，其实也是中西结合的做法，并非正统西餐"。

中西之辩中传承岐黄之术

■ 欧钦平

近代以来，随着西医被当做西方现代文明的一部分引入中国，并日渐在国家卫生体制中占据主导，中医开始退居边缘，其科学性亦屡遭质疑。

作为中国传统文化的一部分，延续数千年的中医将如何自存自保，已经不再是一个局限于医学领域的大命题。

作为中西医结合的早期倡导者，施今墨和他的传人们，为这个命题的破解做出了不懈努力。

中医存废纷争百年

施小墨和同仁堂合作开办的中医馆，位于北京CBD核心区的建外SOHO。钢筋水泥楼群里，上下两层的中医馆偏于一隅，大红雕花的木质门窗典雅华贵，别具一格。一楼售药，二楼由20多名中医轮流坐堂，其中多数为施派传人——施小墨之父、京城四大名医之一的施今墨嫡传及再传弟子。

中医馆上午8点半开门，7点刚过，门外已经有人排队候诊。其实他们不需要来那么早，中医馆采取电话预约，一般不接受现场挂号，患者往往是几天前就预约好的。施小墨说，这是为了防止号贩子从中牟利。

少则100元、多则300元的诊费不算便宜，前来求治者仍络绎不绝，年过花甲的施小墨一个上午要看30名左右的患者，加班加点乃是家常便饭。

名医联手名店，品牌效应自是非同寻常。不过施小墨明白，他的中医馆里所见的繁荣景象，并不说明当今中医界整体繁荣。从他父亲所处的那个时代开始，人们对于中医的质疑就从未停止。

就在3年前，一场中医存废之争曾广受关注。

2006年4月，中南大学教授张功耀发表题为《告别中医中药》的文章，认为中医中药既不科学又不安全，"呼吁国人自觉告别中医中药"。

此番言论随即在网上引发激烈争论，众多专业人士纷纷著文反击，有网友甚至将

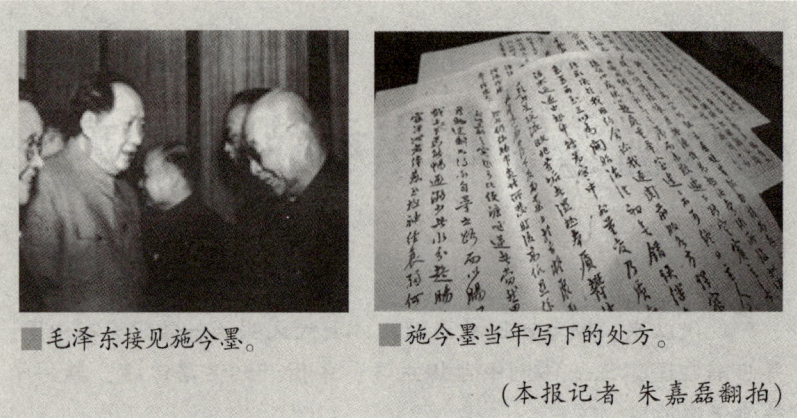

■ 毛泽东接见施今墨。　　■ 施今墨当年写下的处方。

(本报记者　朱嘉磊翻拍)

张功耀斥为"汉奸"和"卖国贼"。

当年10月，张功耀在网上发起签名征集活动，建议有关部门采取措施，让中医在5年内全面退出国家医疗体制，回归民间，同时立即停止中医药研究。

与之形成呼应的有方舟子等人，这名一直对中医持批判态度的留美生化博士表示，中医的惟一出路是"废医验药"，即废弃中医的理论体系，并用现代医学方法检验中药和其他中医疗法的有效性和安全性。

对于网上签名征集活动，有关部门迅速出手予以叫停。卫生部新闻发言人表示，坚决反对这样的言论和做法，认为这是对历史的无知。

国家中医药管理局新闻发言人更措辞严厉地表示，这是一场"数典忘祖的闹剧"。

看得好病是硬道理

在这场争锋中，身为中医的施小墨态度相对淡然。类似的争论他父亲80年前就遭遇过，父辈的经历给了他经验和自信，他也更愿意讲述父亲当年的故事作为回应。

1929年2月，国民党中央卫生委员会在南京召开会议，通过了内政部卫生委员会委员余云岫等人提出的"废止旧医案"。余云岫称，"旧医所用理论，皆凭空结构，阻碍科学化。旧医一日不除，民众思想一日不变，卫生行政不能进展。"他还拟就"请明令废止旧医学校案"呈送教育部，要求禁止开办中医学校。

消息一出，天下哗然，中医界迅速发起"反废止"运动。作为华北中医请愿团的代表，施今墨从北平前往南京请愿示威。

颇富戏剧意味的是，当时正好碰上汪精卫的岳母患上恶性痢疾，每天腹泻不止，很多著名西医看过之后都没什么效果，病人已奄奄一息。有人向汪精卫推荐施今墨，但汪一开始并不相信中医，后来在妻子陈璧君坚持下，才答应请施今墨试试。施今墨把了把脉，确认患者病症后当即开了10天汤药，果然药到病除，这让原本支持废止中医的汪精卫大为折服。

迫于各方压力，国民政府最终收回成命，"废止旧医案"不了了之，48岁的施今墨"一诊成名"。

如今"废止中医"之声再起，施小墨和父亲一样相信一个简单的道理：只要给人看得好病，中医就能生存下去，"看得好病是硬道理，看不好病谁都不信。"

施小墨说，作为反对"废止中医"的代表人物，父亲其实并非泥古不化的人。反观施今墨的家世和经历，时代也不允许他墨守成规。

施今墨生于一个官宦之家，外祖父李秉衡官至山东巡抚。八国联军入侵北京时，李秉衡进京勤王，战败后自杀殉国。这样的国恨家仇，让施今墨警醒：守旧必然落后，落后就要挨打。

1902年，学习中医多年的施今墨进入山西大学堂接受新式教育，后转入山西政法学堂，1906年保送进入京师政法学堂。在京期间，他加入同盟会，为推翻清政府奔走。辛亥革命后，他协助黄兴制定陆军法典、出任湖南省教育厅长、创办香山慈幼院，成了一名积极的社会革新家。

1921年，对时局失望的施今墨弃政从医，悬壶京城。虽然退隐江湖，在医学上也是以一名革新家的形象出现。

三代践行中西医结合

据施小墨介绍，父亲并未接受过正规的现代医学教育，他对西医的认识大多源于实践。在十分讲究师承和家传的中医界，他提倡的中西医结合一开始并不被认同。

他首先倡导统一中西医病名。施今墨认为，中医在疾病分类学上过于笼统，比如说胃病，中医就叫"胃脘痛"，可是按照西医来讲，胃炎、胃溃疡、胃癌

● 家庭介绍

施今墨

1881年~1969年，浙江萧山人，与萧龙友、孔伯华、汪逢春并称京城四大名医。

施小墨

1945年生，施今墨之子，同仁堂命名的中医大师。兄弟姐妹8人中5人行医。施家第三代亦有4人行医。

等等都会出现"胃脘痛"的症状,西医在疾病分类学上更加标准和规范。

在长期实践过程中,施今墨还独创了一套西医辨病与中医辨证相结合的诊疗方法。

施小墨举例说,比如肺炎,中医称之为"肺热",可是很多问题可能都会表现出"肺热"的症状,但西医的诊断可以借助X光,还可以通过化验,看白血球是否正常,疾病诊断非常标准。

然而针对同一疾病的不同发展阶段,中医辨证又有它的灵活性,比如说肺炎初期,中医认为这属于表证,需要解表;发展到中期,病人发高烧,咳嗽非常厉害,中医认为这是里热证,需要清里热;病人快好的时候,中医认为热伤阴,应该养肺阴。不同阶段有不同的治疗方法。

施今墨的努力,就是希望将西医的标准化和中医的灵活性结合起来。

解放后,施今墨等人提倡的中西医结合日渐得到重视,被确立为国家医疗卫生事业的一项基本方针。

中西医结合的路数,也体现在施今墨对子女的指导上。作为家里最小的孩子,施小墨就是遵照父亲意见,考入首都医科大学医疗系学习西医。

"中医嘛,他说在家里就能教我,可是西医的课程,不经过系统的学习不容易学好。"大学毕业后,施小墨回归父亲的老本行,进入北京中医医院。

上世纪90年代中期,施小墨离开医院,开办了自己的中医诊所。也正是从这个时期开始,随着国人对传统文化的重新审视,中医迎来了新一轮发展机遇。

养生保健,被施小墨确定为自己的研究重点,"父亲很早就有治'未病'(未来之病)的思想,这也是中医的优势所在。"

施小墨根据父亲多年的经验,和同仁堂合作开发出一款养生保健的高端中成药"御品"。据施小墨介绍,当年何香凝、冯友兰等老先生就吃过他父亲研制的这个药,效果不错,现在在高端市场也颇受欢迎。

2005年,施小墨与同仁堂合作开办的中医馆落户建外SOHO。坐堂医生中,包括他的七姐施如瑜,以及两名外甥女。今年6月,同仁堂命名20名中医药大师,64岁的施小墨是其中年龄最小的一位。

施小墨掰着指头数了数,大姐、大哥、三姐、七姐,再加上他自己,一家兄弟姐妹8个,其中5人行医。另外3人当老师,还都是教生物和化学的,施家第三代也有4人行医,这都与他父亲的影响不无关联。

复兴中医三件事

身为中医革新家的施今墨,在中医教育领域亦用力颇深,开创了社会性开放式的新型中医教育模式。他与京城名医萧龙友、孔伯华联手创办北平国医学院,两年后另立门户创办华北国医学院。至 1949 年北平解放，华北国医学院历时 17 年，共有 300 多人毕业，日后多数成为中医界的中坚力量。

办学过程中，施今墨同样非常重视中西医融合，学生课程中中医占 7 成，西医占 3 成，并开设德文和日文课。

施小墨说，父亲常常念叨的有三件事：编书、办医院、开学校。"编书为保存过去经验，办医院为应用现在经验，开学校为推广未来经验。"

解放后，施今墨多次上书周恩来及卫生部门，他的这些想法逐一得以实现。1956 年，四大中医学院相继在成都、上海、北京、广州成立。施今墨还向周恩来举荐，将自己的大女婿、著名中医祝谌予从云南调回北京，担任北京中医学院首任教务长，组织编写了最初一批中医教材。与此同时，在施今墨等人倡议下，各综合性医院开始增设中医科，北京中医医院等综合性中医院也开始动工。

医者当但见病人

20 世纪 50 年代初，施今墨出任周恩来等多名中央领导的保健医生。而他担任中医顾问的北京医院，则承担着众多高干的医疗保健任务。

随手翻翻老人当年留下的病历号登记本，一眼就能看出这是一份怎样特殊的使命，何香凝、傅作义，刘伯承夫人汪荣华、开国上将李天佑、早期工运领袖李立三等人的名字，不时散见于患者名单中。

不过，施小墨说，父亲很少跟他们谈论这些。他并不愿意将这些经历当作典故传播，他一直教导儿女，在医生眼里，患者不应该有高低贵贱之分。

这样的言传身教影响到他的众多门人弟子。据施小墨回忆，"文革"期间胡耀邦遭受迫害，大姐夫祝谌予因为给胡耀邦看过病，受到"造反派"攻击，祝谌予不为所动，说自己是一名医生，治病救人乃是天职，"他搬出毛主席语录，说即便是阶级敌人，也应该发扬'革命的人道主义'。"

父亲面对患者时的认真和谦卑，至今让施小墨感慨良多。病人前来求诊，进门时他必起身相迎，出门时必起身相送，"现在医生是爷，很少有人能够做到那样了。"

他找出父亲执掌华北国医学院时制订的"医戒十二条"，一字一句读道：

"医者以治病为务，故当但见病人，不当以其富贵贫贱而有所歧异，贫贱人双行之泪，不让富贵人一握之金……"

小平您好——语道出人们心声

■沈佳音

"小平您好",一句最简单的问候却发自肺腑。这也是当时人们共同的心声。因此,虽然它转瞬即逝,却从此铭记在人们心里。

在亲历者眼里,历史的发生也许有很多偶然性。但历史之所以能成为历史,则有其必然性。

历史在这里定格

1984年10月1日。中断多年的国庆大典再度盛大上演。绚丽的彩车,整齐的方队,威武的坦克,还有首次亮相的洲际导弹和卫星,依次从天安门前通过。

《人民日报》摄影记者王东在金水桥南架好了拍摄器材。他将一个1000毫米的长镜头对准了城楼,以便及时捕捉到党和国家领导人的特写;又在脖子上挂了一台装了标准头的莱卡M3,用来随时拍群众场面。

人们情绪高涨,举着"改革开放"、"2000年翻两番"这样的大横幅,挥舞着花束,昂首阔步地走过来。

突然,人群中一阵喧闹。"小平您好",一群朝气蓬勃的年轻学生面朝天安门,高举着这条朴素而特别的横幅。

北京大学生物系1981级学生张志排在方队第一个。这时,他停下脚步,回过头来,和同学们一起欢呼,笑容灿烂。他们昨晚的心思终于如愿地展示在世人面前。

这是两次预演都没有出现过的,看上去也不那么正规。电视镜头扫过横幅,马上意识到这是规定之外的"动作",立马切换画面。现场很多记者一下子都愣住了。

"有点意思!"王东来不及细想,"咔嚓、咔嚓"摁了两下快门。历史就在这1/125秒中定格了。

数秒钟后,横幅就消失了。大学生们兴高采烈地继续向前拥去。这么几秒钟的一闪而过,成了那一年最响亮的口号。因为它第一次用最亲切的话语道出了那个年代人们的心声。自此,它也深深地刻在了人们的记忆里。

王东手拿照片《小平您好》讲述当时拍摄的情景。（本报记者 朱嘉磊摄）

横幅诞生

横幅是张志和他的同学一起制作的。从1984年上半年开始，他们就在为国庆游行做准备，主要是走队列和练集体舞。

9月30日是最后一次排练。指挥部要求他们明天走过天安门广场时都挥舞蓝色的花束。因此，晚上同学们一起聚在宿舍里扎花。"都是一样的颜色，我们都觉得有些单调。"

这时，一个叫常生的北京同学从家里回来。他看到花直皱眉头。"太没创意了。应该写句标语，做条横幅，让全世界都看到我写的字。"大家都举手赞成。

1981年3月20日，当广播里传来中国男子排球队在关键战先输两局后，连扳3局，最终战胜朝鲜队，取得参加世界杯排球赛资格时，北大学生喊出了"团结起来，振兴中华"的口号。

这次写点什么呢？大家七嘴八舌地议论起来。"教育要改革"、"改革要加速"、"加快改革开放步伐"……一个个口号提出，又迅速地被否定。隔壁宿舍的几个同学也加入进来。

这时，有人建议表达一下对邓小平同志的爱戴之情。他们都是改革开放的受益者。1975年，邓小平刚复出整顿经济时，张志就听父亲在家里偷偷赞扬邓小平的决策正确有效。这在12岁的张志心里留下了很深的印象。

紧接着，是恢复高考。"有盼头，有希望了。"张志的父母不再被认为是知识分子臭老九，他自己也顺利地考入了北大。

"邓小平万岁！""都什么年代了，还搞个人崇拜！""要不就问声好吧。"提议获得了大家的赞同。

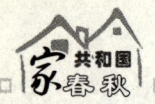

"尊敬的邓小平同志,您好!"又觉得句子长了点。于是,简化成:"邓小平同志,您好!"同学们越发兴奋,干脆把姓氏也省略掉,直呼:"小平同志,您好!"

于是,常生拿来一张纸,找不到那么大的毛笔。他就把抹布卷在棍子上,蘸着墨汁,写下了"小平同志您好"六个大字。

没有做横幅的布。他们就瞄准了一个同学的新床单。把六个字往床单上一比划,发现床单不够长。"要不把'同志'两个字也省去吧。"

本来很热闹的宿舍里,一下子静了下来。"那时候,我们平时说话都不会直接称呼国家领导人的名字,一般都会加上职务。直接称小平显得很冒昧。"

不过,他们再一想,又觉得没什么。毕竟这是对领袖最真诚的问候。于是,他们就用订书机把"小平您好"四个大字订在了床单上。

庆典展示

第二天的国庆大典必然是人山人海。为了能让更多的人看到"小平您好",他们又卸下蚊帐竿,将横幅绑在顶端。到时候,再由高个子同学高高举起。

按规定,国庆游行不许私自夹带东西。于是,为了将横幅带进场,他们又开始"密谋"。他们先是在竿子顶端点缀了一些纸花,再在竿上缠满彩带。于是,横幅就被伪装成了一把巨大的花束。

郭建崴和曾周两个个子较矮的同学负责携带。几个高个子同学将他们团团围住做掩护。此时王东也在忙碌着。

他直到下班前才获得了这次国庆大典的采访证。天安门前为记者准备的台子已经没有他的位置。他赶紧四处找人帮他做一个一米见方、两米高的台子。深夜,他将赶制好的台子送到金水桥前。

第二天,10月1日。天有些阴。清晨,张志他们从城西前往天安门。他没想到他们的举动将永载史册。

王东则从城东出发。他也没想到自己将拍下人生中最重要的一张照片。

为了将横幅顺利带进场,郭建崴和曾周特地穿上了实验室的白大褂,把横幅藏在里面。他们甚至想好了托词——如果有人问起,就说白大褂代表他们专业。

还好一切都很顺利。快到天安门时,他们又把横幅转给高个子的同学。

几分钟后,他们向世界喊出了自己的心声:"小平您好"!

"咔嚓、咔嚓!"王东连摁两下快门,记录了这一历史瞬间。

队伍欢腾起来。带队老师催着他们喊:"快跑,快跑!"

慌乱中,横幅掉到地上,再也找不着了。这也成为张志他们心中永远的遗憾。

照片见报

回到宿舍后,同学们都很兴奋。李禹开心地说,打出标语后,他看到小平同志冲他们挥手微笑了。

然而,没过多久,一个同学的弟弟打电话来说,他在西单路口看游行时,听两个警察说,北大这帮小子太胆大了。那个同学就建议他们赶紧躲躲。

于是,几个人有的回了家,有的去了亲戚家。

《人民日报》编辑部里,王东这两张"小平您好"的照片还被扔在桌上。电视直播时,编辑们都看到了这个场景。当时,他们就一起议论,这么好的画面不知道本报的记者拍到了没有。

晚上做版时,却都犹豫了。一版编辑拿起来,又放下了。四版(国庆摄影专版)编辑也将这张照片挑了出来,想了想,也放回去了。新华社和《解放军报》送来的照片里都没有这个画面。新华社和本报的文字稿里也都没有这个细节。不知道是不是有精神,不让发。

他们选了一些中规中矩的照片。画面中,欢乐的学生举着"祖国万岁!""我有一颗中国心"等标语。

"小平您好"眼看就要被淘汰了。最后,二版还需要几张照片。"好,就是它了!"当时的二版主编保育钧一眼就看上了"小平您好"这张照片。

10月2日,"小平您好"见报。新华社紧接着也深入采访报道。"小平您好"传遍大江南北。

张志他们这才松了口气。

广为流传

照片刊发当天,王东的朋友,时任四川省委宣传部部长的许川给他打来祝贺电话,称赞王东拍了一张有历史意义的照片。果然,《小平您好》这张照片获得了当年的最佳新闻照片奖。

● 那一刻

1984年10月1日。中断多年的国庆大典再度盛大上演。绚丽的彩车,整齐的方队,威武的坦克,还有首次亮相的洲际导弹和卫星,依次从天安门前通过。突然,人群中一阵喧闹。"小平您好",一群朝气蓬勃的年轻学生面朝天安门,高举着这条朴素而特别的横幅。

● 亲历者

张 志

北京大学生物系1981级学生,现为一药厂负责人。

新华社摄影部在1984年国庆报道的总结中说:"这次报道中的重要失误,是漏拍了北大学生高举'小平您好'横幅游行的场面。在浩浩荡荡的游行队伍中,这条横幅比起那些巨大的模型和彩车,的确是过于朴素了,然而它在国内外人们心目中的反响,却异常强烈。电视台的摄影师和《人民日报》的摄影记者分别通过荧屏和照片突出地表现了这条横幅,新华社却发不出一张这样的画面。漏拍这个镜头,绝非一时疏忽,症结在于新闻敏感不强。"

《小平您好》几乎成了王东的名字。每年都有不计其数的刊物使用这张照片。仅《人民日报》便刊发过7次。中华世纪坛甚至还据此做成了浮雕。

无数普普通通的老百姓给王东写来书信,表达内心的认同。浙江省江山县一位叫严肃的老同志来信说:"我1949年参加革命工作,先后任县文化馆馆长、工会主席,因'极左'路线多次受政治迫害。党的十一届三中全会后,我的处境随着党的政策的改善而改善……前年新建了二层楼房。饮水思源,我们所以能有今天的幸福生活,全靠党在新时期的政策好。我除了愿尽晚年余力进行私人办校,培养人才来报答党的恩德外,想寻求一幅《小平您好》的大照片,端庄地悬挂在中堂上,鼓舞全家对四化发挥工作积极性。"

照片在神州大地流传。天津市和平区文化馆的鲍和平还以此为题创作了歌曲:

往日失去的欢笑,今天又挂上眉梢;往日捆住的双脚,今天又踏上金桥;往日咽下的歌声,今天又跳出胸槽;小平您好!小平您好!往日冰封的土地,今天又荡起春潮;往日搁浅的航船,今天又鸣笛起锚;往日失落的一切,今天又加倍来到;小平您好!小平您好!

《没有共产党就没有新中国》的作曲曹火星还特地为这首歌谱了曲。

《小平您好》就此留在了人们心里。张志如今已是北京一家药厂的老总。在其公司一进门的楼梯上,《小平您好》悬挂正中。

张志说,并非是他们打出横幅,创造了历史,而是因为他们是在向邓小平致敬。那是小平的力量。

张志很感激邓小平。1992年,邓小平南巡讲话后,张志便辞职下海,创办药厂。在此之前,民营企业涉足制药业是绝无可能的。

"发展才是硬道理。"小平同志的这句名言一直摆在张志的办公桌上。

史诗《东方红》传颂红色经典

■ 易 靖

在《东方红》的音乐声中,舞台的大幕缓缓拉起。五朵"向日葵"立在舞台中央,旋即开始舞蹈。舞台的背景,是一轮红日。

《葵花向太阳》的开场歌舞之后,林中华的朗诵声响起。

"在毛泽东时代,祖国的人民多么幸福,祖国的江山多么壮丽。可是,我们怎能忘记过去的苦难,怎能忘记毛主席带领我们跨过的万水千山!"

直到今天,朗诵起《东方红》中的片段,他的声音仍然高亢有力。

1964年,他和白慧文加入大型音乐舞蹈史诗《东方红》筹备组,担纲朗诵。

这个包含大量革命歌曲、舞蹈的音乐舞蹈史诗在人民大会堂连演14场。此后,《东方红》中的歌曲《南泥湾》、《长征组歌》等广泛传唱。

面试

"有一个朗诵会,你去参加一下。"1964年8月中旬,白慧文接到领导通知。

当时,白慧文在总政话剧团,经常参加各种朗诵表演。稍做准备后,她来到了西三环的外国语学院参加朗诵会。进场后,她就感觉不太一样:台下没有多少观众,只在前排坐着几个人。她朗诵了一首诗——《接近》。朗诵完后,下面的人也没说什么。等其他表演者朗诵完后,她就回家了。

"你被挑上了!"几天后,领导兴奋地对白慧文说,那次朗诵会就是为了挑选国庆大歌舞的朗诵者。在此之前,曾在全国范围挑选了好多人,算是进行了"海选"。

此时,林中华所在的总政歌舞团正准备去苏联访问演出。因为当时中苏关系恶化,演出被取消。国庆大歌舞的排练已于8月12日开始,还差一位朗诵者没有确定。因为曾在大合唱中担纲大段朗诵,林中华被领导要求去接受面试。林中华来到西苑旅舍(现西苑宾馆)10号楼,找到国庆大歌舞指挥部。他朗诵了几首毛主席诗词和《黄河大合唱》里的一段之后,导演组的几个人让他回团里等消息。

■音乐舞蹈史诗《东方红》剧照。(新华社记者 陈娟美摄)

第二天,林中华接到通知,到西苑旅舍报到。

从此,林中华、白慧文住在西苑旅舍,开始封闭排练。

此前的1964年7月18日,周恩来在国务会议上提议,创作一部大型歌舞作品,向国庆15周年献礼。7月31日,周恩来总理亲自"点将",初步拟定了一个由13人组成的领导小组名单,成立国庆大歌舞指挥部。

这是为国庆15周年献礼的巨作,白慧文、林中华都很卖力地参与排练。这时,已经是8月中旬,距离指挥部定的9月15日彩排,只有一个月左右。

AB 角

为了完成这一任务,指挥部集合了当时全国的艺术精英。朗诵词由魏巍、徐怀中、阮章竞、贺敬之、乔羽等人创作。作曲方面,有安波、马可、吕骥、时乐蒙、严克等10来个作曲家参与。

在集体讨论的基础上,周巍峙写出了全剧大纲一稿。后经多次讨论,数易其稿,到第九稿时,才定名为《东方红》。总体思路是,收录大量革命歌曲、编排舞蹈、配以朗诵,以歌舞音乐的形式来表现革命成功之路。

在大纲不断修改的过程中,排练一直在进行。白慧文说,朗诵词都是当时最著名的诗人创作的。拿到手后,她和林中华再琢磨怎么用声音来表现。但是,往往是他们晚上刚琢磨好怎么表现,第二天上午又通知说词儿改了。

在第二场"星火燎原"中,开场朗诵原文是:"工农兵奋勇前进,大革命汹涌澎湃。

突然间,天空出现了乌云,大地卷起了狂风——蒋介石背叛了革命,大屠杀开始了。党和人民在遭到敌人突然袭击的时候,不能组织有效的抵抗。大革命失败了。"后来,领导改了两句话,一是"蒋介石在帝国主义指使下背叛了革命",一是"陈独秀投降主义路线使党和人民在遭到敌人突然袭击的时候"。

白慧文说,领导告诉她,这样改更符合事实。陈独秀投降主义是大革命失败的内因,不提内因是不合适的,也不符合毛主席的内因对事物发展变化起决定作用的思想。

很快,林中华和白慧文适应了这种工作。正在他们为能完成这项"光荣而艰巨"的政治任务而高兴时,朗诵组进了一男一女两名新人。此后,林中华和白慧文排练时,这两名新人在另一个屋子排练,内容一样。双方在暗地里较劲儿,比谁的声音更高亢有力,比谁的感情色彩更加丰富。

"我们两组就是AB角。"林中华明白,谁上舞台还不定,只能更努力了。

首演

歌舞等节目的排练也在紧张进行。3000多名表演者分散在各个排练场,练好"内功",准备合练、彩排。

临近彩排,白慧文和林中华得知,他们是A角,只要不出意外,就是他们上。两人异常兴奋,格外保护自己的嗓子,不吃辣椒,注意休息。林中华说,除了朗诵,他们很少和人说话。

接下来是8次带观众彩排。在林中华的印象中,A角、B角出场次数差不多。9月26日,总理等人确定了最后一次定稿。此时距离首次演出,还有一周的时间。

10月2日下午2点多,3000多名表演者一起进入人民大会堂,开始准备当晚的首场正式演出。A角

● 那一刻

1964年10月2日,大型音乐舞蹈史诗《东方红》在人民大会堂首演。此后,《南泥湾》、《长征组歌》等广泛传唱,成为红色经典。

● 亲历者

林中华

78岁,原总政歌舞团演员。1964年入选《东方红》筹备组,担纲朗诵。

白慧文

78岁,原总政话剧团演员。1964年入选《东方红》筹备组,担纲朗诵。

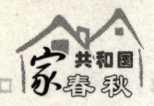

林中华、白慧文准备上台。

白慧文说,当时心里紧张极了。词儿是新改的,怕不熟,打磕巴。又怕念错了,比如原来的稿子里有"日本鬼子",但当天的观众中有日本友人,要改成"敌人"。还有,那么大的舞台,一个人朗诵的时候,真怕压不住台。想到最后,如果没朗诵好,那可真是辜负领导和同事的信任啊!

在一遍遍的默念和自我鼓舞中,演出的时间到了。

当晚7点半,《东方红》在人民大会堂首演,刘少奇、董必武、朱德、周恩来、邓小平、陈毅等领导出席观看,前来参加国庆活动的各国外宾也应邀观看。

在《东方红》的音乐声中,舞台的大幕缓缓拉起。《葵花向太阳》的开场歌舞之后,林中华从后台走出,走了四步半,立定,灯光正好打在他身上,朗诵声响起。

"在毛泽东时代,祖国的人民多么幸福,祖国的江山多么壮丽……"

林中华脑海中只记得要朗诵的词,感觉舞台下是黑的,不知道周总理也在观看。全剧共18段朗诵词,林中华和白慧文未出任何差错。

首演大获成功。10月6日,毛泽东观看了演出。

主席接见

10月16日上午,白慧文等人接到通知,说将有重要活动,要穿最好的军装等着。当天下午1点多,白慧文、林中华和3000多名《东方红》演职人员离开西苑旅舍,来到人民大会堂。

到了人民大会堂宴会厅后,白慧文发现,很多中央领导同志都到了。她这才明白,是中央领导要接见他们。

曾任指挥部副主任的周巍峙回忆说,当时就三位没来,毛泽东、刘少奇和周恩来。大家等了一会儿,周巍峙准备去请他们。他来到上海厅左侧,发现气氛不一样。他看到毛泽东抽着烟在考虑问题。刘少奇在看稿子,准备修改稿子,总理在大厅边上的电话间里,讲话声音很大。

随后,周巍峙退到门外等候。在此期间,他看到毛主席和刘少奇面色凝重,而周恩来正忙着打电话。周总理打完电话,他们三个商量后,笑了笑,就出来了。周总理问毛主席,给不给他们说?毛主席说,说吧。

随后,周总理给大家讲话。白慧文说,总理挥了挥手,说要给大家报告一个好消息,大家不要把地板蹬坏了。

这个消息是:当天下午3点,中国自己制造的原子弹发射成功。

周巍峙回忆说,此前,毛泽东等人就是在等原子弹发射的消息。

白慧文说,周总理宣布完,大家欢呼雀跃。这一天,是她一生都难忘的日子。

红色经典

　　1964年10月19日,舞台版《东方红》在人民大会堂演出最后一场。至此,《东方红》在人民大会堂连演14场,场场爆满。北京电视台、中央人民广播电台进行了多场实况转播。中国唱片社、音乐出版社等都发行录音和《东方红歌曲集》。《人民日报》、《中国青年报》等全国各地的报纸,纷纷发表演出台本和剧照,还刊登了大量《东方红》的观后感。一时间,几乎所有中国人都至少会哼上一首《东方红》里的歌曲,大街小巷时常传出人们熟悉的声音。

　　1965年,在周恩来的主持下,《东方红》被拍成电影。当年国庆期间,电影《东方红》上映。

　　次年,"文化大革命"开始,《东方红》被禁。从此,林中华、白慧文不能再朗诵《东方红》,传唱的曲目在世间突然了无声息。

　　十年之后,"文化大革命"结束。又是十年之后,林中华和白慧文再次聚首——1986年,总政老干部艺术团成立,林中华、白慧文再次成为搭档。当时,上海、珠海等地邀请他们演出,《东方红》中的片段成为他们的必演节目。

　　"花篮的花儿香,听我来唱一唱"。走在各地,林中华和白慧文二人开始听到这熟悉的歌曲。收录《东方红》中的《南泥湾》、《长征组歌》、《八月桂花遍地开》、《情深意长》、《赞歌》等再次流行起来,红遍大江南北。

　　而立之年首次合作,古稀岁月仍能携手。如今,78岁的林中华、白慧文仍经常参与各种演出,担任主持、朗诵。为什么还邀请他们?林中华说,或许,观众们就想要《东方红》中的那个味儿。

　　2009年9月,他们有一个演出,朗诵《东方红》中的四个片段。虽然身体还不错,但朗诵全部18段确实有些困难了。

　　"黑暗的旧中国,地是黑沉沉的地,天是黑沉沉的天。灾难深重的人民哪,你身上带着沉重的锁链,头上压着三座大山,你一次又一次的呼喊,一次又一次的战斗;可是啊,夜漫漫、路漫漫,长夜难明赤县天……"

　　不久前,在中山音乐堂的一次演出中,当林中华朗诵到这段文字时,很多观众在下面小声地应和着。这当中,除了60多岁的老人,还有20多岁的年轻人。

中南海摄影师5张照片背后的毛泽东

■ 赵 颖

推开吕厚民的家门，迎面墙上挂着一张36寸的、他夫妻二人和毛泽东主席的合影。这是吕厚民和毛主席的第一张合影，时间是1958年初。

作为在主席身边时间最长的摄影师，10多年的拍摄生涯中，吕厚民看到了毛泽东作为一代领袖、作为一个普通人的几种状态。这里选取了吕厚民拍摄的具有代表性的毛泽东的5张照片，通过照片展现不同时期的毛泽东。

1952年——志愿军战士的拥抱

1950年春天，经由组织安排，20岁出头的吕厚民从北京电影制片厂照相科调到中南海。

吕厚民回忆说，"那时候还叫中央办公厅警卫局摄影科，当时只有侯波等少数几个人，任务比较单纯，就是为国家领导人拍摄生活、工作照片，作为资料留存，一直到1957年，实际上我是中南海警卫局的编制，就住在中南海里。我们摄影科与主席家只有一墙之隔"。

1953年5月23日，在中南海怀仁堂后面的大草坪上，中国人民志愿军文艺工作者归国观光团受到毛泽东等中央领导人的接见。那天，吕厚民发现，毛泽东的脸色一直很凝重，"毛泽东的大儿子毛岸英此前在朝鲜战场牺牲，当时的情景或许有些让主席心里难受"。

接见时，作为志愿军归国代表之一，我军在抗美援朝战争中唯一荣立一等功的女战士解秀梅荣幸地向主席献花。这位女文工团员给毛泽东献上鲜花、握手后，突然扑到毛泽东怀里，紧紧拥抱着，情不自禁地泪流满面。

对于毛泽东接见的场面，吕厚民经历过无数次，可从来没见过谁会上前拥抱毛泽东，"当时搞警卫的工作人员谁也没有想到会出现这个问题，那一刻，在场的所有人全愣住了"。

被打动的毛泽东闭上眼睛，旁边的吕厚民立即反应过来，按动快门，把这一感

■ 志愿军女战士情不自禁拥抱毛泽东。（本报记者蒲东峰翻拍）

人的场面拍了下来。吕厚民拍完放下相机，发现毛泽东还是闭着眼睛，直到同下一个文工团员握手时才睁开。

这张瞬间抓拍的照片，可见人们对主席的崇敬之情，无法自持。毕竟，上世纪50年代初期，拥抱还只是外国人的礼节。

1953年——主席与总理的默契

作为中国共产党领导人，毛主席气质非凡，形象高大，"在我看来，不管从哪个角度拍摄都很好"。毛泽东思考的时候，休息的时候，吕厚民常常抓拍下来。抓拍，也成就了一张在全国人民乃至全世界许多人心中都产生过巨大影响的照片，这也是吕厚民最骄傲、最满意的照片。

1953年，中央人民政府第24次会议在中南海怀仁堂召开。当时的照相设备比较落后，吕厚民用的是美国产的斯比格莱费克斯新闻镜箱，灯光一闪，钨丝灯泡"嘭"地冒出一股烟，拍完一张照片需要更换一个灯泡，暗箱里一次只能装两片胶片，拍完后，要立即拉开暗箱重装。"哪道工序弄不好都不行，那时候一张就是一张，如果一张程序弄不好，比如插板忘记插了，打开以后这张底片整个就曝光了。"

为了拍到珍贵的瞬间，整个会议上，吕厚民时刻保持紧绷的、高度敏感的神经。

最后一天下午散会后，台上台下的人陆续退场，吕厚民仍守在现场认真观察。他忽然看到，周恩来站起身来，没有退场，而是手拿文件，大步朝正在看文件的毛泽东走去。

直觉告诉吕厚民：机会来了，他疾步走近主席台。还没等周恩来走到跟前，毛泽东已经站了起来。周恩来先给毛泽东看自己手中那份文件，还说了几句，表情看起来很高兴。毛泽东看了文件也笑起来，还把自己桌上的文件拿起来，边说边翻了两页给周恩来看，两人愉快地交谈着。同时，吕厚民按动了快门，"这是我24岁拍的，就拍了一张，两人谈完后就离开了，根本没有第二次机会"。

吕厚民把这张照片命名为《毛泽东与周恩来》。发表后，在国内外引起强烈反响，成为上世纪50年代的一张经典照片。照片中毛泽东和周恩来并排站着，表情愉快，呈现出两人在长期合作过程中形成的默契、自然。很快，这幅照片被制成大幅招贴画，在国内外销售。"当时，这张照片家喻户晓，新华社还把它配了颜色，像年画似的摆在那里。作为我个人来讲，能在上世纪50年代初期拍到这张照片，也觉得非常欣慰。"

1954年——北戴河的家庭温馨

在吕厚民的拍摄过程中，他强烈感受到毛泽东作为一个普通人、一个长者、一个父亲的平实、亲切。

毛泽东从不干涉吕厚民的拍摄，即使在日光浴时，看到他对自己举着照相机，也是笑眯眯的，并不生气。"主席基本不太看自己的照片，游泳完晒太阳没有穿上衣，主席也没有说不可以照，或者照了以后不能发表，从来不管不问，可惜的是也不知道主席喜欢哪一张。"

毛泽东的儿女们都住在学校，每周回家一次。而毛泽东成天忙于公务，很少有机会与家人团聚。

1954年夏天，毛泽东去北戴河避暑，和提前到的李讷、李敏和侄子毛远新聚合。经常在下午三四点时，毛泽东会出现在北戴河海滨浴场。一天，毛泽东游完泳后，赤裸着上身坐在沙滩上，和孩子们一起聊天。

李讷和李敏在毛泽东左侧，毛远新坐在毛泽东右侧，侧身低头指着自己的胸前正说着什么，引得李讷、李敏扭头看着他，毛泽东也半侧着身子望着毛远新。一家人说笑着，像每一个普通家庭一样。跟随在旁边的吕厚民立刻举起相机，定格住伟人家庭的温馨一刻。

吕厚民记录了很多毛泽东与家人在一起的照片。一次毛泽东在北京西郊散步，同行的毛远新抓到了一只大白兔，提着兔子耳朵给大伯看。毛泽东像个小孩子一样，低头专注地看着毛远新手里的兔子。

吕厚民说，这一时期，他拍了很多主席一些很生活化的照片，让人们看到了伟人的另外一面，"主席并不是神，而是人，和普通人的生活一样"。

1961年——庐山的毛泽东

1961年，毛泽东的首任专职摄影师侯波离开中南海，吕厚民接到通知，由他接替侯波，专门负责毛泽东的拍摄任务。在吕厚民为毛泽东拍过的照片中，他非常满意的，就是毛泽东在庐山那张照片。

当时的中国，正处于建国后最艰难的时期，持续三年特大自然灾害，中苏关系破裂，"在这样的国际、国内环境下，作为领导人，思想压力很大"。

这年夏天，吕厚民跟随毛泽东来到庐山，上庐山后，毛泽东心情很不好，连续几天都没合眼，也没走出房门。一个晴朗的上午，在身边工作人员的劝说下，毛泽东停止办公，走出办公室散步，登上含鄱口。

在一个长条石凳边站定后，毛泽东右手叉腰眺望着远方，一言不发。大约半个小时左右，他才在石凳上坐下，同英语翻译、秘书林克谈话。

林克走后，毛泽东一个人侧身坐着，望着远方的天空，微微皱着眉头，表情凝重，"似乎是在想问题"。这时，吕厚民发现，在毛泽东身后，天空湛蓝，白云时卷时舒，山峦在云雾中时隐时现，山下的鄱阳湖上，笼罩着一层薄雾。

吕厚民突然意识到，时代的背景、大自然的背景和毛泽东的心境，此刻完全融合。"真是很难得的、寓意深刻的历史画面。"

当时，吕厚民用的是黑白胶卷，他忙取出一只黄颜色的滤色镜片装在镜头上，"这样把天空压暗一点，把白云更突出一点"，坐在其中的毛泽东整个轮廓被烘托得更鲜明。

2003年底，在全国《毛泽东诗词意境摄影艺术展》中，吕厚民用主席诗词中的"乱云飞渡仍从容"作为这张照片标题，被评为大赛一等奖。

这张照片只是当时拍摄的一组10余张照片中

● 那一刻

这位女文工团员给毛泽东献上鲜花、握手后，突然扑到毛泽东怀里，紧紧拥抱着，情不自禁地泪流满面。那一刻，在场的所有人全愣住了。被打动的毛泽东闭上眼睛，旁边的吕厚民立即反应过来，按动快门，把这一感人的场面拍了下来。

● 亲历者

（本报记者 蒲东峰摄）

吕厚民

1928年生于黑龙江省依兰县。1950年至1957年，调到中央办公厅警卫局摄影科，为毛泽东等党和国家领导人拍摄生活、工作照片。1958年至1966年任新华社摄影记者，1961年至1964年，担任毛泽东随身专职摄影师。

的一张，另外的照片都从不同侧面抓拍到了毛泽东的各种状态，坐在台阶上抽烟、在树荫下散步乘凉等，至今提起，吕厚民的妻子刘钟云仍赞不绝口，"这一组照片我最喜欢"。

1962年——一个乒乓球选手

1962年初夏的一天，中国乒乓球运动员庄则栋和队友们，纷纷争抢着传看《新体育》杂志，因为这一期的《新体育》杂志封面上出现了一幅《毛主席打乒乓球》的照片。

毛主席在延安时曾经偶尔打打乒乓球，但在中南海却很少见他打乒乓球。这张照片的诞生过程，是吕厚民"串通"主席身边的工作人员，做的一个小设计。

当时，吕厚民跟随毛泽东去上海视察工作。在上海西郊住宿和工作的地方，毛泽东一连工作好几天。住地有一个不大的健身房，里面有一张乒乓球台。见了乒乓球台后，为了创造拍摄机会，吕厚民在心里悄悄产生了一个想法：策划一张主席打乒乓球的照片。

吕厚民很快找到毛泽东的保健医生，谈了自己的想法。经过商量，决定等毛泽东散步回来时，让他不走原来的门，而是从另一条路回来，走通往有乒乓球台的那个门。等毛泽东看到乒乓球台后，再请毛泽东打乒乓球。

这天，工作人员好不容易才说服毛泽东休息一会儿，出去散散步。毛泽东散步后，从另一条小路走了回来，正是通往健身房有乒乓球台的那个门。毛泽东从那个门进去后，看到了乒乓球台，随行的工作人员在一旁提议，"主席，打打乒乓球吧"。毛泽东停下脚步，看了看球台说："打乒乓球？"吕厚民一心想拍这张照片，忙向保健医生使眼色。保健医生再次提出建议。

当时毛泽东心情很好，听了保健医生的提议后，爽朗地说："打乒乓球，好哇！"说完，几步走到球台边，横握球拍，前倾着身子。球台另一边的保健医生，见毛泽东已做好准备，便把球发了过去。毛泽东接到球后，"啪"的一个回扣，把球打了回去，动作有力。这时的毛泽东面带笑容，正准备接下一个球。

就这样，一张经过吕厚民策划的毛泽东打乒乓球的照片诞生了。照片发表后，曾在当时的体育界引起了强烈反响。"过去主席在延安时，也有打乒乓球的照片，但是进城以后，这是第一次。"

雷锋新生中国的青春偶像

■ 刘 薇

雷锋成为全国知名的楷模之前，他给雷锋拍了第一张在部队的照片，此后又为雷锋拍了 200 余幅照片，两人前后相处了 79 天。雷锋意外去世时，他是第一个到达事故现场的记者，并给雷锋留下最后一张遗照。

78 岁的张峻深陷在雷锋的包围之中。在他客厅的东南角，摆着一尊金灿灿的雷锋头像。另一个雷锋的头像挂在墙上，旁边是一米见方的《毛主席观看话剧雷锋》的照片。一排浅黄色的柜子里，各种雷锋的照片清晰可见。

"我和你说的每一句话，都有证据。"张峻指着柜子说。在满屋子"雷锋影像"的交错中，张峻 78 岁的人生，和 22 岁早逝的雷锋重叠。

初识雷锋

"报告！"一声浓重的湖南口音之后，一个圆脑袋探进门来，咧着嘴，脸上两个酒窝。不高的身材，衬得军装略有些大。

49 年前的秋天，张峻第一次见到雷锋。那时候，雷锋刚参军不过 8 个月，是沈阳军区抚顺工程兵部队运输连的一名普通战士。

半个月前，张峻所在的工程兵政治部宣传处接到两封信，都是表扬一个新战士雷锋。一个是抚顺望花区和平人民公社，说雷锋为刚刚成立的人民公社捐了 100 块钱，另一个是受灾的辽阳市委，也接到了雷锋的 100 元捐款。

巨大的好奇心，驱使着宣传干事张峻到连队采访，"一个新兵，怎么能有这么多钱捐？"

张峻在连队里待了几天。雷锋很快和他混熟了。这个 20 岁的年轻人，一点都不害羞。

"给我拍张照片吧？"张峻还在构思照片怎么拍的时候，雷锋居然主动提出

■雷锋同志生前在运输连担任班长，带领全班战士8个月中安全行车两万多公里。（新华社记者 任勇摄）

了要求。

张峻答应了。雷锋赶紧找来步枪，又把在鞍钢当工人时得的两枚奖章，小心地挂在胸前。

"要拍得像个英雄。"雷锋说，"就是雄赳赳，气昂昂，跨过鸭绿江那种感觉！"

这是雷锋在部队拍的第一张照片，背着一把自动步枪，眼睛望着远处。

爱照相的年轻人

雷锋爱照相。几乎每个人生阶段，都留下了照片。仅张峻收集的雷锋参军前的留影，就有54张。那个时候，拍张两寸的黑白照片就要3块钱。雷锋当工人，一个月的工资顶多20块钱，他在其他方面节俭，却舍得在照相上花钱。

最早的一张，应该是小学毕业时和简家塘小学同学的合影。那张黑白照片里，雷锋穿着白衬衫，蹲在第一排右数第三个，在一群同学和老师里，很打眼。雷锋眼睛很大，脸圆圆的，长得很帅气。

"从小到大，雷锋一直留着个向右偏的刘海头，参军了也没剪，拍照的时候，露了出来，我让他掖在了帽子里。"张峻说，"要不哪像个英雄？"

没过几天，雷锋又对张峻随身背着的照相机产生了兴趣，天天缠着他，想学摄影。

在张峻家里，雷锋把张峻当模特，试着拍了两张照片。第一张虚了，第二张用光还不错。张峻特意洗了出来，至今依旧挂在自家的客厅里。这是唯一一张雷锋自己亲手拍的照片。

毛主席的好战士

在连队采访了几天,张峻写了稿子,题目叫《节约标兵——雷锋》,稿子3000余字,写了12页纸。

雷锋补了又补的袜子,装着螺丝钉、牙膏皮、啤酒瓶子的节约箱,都被当成重点细节描绘。之所以把节约当成重点,张峻有自己的考虑。1960年的中国,让人印象深刻。罕见的洪水袭击了东北,在台湾的蒋介石要反攻大陆,西藏的达赖喇嘛发动了武装叛乱,中苏的战略同盟解体,援建专家撤走,大饥荒已在各地上演。

节约被当作度过经济困难的法宝,被官方大力提倡。张峻认为自己抓到了一个切合时代需要的好典型。他急匆匆写了稿子,赶在国庆节前送到了沈阳军区的前进报社。总编辑嵇炳前看了稿子,却并不满意,认为稿子写薄了。

这个时候,"两忆三查"(忆阶级苦,忆民族苦,查立场,查斗志,查工作)的政治教育运动,刚刚在全军展开,急需一个符合条件的典型。雷锋让嵇炳前眼前一亮,绝对苦大仇深的出身,绝对又红又专的典范。

一个写作小组被派往了雷锋所在部队,主力是4个人,新华社驻沈阳军区政治部军事记者佟希文、李健羽,工程兵宣传处张峻、赵志华。

1960年11月26日,长篇通讯《毛主席的好战士》,在《前进报》第1309期第一版发表,文章署名是张峻、赵志华、佟希文、李健羽。报纸同时配发了张峻、赵志华、季增三人拍的4张照片。

随后,《前进报》又把这篇文章推荐到《解放军报》和全国其他媒体。

全军出名

这些报道,让雷锋在全军出名了。他开始到各地作报告。关于雷锋作报告这件事,沈阳军区还专门作了规定。张峻回忆,在团范围内,必须有政治处派干部旁听,在军区工程兵范围内,政治部必须有专人陪同,在沈阳军区范围内或者到地方作报告,军区政治部必须派专人陪同。

"雷锋的报告稿,都不是他自己写的,而是由工兵10团宣传股长吴广信,组织股长赵玉瑞和俱乐部主任陈广生等人根据雷锋的身世写成的。"张峻说。

雷锋到任何地方作报告,张峻几乎都会跟着,拍照片,也帮他修改演讲稿,两人越来越亲近。雷锋人生中的重大时刻,他几乎都在身边,特别是雷锋入党这件事。

"那一年,全团100多个发展对象,只有雷锋是当年兵。"张峻说。

也有人反对,认为雷锋入伍时间短,列为发展对象,老兵会有意见。团政委韩万金力挺雷锋。

1960年11月8日,运输连连夜召开支部大会,24名党员,到会18名,一致同意雷锋入党。于是,新兵雷锋在成名后的那年秋天,成为共产党员。

雷锋之死

直到1962年8月15日去世之前,雷锋的知名度,还只局限在沈阳军区。

那一天,雷锋驾驶技术不高的战友乔安山,把卡车撞到了柞木杆子上,正好砸到站在旁边指挥的雷锋。

在没有任何预兆的前提下,雷锋牺牲了,年仅22岁。

听说这个消息的时候,张峻刚吃完午饭,正在宿舍休息,有人急匆匆来敲门。

"雷锋出事了!"

张峻脑袋一蒙,赶紧跑回办公室,抱了照相机就往抚顺赶。路不好走,车开了一个多小时。到运输连时,已是下午1点多了,张峻先冲到事故现场。出事的地方,已经撒上白灰,还有血迹,砸伤雷锋的带铁丝的柞木杆子,还在原地。

张峻拍了几张照片,就往医院赶。他没有见到雷锋最后一面,只在太平间看到了他的遗体,穿着新军装,眼睛紧闭,鼻孔、嘴巴、耳朵都塞着纸。

在太平间里,张峻为爱照相的雷锋,留下此生最后一张照片。

主席题词

雷锋突如其来的离去,让张峻陷入深深的懊悔。

"直到去世,雷锋都不知道,只差45天,他或许就可以见到毛主席。"张峻说。

1962年6月上旬,已经调到沈阳军区政治处的张峻听说了一个消息,军区将派雷锋作为代表,出席1962年的国庆节观礼,接受毛泽东的接见。

见见毛主席,一直是雷锋最大的心愿。一个无父无母的苦孩子,9岁时,家乡解放,穿着军装的人把他送进了学堂,给他吃穿,告诉他"要感谢毛主席他老人家"。

直到去世,他都不知道自己原来有机会见到毛主席。张峻本来有机会把这个好消息告诉雷锋,可是话到嘴边,忍住了。"怕万一有什么变化,影响他的情绪。"

一时为了稳妥的考虑,成为张峻终生的遗憾。

不过,毛主席终究还是知道了雷锋,不仅知道,还为他题了词,号召全国人民"向雷锋同志学习"。

毛泽东如何知道雷锋,并为他题词？至今有几个不同版本。《中国青年》杂志编辑李禹兴、原毛泽东秘书林克,均撰写过回忆文章。

张峻的说法,是其中的一个版本。

1963年2月27日,张峻接到军区任务,要其火速赶往北京,拍摄毛主席给雷锋的题词。

"沈阳军区政委赖传珠,曾拜托时任军委总参谋长的罗瑞卿大将,请主席给雷锋题词。"张峻说,那天终于有了消息。

2月28日,一下火车,张峻就赶往总参高干招待所所在的三座门,向赖传珠报到。从晚上6点一直等到10点多,罗瑞卿来了,"主席下午讨论赫鲁晓夫的九评文章,太累了,我9点多去,他已经睡着了,再等等吧。"

真正拿到毛泽东的题词,是在3月3日晚上了。张峻回忆,大约6点钟,罗瑞卿拿着三幅毛泽东的题词"向雷锋同志学习",来到了三座门。

"主席对前两张不满意,要求用第三张。"罗瑞卿说。

张峻打开相机,连续拍了4张,又迅速赶回《解放军报》的暗房,将冲洗出来的"题词"用吹风机吹干,放大了两张8寸照片。

由于主席的题词写在有红线的宣纸上,照片印出来后,罗瑞卿不满意。张峻又重新返工,加了红色滤色镜,抹掉红线,重新冲洗了两张。忙完已是深夜,赶不及当天的报纸,罗瑞卿决定,3月5日,各大报纸统一刊发。

● 讲述者

张　峻

78岁,曾为沈阳军区工程兵政治部宣传处宣传干事。现居鞍山。

追寻记忆

1963年3月5日,《人民日报》、《解放军报》等各大报刊,均在头版刊登了毛泽东为雷锋题词的手迹。

从此,那个戴着军用棉帽,咧开嘴微笑的雷锋,走上了全国的社区、街道、标语、横幅,成为全国人民的精神楷模,至今活在每个中国人的记忆里。

张峻一直坚持宣传雷锋。他曾经跑几千里路到湖南的雷锋纪念馆。偌大的场馆里,没有一个人。他独自一人,把空荡荡的纪念馆,从头走到尾。最后,在门口的塑像前,他和雷锋合影。

虽然给雷锋拍了很多照片,但张峻没有一张和雷锋的合影。为了弥补这个遗憾,他用电脑做了一张两个人的合影照片,摆在家里。

照片上,两人穿着同样的军装,戴着同样的军帽,有着同样微笑的表情。

张海迪我自己塑造了自己

■ 张 瑾

玲玲，海迪，海迪姐姐，海迪阿姨。不同时段，人们惯于这样称呼她。甚至，在掌舵中国残联之后，也鲜有人愿意在她姓或名后面缀以"主席"二字。

也是，小名，直呼其名，姐姐，阿姨，这听着多亲啊。主席不主席的，倒在其次了。

过去有20多年了吧，但在很多人心中，他们曾经的偶像张海迪，依然睿智，优雅，美丽。尽管，张海迪自己说，美丽的流逝很简单，像风中的落叶永远地飘走，我们再也不可能在同一个地方拣到同一片树叶了……

这个闪耀了整个80年代的名字，曾一度被外媒认为是顺应时代需要造出的典型。多年以后，张海迪平静地说，"我自己塑造了自己"。时势只是造就了一个舞台，而真正让她翩然起舞的，是内心的强大力量和对信念的坚守。

儿时患瘫

"我长时间地躺着，我无可奈何地躺着，我终日孤独地躺着。"

最近一次被媒体密集报道，是2008年11月份当选中国残联主席。镜头里，张海迪脸上挂着笑意，和邓朴方亲切交谈。

2009年"六一"，她以中国残联主席的身份，选择到山东看望残疾儿童。那里，是她的家乡。她在那里出生，成长，患病，成名。

5岁时，张海迪被诊断患有脊髓血管瘤，病情致使高位截瘫，胸部以下全都失去知觉。10岁之前，她已经动过三次大手术。

海迪整天躺在病床上，脊背上重叠着很长的刀口，腿不能动，胳膊不敢动，脖子更不敢动。"我长时间地躺着，我无可奈何地躺着，我终日孤独地

躺着。"

她没有什么玩具,只有几本翻烂的小人书,一盒旧积木,还有一个傻乎乎的布娃娃。不过,她可以将眼睛转向窗外,树上有小鸟唱歌,叽叽啾啾,叽叽啾啾。

那时候,海迪学会了吹口哨,她学鸟叫,也吹自己会唱的歌。她总盼望着,吹完下一支口哨,病就好了。

这样的念想,在10岁那年碎了。

妈妈到宣武医院接海迪出院,带了新衣服、新鞋,同时也比以往多带了一包东西——尿布。

"看到那个,心里难过了,知道自己好不了了。"张海迪后来在接受媒体采访时说,当时的感觉是"失望",那个年龄还不懂得"绝望"。

"医生护士都讲,海迪,你妈妈就要来接你了,我想的就是妈妈来接我时,我牵着她的手跟她一起走回家多好啊,我不止一次地这样想。但这只是梦想了,一个孩子必然的梦想。"

15岁时,海迪跟随父母下放到山东聊城农村。她自学了小学、中学的课程,读了《格林童话》,开始偷偷翻阅大本大本的外国名著。她把《简·爱》藏在枕头套里,晚上,在小油灯昏黄的光亮下轻轻翻开。

她自学英语、日语、德语,闲暇时间教农村孩子们读书识字。

久病成医,她竟然还学会了针灸。后来媒体铺天盖地的报道中,因此也多有提及她"无偿为乡亲们治病"。

耐心地活着

"我从不这样想问题——为什么我有病而别人没有。病痛是我自己的事,我不能把这痛苦强加到别人身上。"

病情加重了。

1976年,张海迪做了第四次脊椎手术。医生对她的病情并不乐观,他们说了她会死去的几种可能:肺炎,泌尿系统感染,褥疮——这是脊髓损伤的病人最可能死去的症状。

"可我依然活着。"若干年后成为作家的张海迪宣称,她的生命力一次次粉碎了医生的预言。

很早时,海迪就给自己"开处方",她知道怎么预防感染,把自己收拾得很干净,条件再差也要洗头发洗澡,晒衣服晒被褥。

她会给自己针灸、注射、按摩，给褥疮换药。看不见的地方就照着镜子。"我想尽一切办法让自己好起来。"

最重要的是，她说自己"学会了有病装没病，有残疾装没有残疾"。

她像健康人一样穿着，虽然搬动双腿很费力，可努力就能做到。她像健康女性一样打扮自己，整齐干净。即使躺在病床上，也要挣扎着让自己整洁清爽。

多年后，张海迪见到了山东省立二院神经外科主任张成，她童年时，张是她的主治医师。海迪的状态令张成惊愕不已，他没想到海迪仍活着，个中原因，他无论如何也未能参透。这位主治医师只是不停地说，乐观坚强是关键。

再后来，已是全国政协委员的张海迪在全国"两会"上见到了著名神经外科专家王忠诚。1965年，妈妈带她到北京治病，当时找的最好的医生就是王。"几十年后，我活着，还和他一起开会，我自己都觉得不可思议。"

活着。在海迪看来，活着就是一种忍耐，必须有耐心地活着，耐心地做好每一件事。

"我从不这样想问题——为什么我有病而别人没有。病痛是我自己的事，我不能把这痛苦强加到别人身上。"海迪后来在书中说，"我伤感但从不绝望，苦日子能过，好日子也能过。"

偶像张海迪

"信件一袋一袋地往团中央宣传部扛。每一封信都能抖出一簇炭火，烫手灼心。"

病患张海迪成为偶像张海迪，最初，事出偶然。1981年10月下旬，张海迪濒临死亡边缘。

● 人物介绍

张海迪

1955年出生在山东济南。现为中国残联主席。5岁时患脊髓病，胸部以下全部瘫痪。1981年，媒体开始宣传她自强努力的事迹，她成为青少年学习的典范，也是改革开放后中国影响力最大的模范人物之一。

因为长年服用大量止疼片,她药物中毒了,间歇性停止呼吸1小时50分钟。

《山东画报》记者李霞当时正在聊城采访。在招待所门外,她见几位姑娘满脸紧张地窃窃私语:"玲玲看来怕是……""去晚了许是再也见不上玲玲姐了……"

目前已是《山东画报》副主编的李霞回忆,她当时心里动了一下,感觉很好奇,这个玲玲的病情竟然如此牵动人心。

玲玲是张海迪的小名。

李霞由此知道了这个身残志坚的姑娘。她把玲玲的故事讲给了当时新华社山东分社记者宋熙文。

采访后,宋熙文写成《只要你能昂起头》一文,1000多字。1981年12月29日,文章刊登在了《人民日报》的头版。

那可是中共中央机关报,从来没有被媒体注意过的张海迪,一跃成为了中国第一大报的头版新闻。宋熙文自己也感到有些意外。

正是这一非比寻常的事,改变了张海迪的生命轨迹。汪洋中的一条船,因势起帆。

张海迪开始陆续收到来自各地的信件,称赞的,鼓励的,仰慕的。多的时候,她一天能收到二三十封。

王佐良也是给张海迪写信的万千者之一。当时,他是巢湖油泵油嘴厂的一名计量工,自学了英语和德语。书信往来多次后,王佐良向张海迪表达了爱意,两人于1982年成婚。

但张海迪真正名动全国,是在1983年。她进入了团中央的宣传视野。

张海迪被接到北京,团中央组织多家媒体采访。时年3月1日,《中国青年报》头版刊发长篇通讯《生命的支柱——张海迪之歌》,文章因为挖掘出张海迪的迷茫与软弱、甚至动过自杀的念头,一时之间引起轰动,该文也成为通讯写作范文。

此后,张海迪声名日隆。她被授予了"全国优秀共青团员",被冠以"中国的保尔"、"80年代新雷锋"的称誉。

那是官方色彩的称谓。公众使用最多的,是海迪,海迪姐姐。

曾发表报告文学《张海迪"成名"始末》的作家高伐林回忆,仅仅几天,就引来了数以万千计的来信。"信件一袋一袋地往团中央宣传部扛。每一封信都能抖出一簇炭火,烫手灼心。"

张海迪已经出名到这种程度:信封上什么地址都不用写,只写"张海迪收",居然也一帆风顺地到达团中央大楼。

生命的追问

"我觉得我自己要有两个自我，一是本我的海迪，一个是被别人说来说去的海迪，我不会在乎被别人说来说去的海迪，作为一种宣传，作为一种印象，让别人说去好了。"

一位西方记者曾这样问张海迪：80年代，中国需要一个青年做新的榜样，所以他们就训练和塑造了你，包括你的头发，是吗？

"他眯起蓝色的眼睛，狡黠地望着我。"张海迪在《生命的追问》一书中说，我很想笑，我说我不知道谁曾经训练过我，除了我自己，许多年以来，我一直训练自己学习各种知识，所以我今天能用英语回答你的问题。关于头发，我一直是这样，我喜欢长发飘飘……

长发飘飘，其实并不太符合当时社会上已认同的榜样形象。榜样嘛，该是齐耳短发，显得精神干练，像是革命者。

刚刚成为全国典型，要在人民大会堂做报告，身边不少人劝她，把长发剪掉吧。张海迪向一位女友要来一块鲜艳漂亮的手绢儿，将长发绾系在脑后。人民大会堂灯火辉煌，在进入会议大厅的一瞬间，她还是悄悄扯下了手绢儿……

内心里，她在拒绝一些东西，也在保持一些东西。

开始有人指责她长长的头发，和火烈烈的性格，也有人举报说她部分履历失真。"朋友们要我谦虚谨慎，要戒骄戒躁。他们说你为什么这样桀骜不驯？你以为你是郝思嘉吗？可你又没生着一对绿色的猫眼儿。"张海迪说，那会儿她觉得自己是天底下最委屈的人。

质疑的声音多了后，有关部门还专门派了调查组去山东调查。调查结果是，她的主要经历和基本事迹属实。

在与高伐林的信件往来中，海迪说，当时一些人觉得她就像一个骗子，她偷偷地哭过，"可我没让任何人看见我的眼泪，因为我相信自己，相信所有的一切都会随风而逝，我并不是一个先知者，但是我会忍耐！"

成名后，山东曾力邀她出任团省委副书记。她婉拒了，她希望留在创作室，安心从事文学创作。

"我没有当团省委副书记。我依然长发飘飘。"张海迪在《生命的追问》中说。

后来的许多时候，接受媒体采访时，张海迪被问及甚多的一个问题是：

如果有人说你的一切都打上了宣传的烙印,你怎么看?

她会回答说,如果公众这样看的话,我不会介意,因为当时的那个烙印太深了。我觉得我自己要有两个自我,一是本我的海迪,一个是被别人说来说去的海迪,我不会在乎被别人说来说去的海迪,作为一种宣传,作为一种印象,让别人说去好了。

去年当选中国残联主席后,在众多媒体的采访请求中,她只接受了杨澜的专访。其中有一段对话是这样的:

杨澜:如果做一个假设,你遇到上帝的时候,会不会第一句话就是劈头问他,你为什么让我的腿无法走路?

海迪:不会。

杨澜:你会说什么?海迪:我就跟他说"hello,It's very good",谢谢你给了我生命,尽管它是残缺的,我也认为很好,如果我不承受的话,别人也可能承受,既然是我承受了,我就说一句,勇敢地说一句,我不承受谁承受。人要大度一点对吧。

(文中部分内容参考了张海迪作品《生命的追问》)

首条地铁为国庆献厚礼

■沈佳音

2009年9月底,北京地铁4号线将贯通南北,为共和国60年大庆献上贺礼。1969年10月1日,新中国第一条地铁的顺利通车就曾是献给国庆的一份厚礼。

为战备而建

苹果园站其实并非北京地铁1号线的终点。往西北方向还有不对外开放的两站:52号福寿岭站和53号高井站。一直通至北京军区某大院内。

这两个车站内,灯火通明却又空空荡荡。出站口还挂着这样的牌子:"本站为非营业区,非工作人员不得入内。"

这一切都在默默地讲述着北京地铁初期作为战备工程的神秘身世。

1953年9月,一份名为《改建与扩建北京市规划草案要点》的报告,摆在了中央决策层面前。它第一次提出:"为了提供城市居民以最便利、最经济的交通工具,特别是为了适应国防的需要,必须及早筹划地下铁道的建设。"

从当时北京的交通状况看,筹建地铁是个相当奢侈的决定。那时北京的常住人口不足300万人,机动车也仅有5000多辆。地面交通自然不拥堵。修地铁耗资巨大,又困难重重,显得颇为浪费。

那么,为什么还要将之提上议程呢?对此,周恩来总理曾一语道破:"北京修建地铁,完全是为了备战。如果为了交通,只要买200辆公共汽车,就能解决。"

前苏联就深谙地铁的战备功用。1941年德军大举进犯莫斯科时,莫斯科地铁不但成了市民的避弹掩体,更成了苏军的战时指挥部。这对于新中国来说无疑是个不错的先例。

当年9月28日,根据毛泽东的指示,北京市委开始着手地铁筹划工作。三年后,北京地下铁道筹建机构组成。按照中央的安排,修建地铁所缺的行政及技术干部由铁道部、地质部、城市建设部抽调支援。

1959年,一纸调令将谢仁德从南方的铁路建设现场调到了北京地下铁道设计处

■ 北京地铁第一期工程——北京站至苹果园一段，从 1981 年 9 月 15 日开始，正式交付北京市运营使用。北京地铁是我国自行设计、施工的第一条地下铁道。它的第一期工程，全长 23.6 公里，共有 17 个车站，线路设备基本配套，自动化程度较高，投入运行的电动列车都是国产的。图为宽敞明亮的地铁车站大厅（宣武门站）。

任总工程师。

这位曾与茅以升共事的高级工程师当时却是一脸茫然。"那时候只知道地铁是一种在地下行驶的机车。至于怎么修，就不知道了。"

线路之争

在谢仁德到来之前，地铁筹备处关于北京地铁已经有了一个规划。这个规划由一条环线和六条直线组成，全长 172 公里，车站 114 个。报告中进入具体规划的线路有两条。第一线从东郊红庙起，沿长安街到西郊五棵松；第二线从体育馆（今国家体育总局）经中山公园、西四、西直门到颐和园。

两条线各有利弊。第一线途经中央机关多，交通量集中，建成后能兼顾防空和交通，但不能连接京西北。第二线则可以连接京西北，但颐和园一带客流少，过于浪费。而且，西北郊的地质条件不如西郊，施工难度大。

资金有限，必须择一先行。"战备为主，兼顾交通。"这是当时的原则。决策层还是倾向于先建第二线。

等谢仁德来了后，这两条线又有了一些调整。第一线变为，北京站至石景山，途经东单、文化宫、中山公园……沿长安街一直到石景山。第二线总体不变，只是拟在中山公园站建一个上下换乘的中转站,把两条线连接起来。

但在后来的地铁一期工程中,线路又有了很大的变化。"地铁一期工程是明挖。别的地方无所谓,但总不能在天安门'大开膛',在广场上挖出个大隧道来吧?所以一期工程东西线只修到了复兴门,然后再依城墙走势修了从复兴门到北京站那一段。"谢仁德解释说。

方案难定

这时候,还有个问题也争论不休:是学习苏联地铁全线深埋入地面60米以下呢,还是像大多西方国家那样浅埋在地下5至12米?这个看似简单的问题却也是几经周折。

深埋比浅埋施工难度大,技术要求高,投资也大。但从战备考虑,深埋比浅埋更具优势。因此,最初北京地铁还是确定为深埋。

根据北京地质勘探资料,北京地下岩层有较厚而破碎的风化层,地铁的实际深埋将超过原来估算的深度。设计人员在地铁一线深埋暗挖方案的初步设计编制过程中也逐步意识到这一点。

以地铁北京站为例,深埋将达到160米,还有些地方甚至将达到200米。不仅造价昂贵,且施工极为艰巨。"这样的深度,电梯的长度至少要400米。我们根本无法生产这种超长电梯。一旦供电中断或者电梯出现故障,乘客根本出不来。还有,如果漏水或者遭到破坏,就更麻烦了。"谢仁德忧心忡忡。

1960年2月,谢仁德在广州向周恩来和6位元帅做了汇报,详细陈述了深埋暗挖方案和浅埋明挖方案各自的利弊。周恩来返京后,安排时任国防部长、中央军委副主席的林彪到木樨地,乘坐升降机到井下,体验地铁深埋方案施工的困难和将来的不便。

3个月后,中央正式批准北京地铁采用"浅埋明挖"的方案。

● 那一刻

1965年7月1日,北京地下铁道第一期工程正式开工。国务院将地铁列为重要战备工程,代号"401"。

● 亲历者

谢仁德

浙江省杭州人,1912年4月出生。1936年,他毕业于杭州之江大学土木工程系。他是我国地铁设计的鼻祖,也是我国第一条地铁的总设计师。

神秘施工

万事俱备，只欠东风。谢仁德正踌躇满志，准备将心中的蓝图付诸现实。

然而，一个意外的消息传来——北京地铁暂停建设！

三年自然灾害使中国经济状况极为艰难。中央只得决定北京地下铁道建设暂停进行。铁道部随即也下令撤销北京地下铁道工程局，只保留一个地下铁道研究所。

这无疑给谢仁德当头泼了一盆冷水，但他相信地铁建设终究会重启。他潜心等待，始终没有停止手中的研究工作。

1965年，国内经济好转。中央又一次把目光投向了北京地铁。这次由北京军区司令员杨勇亲自挂帅，担任地铁建设领导小组组长。毛泽东专门为此作批示："杨勇同志，你是委员会的统帅。希望你精心设计、精心施工。在建设过程中，一定会有不少错误失败，随时注意改正，是为至盼。"

1965年3月28日下午，谢仁德见到了时任中共中央总书记的邓小平。他向邓小平同志汇报了北京地铁的简要情况。次日，在地铁领导小组召开的汇报会上，李先念副总理传达邓小平的指示："今年要动工，不要搞苏联地铁富丽堂皇那一套，要坚固实用，朴素大方。"

此时的谢仁德自是千斤重担压在肩。国内既无先例可循，国际上也不提供技术支持。一切都只能自食其力。他带着设计人员一起攻关。他们蹲图书馆，泡资料室，超负荷运转。有的人在图板上睡着了，甚至还有人当场昏倒。

3个多月后，第一个施工段的图纸出来了。

同年7月1日，北京地下铁道第一期工程正式开工。国务院将地铁列为重要战备工程，代号"401"。

时任北京市市长的彭真亲自主持了开工典礼。当时已79岁高龄的朱德亲自拿起铁锹，为地铁破土。

不过，出于战备工程的保密考虑，当时的媒体并未对此进行报道。

北京地铁就这样神秘地开工了。

工程的保密工作也非常严格。每个标段的施工技术人员只能得到各自的图纸，总图是看不到的。资料的整理和归档，则由公安处负责。技术员领图纸需要严格登记，施工完毕后，无论图纸多么破旧都必须如数归还。

谢仁德每天都在施工现场和设计处之间奔波。但他回家却对此只字不提。老伴心有默契，不多问一句。

即便这样小心，还是有意外发生。地铁工程局四处一队在整理文件时发现，一份试验段组织设计文件不见了。几天后，这份文件又神秘地从邮局寄回。

地铁工程局立刻在一队有关人员中进行调查。最后，一名吴姓技术员终于承认，这份文件是他带回宿舍学习后，忘了文件应该放在什么地方。他深知组织上对此管理严格。所以，他犯难了，既不敢留下又不敢归还，只好通过邮局寄回。经过调查，这名技术员还是比较可靠的，带回图纸也的确是为了学习，这才没有深究。

这一事件对地铁工程领导小组震动很大。杨勇亲自批示，一定要加强地铁工程的保密工作。

转为民用

1969年10月1日，第一辆地铁机车从古城站呼啸而出。新中国的第一条地铁就此建成了。它全长23.6公里，包括17个车站和1个车辆段。

它为新中国成立20周年献上了一份生日大礼。

不过，那时正值北京战备疏散，并没有搞典礼。只有周恩来和几位元帅先乘为快。

那时，地铁依然还是战备工程。而且我国在设备调试和管理调度上都缺乏经验，漏电、失火、瓦斯窒息等安全问题都不能很好地解决。所以，北京地铁在通车后很长时间不对公众开放。

老百姓想乘坐或参观地铁，都需要持单位统一领取的参观券。那时候，北京地铁站还划分了等级：北京站、前门站是甲级站；古城、苹果园站则是丙级站；剩下的大都是乙级站。

不少外地来京出差的人也专门去坐地铁感受一下。有时候还是成群结队，前面还有人解说。地铁俨然成了北京的一个观光项目。

当时，从前门站到军事博物馆站还是外宾专线。一支代号"801"的专运队负责接待党和国家领导人、外国首脑及其他外宾。

为了方便领导人参观，军事博物馆站还特地装了一部自动扶梯。当时的美国总统尼克松、朝鲜主席金日成、柬埔寨西哈努克亲王等都曾参观过。

从1971年1月15日开始，地铁开始售票，票价1毛。"文革"期间，由于政治和技术的多重原因，地铁运营很不正常。曾三度全线停运，累计达398天。

1976年后，北京地铁由部队转为地方，先后划归北京市交通局、北京市公交总公司、北京市交通委，并逐步实现其民用的身份。

1978年，地铁部门提出"五二三五"计划，即上5个自动化项目，日开行列车200列，延长3小时运营时间，高峰间隔5分钟。

经过数年的刻苦攻关，1981年9月15日，北京地铁正式对外运营。

32年光阴荏苒，北京地铁终于驶入了寻常百姓的生活。

首则征婚启事 "右派" 娶到女教师

■易 靖

1981年1月8日，《市场报》编辑赵立崑编发了一则征婚启事。曾被错划为"右派"的40岁数学教师丁乃钧，因此结识28岁的张丽瑛。鸿雁传书后，两人喜结连理。

彼时，因历史等原因，众多大龄青年男女的婚姻成为最难解决的问题，甚至一度惊动了中央。中央书记处曾开会，讨论30岁以上未婚青年的婚姻问题。

首例征婚启事成功后，各种媒体纷纷举办类似栏目。在经历羞怯和现实的矛盾考量后，众多未婚人士选择刊登征婚启事。以纸为媒，成为一个时期解决大龄青年婚姻问题的特别渠道。

"右派"来信征婚

"现在我还是单身，请求报社帮我找对象。"

看到写信人这个新奇的要求，赵立崑蒙了。

1980年12月下旬的一天，时任《市场报》编辑的赵立崑一上班，领导就把这封来自四川的长信交给他处理。寄信人叫丁乃钧，四川江津教师进修学院数学教师。在信中，他详述了自己被错划为"右派"及被纠正的过程。他说，虽然获得了纠正，但这种影响还没有完全消除。因此，当地没有人愿意跟他结婚，甚至帮忙介绍的人都没有。结果是，他40岁了还没成家，希望通过报社"求婚"。

赵立崑很同情丁乃钧的遭遇。在被这个新奇的要求吓"蒙"之后，赵立崑立即开始琢磨怎样才能帮他。

当时，《市场报》已有分类广告，有人刊登产品销售广告，有人登寻人启事。赵立崑想，可以照着寻人启事的样子，给他登个求婚启事。

瞬间，他又否定了这个想法。他知道，在报纸上登求婚启事是闻所未闻的事情，况且，要登的人还是一个曾经的"右派"。赵立崑担心，一旦出了问题，他的政

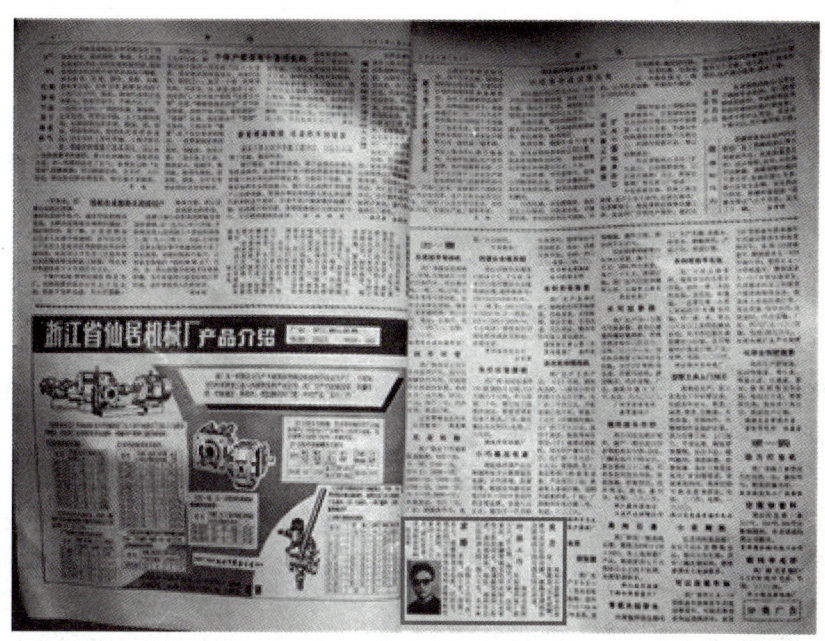

■1981年,《市场报》在七版一个角落里,刊登了丁乃钧的求婚启事。(本报记者 周民摄)

治生命就会终结,"我跟他非亲非故,干吗要引火上身啊!"

另一方面,赵立崑又不忍心不帮忙。

此后的一周内,责任心和自身利益的考虑不断斗争。夜不能寐的时候,他也会问自己:登还是不登?

事实上,大龄青年男女的婚姻问题早已存在。赵立崑说,在一则内参上,一名浙江的老大妈给中央领导写信,说当地找不到媳妇的人很多,请求中央领导帮她找儿媳妇。因为历史等原因,众多大龄青年男女的婚姻成为最难解决的问题。

彼时,中国改革开放的号角已经吹响,工作重心向经济建设转移已经明确。作为一名编辑,赵立崑体察到了时代的变化。

解决了丁乃钧的问题,或许更多大龄青年的婚姻问题就能解决了。赵立崑初步判断,这样做可能造成大影响,取得好效果。

"不是给自己抹粉,说什么就一心帮助别人啊,其实我更想在工作上做出成绩。"赵立崑觉得,因刊登征婚启事而结束政治生命的可能性较小,因此"一炮打响"的可能性较大。

权衡一周后,赵立崑决定,登!

喜结连理

赵立崑将丁乃钧的来信仔细看过后,摘取其中最基本的信息,编成一则信息。题为"求婚",内容为:"求婚人丁乃钧,男,未婚,四十岁,身高一米七。曾被错划为右派,已纠正。现在四川江津地区教师进修学院任数学教师,月薪四十三元五角。请应求者,来函联系和附一张近影。"

他将这则信息夹在其他稿件中,送给主任林里审阅。让赵立崑意外的是,主任一句话没说,就同意刊发。

1981年1月8日,《市场报》第七版刊登了这条信息。全文79个字,竖排,配黑白照片一张。照片上,丁乃钧戴着眼镜,着中山装,颇为英俊。

在"风险"和"一炮打响"的折中考量中,赵立崑把新中国第一则征婚启事藏在版面的左下角。他认为,毕竟是第一次,放在不起眼的地方,风险还是要小点儿。一方面,他希望更多的人、尤其是女青年看到这则启事;另一方面,他希望这则启事没人关注。

在刊发后的10多天里,一切平静。没有风险,也没有走红。

直到半个月后,赵立崑收到丁乃钧的第二封来信。这一次,信是直接寄给他的。

"广告见报以来,已有270多人来信联系,8人来访。"看到丁乃钧报告的喜讯,赵立崑激动起来。信中说,一名内蒙古女青年看到广告后,不远千里到四川江津教师进修学院去找丁乃钧,适逢丁回老家。对方在学校等了18天,才离去。

最后,丁乃钧在信中说,他已基本选定意中人。她是吉林一所卫校的教师,叫张丽瑛,28岁,未婚。两人通过鸿雁传书,互寄照片,渐生好感。

然而,张家一直反对这桩婚事。因为此事,赵立崑曾和张丽瑛打过电话、通过信。赵立崑说,张家认为,丁乃钧年龄大、工资低,而且曾被划为"右派",女儿一个大姑娘,嫁给他,邻居们难免会议论纷纷。张丽瑛坚持要跟丁乃钧交往,让家长很恼火。张母甚至一度以断绝母女关系相威胁,要求张丽瑛另寻良缘。

但是,这并没有阻止两人的感情。赵立崑说,后来,张丽瑛坐火车,从东北到达四川和丁乃钧结婚。张丽瑛知道丁乃钧工资较低,积蓄少,就主动承担酒席的费用。

这在当地引起轰动。"当时,结婚是男方出彩礼、办酒席,没有女方出钱的。"赵立崑说,这更让他感到丁张情真意切。

两人结婚后,给赵立崑寄来了一包喜糖、好几包喜烟。赵立崑说,打开邮包后,同事们都围拢来,抢喜糖喜烟。

抢完这些,赵立崑发现了丁乃钧和张丽瑛的新婚照。这是两个人在成都杜甫草堂照的合影。同事们立即争抢照片,惊叹二人"郎才女貌,天生一对"。遗憾的是,这张照片在争抢中遗失了。

新中国第一则征婚启事,成了。然而,赵立崑不太明白,张丽瑛怎么看上了丁乃钧呢?

支持反对并存

在给赵立崑的一封信中,张丽瑛自评与丁乃钧的相识、相处,"在目前之中国可谓'新奇',也是为世俗所不容的"。

张丽瑛在信中说,她自幼爱好文学,加上20多年的人生经历,促进了"思想的早熟和世界观的初步形成"。对于婚姻问题,她不喜欢被人像做交易似的予以介绍,"更厌恶那种强加在爱情上的所谓'相貌、门第、金钱'等斑驳陆离的庸俗色彩"。

当看到丁乃钧的"征婚广告"后,张丽瑛为他的"大胆敢为而震惊",更对他"以往20年的不幸遭遇而痛惜"。张丽瑛"油然而生同情和敬佩之心"。

第一则征婚启事取得成功后,赵立崑把丁乃钧报喜的信进行摘编,再次刊发到《市场报》上,"造声势"。

果然,有了成功的范例,来信要求刊登征婚启事的人多了起来。赵立崑说,他们由一期登一条改为一期登七八条,设立了专栏叫"求婚启事"。后来,晚来信的,得排到9个月以后才能刊登。

赵立崑说,当时,众多大龄青年男女天各一方,因为信息不通,难以找到合适的对象。《市场报》收到众多读者来信,表扬这种"新奇"的形式解决了很多人的实际问题。

与此同时,反对的声音相当强烈。在当时的内参上,有人认为搞征婚启事,是"把婚姻商品化",是资产阶级办报,不符合国情,不符合社会主义要

● 那一刻

1981年1月8日,《市场报》第七版刊登了一则征婚启事。全文79个字,竖排,配黑白照片一张。照片上,丁乃钧戴着眼镜,着中山装,颇为英俊。

求婚 求婚人丁乃钧,男,未婚,四十岁,身高一米七。曾被错划为右派,已纠正。现在四川江津地区教师进修学院任数学教师,月薪四十三元五角。请应求者,来函联系和附一张近影。

● 亲历者

赵立崑

原《市场报》编辑,刊发了新中国第一则征婚启事。

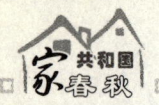

求。在媒体公开发表的评论中,有人直书"莫让婚姻进入市场"。

这让赵立崑觉得,还得小心行事。因此,很长一段时间,征婚启事只有《市场报》有,每期刊登的规模也没再扩大。

取经热潮

这显然不能满足大龄未婚青年的要求。彼时,大龄青年的婚姻问题之普遍,已经引起了中央的重视。

1984年6月11日,《人民日报》头版发表文章《三十岁以上未婚青年婚姻是个社会问题 中央书记处要求各级党组织重视和关心》。文章说,中央书记处最近讨论了30岁以上未婚青年的婚姻问题,要求各级党组织对这个社会问题给予应有的重视和关心。

此后,婚姻介绍所在各地兴起,关于征婚启事的反对声音戛然而止。各地媒体纷纷效仿《市场报》,办起征婚启事。

当年,《中国妇女》杂志社、《今晚报》等单位组织人员到《市场报》"取经"。赵立崑风光地给来宾介绍了办征婚启事的前后。

一名同行提到,上海一名已婚男子在报上登了征婚启事,多名女子前往上海应婚。该男子多次带着不同的女子住进宾馆,数次后才败露,"在社会上造成了很坏影响"。

赵立崑觉得,这是个很大的问题。当初,给丁乃钧登征婚启事时,他凭直觉判断,丁这种经历的人不会也不敢造假。如今,登征婚启事的人多了,确保真实性不能仅靠直觉了。随后,他和领导商量,要求所有登征婚启事的人,必须由单位核实批准,并盖单位公章,以此堵住假征婚之名行"流氓"之实的人。

征婚变迁

当年,在《市场报》登征婚启事最多的,是江西景德镇的人。因为当地的陶瓷产业多需要男工人,长期以来,男女比例严重失调。

赵立崑说,当时,一名姓占的陶瓷工人最先在该报登征婚启事。占师傅38岁,初中文化,妻子病故,有两个孩子,家里还有一位老母亲。像他这样的情况,在景德镇肯定要当一辈子光棍。

登出征婚启事后,占师傅"做梦也没想到",在短时间内,竟然收到全国各地几百个姑娘的应婚信。最后,一名来自新疆的25岁姑娘找到他,两人交往后成婚。这位姑娘不但不要彩礼,还承担了所有结婚费用。

很快,这件美事传遍整个景德镇市,众多工人围到占师傅家,要求传授秘诀。

这些工人纷纷效仿占师傅,在《市场报》上刊登征婚启事。1983年初,赵立崐从景德镇市委宣传部了解到,246位登征婚启事者中,抽查34人,有10人已经结婚,14人正在办理结婚手续,另外10人则忙于拆阅数百封应婚信,成功率之高令人鼓舞。

大龄男青年征婚尚能如此,大龄女青年征婚就更轰动了。赵立崐说,北京有一位某部队文工团的女演员,退役后把自己的照片刊登到征婚启事中,每天都有成堆的求婚信,根本看不过来。很多人千里迢迢到北京应婚,本市上门应婚的人更多,排大队等候"面试"。该女青年结婚多年、有了孩子后,还有人寄来求婚信。"可见,征婚启事的长效性。"赵立崐笑着说。

在纸媒文字征婚启事风行之后,出现了它的进化版——文学征婚征友。一些文学青年在各种文学类报纸杂志的边角上,写上人生格言与通讯地址,在陌生的世界里呼唤属于自己的那份感情的到来。

此后,湖南电视台出现电视征婚。带有综艺性质的征婚给人们带来娱乐的同时,也给年轻人带来无限想象。在破解年轻人对婚姻的"面子"禁忌的同时,也使男婚女嫁带上寻常娱乐色彩。

进入新世纪,网络兴起,很多年轻人通过网络聊天、论坛甚至博客找到了另一半。

72岁的赵立崐见证着征婚的变迁。如今,刊登第一则征婚启事的报纸,和丁乃钧、张丽瑛的通信都保存完好。

谈起往事,赵立崐颇感"悲壮","当时真觉得为民请命,就算闯祸了也值得"。他坚信,无论怎样变迁,以纸为媒,最简单,最单纯。

试管婴儿成就不孕家庭梦想

■ 王阳

  1988年3月10日8时56分,中国大陆首例试管婴儿在北医三院出生。新生命落地时的哭声宣告,高悬在生殖科学桂冠上的这颗最亮的明珠,在这一刻被中国医务工作者伸手摘下。

  医学资料标明,因为各种已知或未知的原因,大约8%的育龄夫妇难以怀上自己的孩子。在西方,这一现象被解释为,他们的孩子被上帝所抛弃。

  上帝抛弃的,人类还能自己拯救——试管婴儿技术诞生至今,打破了人类自然受孕的规则,改写了西方的那个古老传说,也给数以万计的中国不孕家庭带来了"人世间最大的幸福"。

试管里长出婴儿

  1988年3月10日一早,打开办公室的一瞬间,67岁的北医三院妇产科主任张丽珠被一圈圈的镜头堵在了门口。

  镜头来自各大新闻机构,其中有《人民日报》、新华社、中央电视台和北京电视台。记者们齐聚北医三院,是想见证一个伟大的事件——中国首例试管婴儿将在这里诞生。

  最先赶到的记者一进门就问:"真的是在试管里长出婴儿么?试管在哪儿,让我先看看?"

  前一天下午,卫生部部长陈敏章也来了一趟北医三院,一是慰问这些攻克试管婴儿难题的医务工作者;二是身为内科消化疾病方面专家的他也有些好奇,被誉为世界医学明珠的试管婴儿到底是怎么诞生的?

  出乎记者的意料,67岁的张丽珠板着脸分开人群,没说一句话,直接进了剖腹产手术室。

  "哇……哇……"8时56分,聚集在手术室门口的记者们,终于等到了期待已久的新生婴儿的啼哭声。手术室内,张丽珠亲手拭净了新生儿身上的污物。

■2008年,张丽珠教授和已经20岁的首例试管婴儿郑萌珠在一起。
(本报记者 欧阳晓菲摄)

称重:3900克;测长:52厘米,比普通婴儿均好!

目测并无异常后,张丽珠还是不放心,又小心翼翼地用手抚摸了一遍婴儿的全身,确认这个新生命与此前接生的数万名婴儿并无两样后,她露出了开心的笑容。

张丽珠微笑着抱起了这个孩子,并深情地低头凝视这个新生命。时任新华社记者的唐师曾拍下这一幕。次日,这张照片出现在了各大报纸的要闻版面上。其中的一篇文章概括了其意义,"她(试管婴儿)的诞生,将改写中国人延续几千年的自然生育史。"

挑战不孕不育

1978年7月25日,世界上第一例试管婴儿在英国剑桥诞生。至1984年,张丽珠才开始了试管婴儿的起步工作。此前,张丽珠等中国妇产科大夫的工作重点,除了妇产科常规手术外,主要还是妇女保健、节育和避孕技术。

1946年9月,在上海圣约翰大学获得博士后学位后,张丽珠赴美留学。1951年,张丽珠回国。

"人民的幸福,是国家的责任。他们需要什么,我就研究什么。"在国外学习工作期间,张丽珠的主攻方向是肿瘤,这也是那个时期国际医学界的顶尖课题。回国不久,张丽珠的研究方向很快改为了内分泌方向。

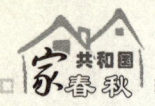

"大约在 60 年代初，北医三院周边有八大院校，突然有大量年纪轻轻的女大学生不来月经了。担心这些女孩子以后不能生育，上级要求查明原因。我把研究方向转向内分泌后发现，她们的生理状况基本正常，营养不良、劳动强度太大等因素影响了她们的身体。后来经济条件好转后，她们都恢复了正常。"

不孕不育也属内分泌的大范畴之内。1983 年前后，常年工作在妇产科一线的张丽珠发现，伴随着社会舆论的开放、经济条件的好转，前来向她咨询不孕不育的育龄夫妇明显增多。

1986 年年底，卫生部将攻克不孕不育列为"七五"攻关项目。张丽珠所在的北医三院、协和医院以及湖南的湘雅医院承担了这项科研任务。

此前，计划生育政策已在中国的各个角落推行。申报项目前，担心与国家政策不符，张丽珠还特意查阅了计划生育的文件。"上面说，国家提倡优生优育，同时还对不孕夫妇提供医疗帮助。"

努力两年成功取卵

郑桂珍是甘肃礼县的一位乡村小学女教师，家中四代单传。为延续自家香火，父母给她找了一个倒插门的小伙子，但结婚 20 年一直未怀孕。通过电视上的只言片语找到张丽珠所在的医院时，已是他们夫妻的最后一线希望。

此时，在世界范围内，试管婴儿技术已经成了生殖科学桂冠上的一颗明珠，各国都在组织力量攻克这一难题。1985 年 4 月和 1986 年 12 月，台湾、香港地区分别报告培植成功 1 例试管婴儿，"但这两例都是外国专家带着全套设备，到当地医院做的示范手术。"

中国大陆地区也打算尝试这一办法。张丽珠说："当时西方的技术，是用腹腔镜配合取卵针取出卵子。外国专家也在北京、广州等地连续做了 10 多例，一个都没成功。他们摇着头说，非常奇怪，他们找不到中国妇女的卵子。"

医学资料表明，女人一生只排出 400 个卵子。这些卵子生活在卵泡中，每月成熟一个。试管婴儿技术的第一步，则是改变这一自然状态，人工催熟多枚卵子，而后将其取出。

取卵这一步，也困扰了张丽珠两年多。"后来我发现，中外妇女体质不同。因为当时的营养问题，很多中国妇女输卵管不通是由结核病导致的，而结核产生的粘连挡住了卵巢。外国专家在腹腔镜内看不到卵子，就是这个原因。我就考虑，能不能在治疗疾病、松解粘连的过程中，用手摸到包裹卵子的卵泡，而后人工取卵。即使不行，至少也治了病。"

思路有了，但这些珍贵的、用一个少一个的卵子长得什么样？包裹卵子的卵泡长得什么样？均无医学资料记载。素有胆大之称的老太太张丽珠找来了兽医学中猪的卵子图样做参考，开始逐一甄别。

取卵的针，是特制的。针头用秃以后，国内并无生产，大家一筹莫展。老太太找到街头的钟表匠，重新磨好了针头。"说也奇怪，那时候，很多实验材料都是重复使用，但我们严格按照消毒规程办，一个都没感染。"

克服种种困难之后，胜利终于如期而至——两年之后的一个清晨，张丽珠取卵成功！

试管婴儿诞生

取卵成功，只是第一步。紧随其后的，还有体外授精、胚胎培养和胚胎移植等三道关口，其中最难的是胚胎移植。

当时已经38岁的郑桂珍，起初并不被张丽珠看好。"最适宜的怀孕年龄，在25岁到30岁之间。她找到我时已38岁了。另外，她的子宫内膜条件也不太好。之前，我们曾经做过12例胚胎移植手术，很多母亲自身条件很好，都没有成功。"

1987年6月24日，张丽珠从郑桂珍体内取到了4个成熟的卵子；25日，这4个卵子受精成功，并分裂出了4到8个细胞；26日，为稳妥起见，张丽珠把这4个胚胎，全部"种"到了郑桂珍的子宫内。

奇迹终于发生——7月10日，与之前的12例不同，郑桂珍出现了早孕反应。随后，其中的3个胚胎自然萎缩，剩下的那个胚胎开始正常发育！

"孕育生命，实在是一件复杂而神奇的事。1978年，剑桥大学培植人类首例试管婴儿时，直到第41例才出现小便妊娠反应转阳，但不巧是宫外孕；继续进行到102例时，才真正成功。说实话，我并不知道这一次能够成功，虽然每一次，我都尽

● 那一刻

1988年3月10日，中国大陆首例试管婴儿在北医三院诞生。

● 亲历者

（本报记者 周民摄）

张丽珠

北医三院妇产科前主任。曾成功培育出中国大陆首例试管婴儿、首例冻融胚胎试管婴儿、首例代孕母亲试管婴儿，被誉为"神州试管婴儿之母"。

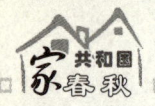

了百分之百的努力。"

郑桂珍剖腹产下首例试管女婴后不久,张丽珠的实验室,又诞生了第二例试管婴儿。当年6月,使用与张丽珠相同的"修复卵巢同时取卵"的方法,湖南湘雅医院也培植出了中国第三、第四例试管婴儿。

同期开展项目的另一家医院,因为始终采用国外的腹腔镜技术,则没有一例成功——镶嵌在生殖科学桂冠上的这颗明珠,最终被中国人用自己的土办法摘下。

一年诞生数万婴儿

试管婴儿技术诞生的这21年间,即使是20%至25%的手术成功率,依然令无数不孕夫妻心动不已。

2009年年初,张丽珠接到了一个老患者的电话。1988年,在张丽珠的帮助下,她怀孕成功,但"因丈夫不好放弃了那个孩子"。这一次,年岁已高的她带来了自己的外甥女,要求用外甥女的卵子结合捐精,然后在她的子宫里制造一个孩子。

张丽珠有些奇怪,领养一个好了,干吗这么折腾?对方称,"我就是想要这种制造生命的感觉。"

事实上,这也是很多不孕夫妇的共同心情。生育一个自己的孩子,被他们视为"人世间最大的幸福"。

技术也在飞奔向前。昔日开腹取卵的手术,从1989年开始,被张丽珠改进成了B超配合阴道一根针的方法,根本无需开刀;昔日单一的卵子体外授精,现在也已发展出了"单精子注射"、"冷冻精子、卵子、胚胎"。"(现在可以)一次取8个卵子。制成胚胎后,一次种两个,其他的冷冻起来。不成功还可再种3次。"

如今,在北医三院,昔日那个只有两间小平房的实验室,已经变成了亚洲最大的生殖服务机构;在全国范围内,有100多家医院同时开展了这些业务,每年诞生的试管婴儿数以万计。而持续工作至82岁的张丽珠,已戴着试管婴儿之母的桂冠离开了手术台。2009年8月底的一次会议上,她继续呼吁改变"禁止代孕手术"的一刀切政策。她说,理由有二:一是法律只能监管正规医院,而一些不具备基本医疗条件的黑机构私下开展这类手术,实际上给患者带来了更多的危险;二是特殊人群确实需要这类医疗帮助,若严格监管,将能给予他们生儿育女的幸福。"有人民,才有国家。人民有需要,国家应创造条件来满足,而非简单的一刀切。"

文章开头提到的那个试管婴儿,被父母起名为郑萌珠,意为"郑家萌生出来的珍珠"。其中的"珠"字,取自张丽珠的名字。2009年,从西安一所民办大学毕业后,活泼开朗的她来到北医三院打工。

北京亚运会志愿者制度首次试水

■ 欧钦平

除了熊猫"盼盼"和《亚洲雄风》，人们对于北京亚运会似乎早已印象模糊，刚刚过去的北京奥运会的盛大与辉煌，更让当年那些曾经激动人心的场面相形见绌。

然而，对于1990年的中国，举办亚运会着实有着非同寻常的意义。作为中国首次举办的综合性国际体育大赛，北京亚运会担负着诸多超乎竞技体育的使命：对内凝聚人心、振奋意志，对外则承担着打开外交局面、改善周边环境的重任。北京的城市建设，也因此迎来一个大的发展机遇。

盛会改变城市格局

东富西贵，南贫北贱——说起古都北京的城市格局，人们往往会想到这两句流传已久的俗语。

直到上世纪80年代中期，北京的主城区仍局限于现在的三环以里，一南一北发展相对滞后的格局，并无根本改变。

地处祁家豁子的中科院地质研究所工作人员，那时仍习惯自称"住在北京郊区"，从他们略显突兀的6层办公楼向北望去，是一眼看不到边的庄稼地。

如今，这一带被称作"亚奥地区"，是北京楼市最炙手可热的区域之一。

有意思的是，这场始于80年代中期的城市格局之变，与一场运动会的召开有关——这便是1990年在京举办的第十一届亚运会。

1983年8月，中国奥委会向亚奥理事会提出申请，希望由北京承办第十一届亚运会。次年9月28日，亚奥理事会在汉城大会上正式批准这一申请。

时间往前推一个多月，中国体育代表团刚刚在洛杉矶奥运会上以15枚金牌的成绩大放异彩。亚运会花落北京，无疑是喜上加喜。

5年前才获准重返国际奥林匹克大家庭的中国，此时信心满满。

庄稼地建起亚运场馆

按照长期从事体育外事工作的张清的理解,从参加国际大赛到举办国际大赛,中国对外希望借此扩大开放,在国际上重新树立大国形象,对内则希望以此为"抓手"加快城市建设,提高国人物质文明和精神文明。

1985年4月,北京亚组委成立。次年,包括国家奥林匹克体育中心、运动员村在内的亚运会工程,在北京中轴线北端上百公顷的庄稼地上破土动工。

与此同时,一批配套工程纷纷上马,北四环大部分路段于亚运会前建成,比四环路全线贯通(2001年)提早10多年,中轴路从鼓楼外大街延伸至北四环,最初于60年代开始建设的首条环城快速路二环路亦加快建设步伐,最终于1992年全线贯通。

历时4年、投资20多个亿,这样的建设规模虽然无法和后来的奥运会相比,但这已经是北京继50年代兴建人民大会堂等"十大建筑"以来的又一次大规模建设。

邓小平在视察亚运会场馆时,十分幽默地表达了他的赞许:"都说外国的月亮圆,我看中国的月亮也很圆嘛。"

"因为举办亚运会,首都交通、场馆、环境等硬件设施水平都得到大幅提升。"8月20日下午,在位于天坛饭店的办公室里,正忙着为广州亚运会出谋划策的张清总结说。他曾参与北京亚运会的组织工作,后两次参与申奥。

在此后的20年间,因为举办奥运会这一重大机缘,北部城区一直是北京城市建设着力最多的区域之一。时至今日,奥林匹克中心区已经成为足以和中关村、CBD、金融街相提并论的重点产业功能区。

首次启动志愿者制度

除了崭新的场馆,留在张清记忆深处的,还有当年全民参与亚运会的热烈气氛。

憨态可掬的熊猫"盼盼"、并非主题歌却传唱甚广的《亚洲雄风》、来自雪域高原的圣火、开幕式上气势宏大的团体操,一一构成张清和亿万国人对那个年代的集体记忆。

"今天你捐了没有"则一度成为彼时的流行语,为了举办北京亚运会,全国数千万人慷慨解囊,共捐款2.7亿元,占全部投入的1/10强。

据张清介绍,借首次举办综合性国际体育大赛之机,当时方方面面做了不少工作,不仅在全社会形成了一次体育知识和运动精神的大普及,同时也是志愿者制度的第一次试验，为后来举办奥运会积累了不少经验。

据时任国家体委主任、亚组委执行主席的伍绍祖回忆，当时的志愿者被称做"义务服务人员"，北京亚运会期间，亚组委和共青团北京市委组织的在册"义务服务人员"达20万人，实际服务亚运会的"义务服务人员"超过40万人。

张清当时负责的是各代表团的接待工作，亚组委为他从体委系统和外交部系统抽调了38名官员作为"联络官"，分别与38个代表团对接（后因伊拉克入侵科威特遭亚奥理事会制裁，实际参会代表团为37个），500多名联络员则是来自北外等5所高校的大学生志愿者。

时至今日，张清仍然对这些大学生志愿者的奉献精神记忆犹新。

亚运村没有志愿者工作餐厅，也不提供盒饭，500多人一到饭点儿就只好去周边少得可怜的几个小餐馆"打野食儿"。

有些竞赛项目的运动员一大早就要去场地热身，有些比赛可能会一直拖到半夜才结束，这可难坏了全程陪同的联络员，当时北京的公共交通不比现在，太早了他们没办法坐车赶往亚运村，太晚了又没办法回学校。

有的大学生志愿者不懂体育，必须进行从通用知识到专业知识的全盘培训，可是连固定的培训场所都没有，只能"东一个培训，西一个讲座"，抢时间完成培训计划。

张清记得有一次全体联络员会议实在找不到地方开，又赶上下雨，500多人就在升旗广场打着雨伞听他讲话。

就是在这样艰苦的条件下，张清和他的团队克服种种困难，出色地完成了代表团接待任务，

● 那一刻

1990年9月22日至10月7日，第十一届亚运会在北京举行，这是中国第一次举办综合性国际体育大赛。

● 亲历者

（本报记者 欧钦平摄）

张 清

64岁，河北人。曾任国家体育总局国际司副司长、水上运动管理中心主任。北京亚运会时负责运动员接待工作，后两次参与申奥，并任北京奥组委执行委员、国际联络部主任等职。

"从结果来看,也不全是坏事。困难磨练和锻炼了一大批青年学生、教师和干部,这些人中有很多后来成了各方面的精英。"

18年后的北京奥运会,又有10多万名志愿者为北京奥运会和残奥会做出贡献,很多年轻人正是出于磨练自己的意愿加入这个光荣的队伍的。

国人信心倍增

在当年的亚运会上,中国代表团636名运动员参加了全部27个项目和两个表演项目的比赛,斩获183枚金牌,占金牌总数的3/5,奖牌总数达341枚,远超日韩,雄居亚洲霸主地位。

对于因两年前在汉城奥运会上只有5金入账而信心低落的中国体育界,这样的成绩无疑是一剂强心针。

与此同时,中国健儿在竞技场上的优势,也在无形中转化成国人的自信,民族自豪感一时间小小爆棚。

时隔多年之后,早已离开中国体育掌门人职位的伍绍祖,仍然乐于和采访他的记者分享当时流传的一个段子:两个人走在街头,无意中撞着了,剑拔弩张之际其中一人说,"小子,今天不跟你吵,办亚运会呢!"冲撞之气顿时烟消云散。

正是借着亚运会的这股热乎劲儿,中央拍板当年即刻启动申奥。亚运会结束之后,亚组委直接转变为申奥团队,目标直指2000年奥运会,不料3年后抱憾蒙特卡洛。

首次参与申奥的张清,当年正是在遥远的摩纳哥度过了那个不眠的"黑色星期四"。

让世界了解中国

人们常说体育赛场是一个没有硝烟的战场,当时光回到1990年,在亚运赛场之外,还存在另一个看不见硝烟的战场,角力的双方是中国和并不友善的国际环境。

如果说运动员在赛场可以友谊至上不那么计较比赛结果,后一场角力则没有退路。

当时身为国家体委国际司一处处长的张清,其日常工作就是和各国际体育组织打交道,熟知国外情况的他对当年中国所面临的国际环境有着深切的体会。

"当时,欧美主流媒体关于中国的报道,多数都是负面的。改革开放的国际环境遭到空前挑战。"张清说,在这样的情况下,中国十分需要发挥体育作为民间外交主要平台的作用,以举办亚运会为契机打开局面,改善周边环境。

据张清回忆,当时国际上曾有声音说要抵制北京亚运会,由于外交部门和亚组委做了许多卓有成效的工作,最后并未发生这样的情况。相反,37个代表团参会在当年创下纪录,台湾地区也在时隔12年后重返亚运赛场。

不过,张清说,那时由于外面对中国的真实情况了解不多,种种偏见、误解和有意的曲解甚至恶意的攻击都是真实存在的。

他记得日本代表团过来的时候,带了几个集装箱的食品和饮料,"在他们的想象中,中国是一个又穷又乱的地方,没想到过来一看,吃的东西什么都有。"结果亚运会结束后,日本代表团离开时扔下大量带来了却来不及吃的食品。

来自台湾的运动员教练员私底下聊天时告诉接待人员,他们那边的媒体老说大陆"处于水深火热之中",结果来到北京一看,根本不是那么回事。

半个多月会期,6000多名境外运动员教练员来北京比赛,报道比赛的媒体记者和观赛的外国游客接近20万人,通过各种报道了解亚运关注北京的外国人更是数以亿计,这无疑给了中国一个最好的宣传自己、展示自己的机会。

据张清回忆,为了让这些远道而来的客人更好地了解中国,增进彼此的了解和友谊,亚组委在比赛之外组织了不少参观访问和交流活动,光大型的登长城活动就搞了3次。

"眼见为实嘛,这么多人亲自过来看看,比什么都更有说服力。"张清说这次亚运会基本上达到了将一个比较真实的中国展示给亚洲各国的目的,为改善周边环境做出了贡献。

10月7日的闭幕式上,沙特阿拉伯代表团打出"谢谢你中国"的横幅,孟加拉国代表团则打出"中孟友谊万岁"的标语。

18年后的2008年,世界给了中国一个更大的舞台,中国则回报给世界以加倍的惊喜。

北京申奥曾受假新闻干扰

■ 翟烜

从22岁走出大学校门,魏纪中就开始了他长达50年的体育外交生涯。可以说,今年已73岁的魏纪中全程见证了中国奥运的近代史。从中国重新进入国际奥委会,到成功申办和举办北京奥运会,他始终是一个参与者和见证人。

"没有政府主导,就办不成奥运会。"魏纪中说,大到奥运会开闭幕式前的交通管制,小到各国运动员的衣食住行,都离不开政府的支持。在他看来,北京奥运会最大的经验就是政府主导。

遭国际体育界"封锁"

1958年,魏纪中被分配到国家体育运动委员会工作。当时,为了抵制"两个中国",中国宣布退出国际奥委会。而国际奥委会的态度也很强硬,禁止各国运动员与我国运动员比赛。当时,除了国际奥委会之外,还有国际田径联合会和国际足球联合会也采取了强硬态度,那时候和我国还维持关系的国际单项运动联合会,只有滑冰、冰球和乒乓球。

在国际奥委会和一些主要的国际单项运动联合会"封锁"下,我国运动员只能与当时的社会主义国家运动员进行交流。后来,这些国家的一线运动员也回避与我们的交往,担心国际体育组织找他们的麻烦。

1974年,邓小平开始协助周恩来总理主持国务院工作后,他提出要把恢复我国在国际奥委会的合法席位问题提上日程,要恢复我国在其中的合法地位。自此,一个恢复中国在国际奥委会合法席位的工作小组立即成立起来。在经过两个月的筹备和对外使馆的支持配合下,第一个工作队分两批进军欧洲,主动上门找国际奥委会委员一个一个地做说服工作。

作为翻译,魏纪中全程参与了此次说服工作。他清楚地记得,绝大部分委员始终不认同中国的说明。直到与当时还只是奥委会委员的萨马兰奇谈话后,说服工作才出现转机。萨马兰奇明确表示支持中国，他的理由是中国是个大国，国际奥委会缺了中国，称不上是一个世界性的体育组织。

但是，在恢复我国在国际奥委会合法席位的工作初见成效时，却被国内"反右倾翻案风"的政治运动叫停。直到四年之后的1978年，邓小平再次提出，要继续进行恢复我国在国际奥委会合法席位的工作。可是"两个中国"的问题依旧是最难破解的难题。

重返国际奥委会

在恢复会籍工作进入最后"死结"的阶段，1979年元旦，全国人大常委会发表了《告台湾同胞书》，阐述了在一个中国的大原则下，允许台湾的中国运动员参加国际比赛，允许台湾的奥委会继续留在国际奥委会内的可能。这就为解决这个难题打开了新的思路，使得此事出现实质性的转机。

1979年10月，国际奥委会执委会通过了恢复中国奥委会合法席位，确认中国奥委会是代表全中国的唯一合法奥委会，允许台湾的奥委会在改旗改歌的条件下，以"中国台北奥委会"的名义保持其在国际奥委会的会籍。

在国际奥委会获得合法席位后，中国匆忙组织队伍参加了1980年在美国普莱西德湖市举行的冬季奥运会，这也是五星红旗第一次引导中国运动员进入奥运会的入场式。与此同时，萨马兰奇在莫斯科成功当选了国际奥委会主席一职。自此，中国的奥运征途正式走向蓬勃发展的道路。

1984年洛杉矶奥运会上，中国派出了庞大的奥运军团，实现了中国奥运金牌"零的突破"，并以15块金牌的成绩让中国重新登上了国际体

● 那一刻

2001年7月13日，国际奥委会在莫斯科投票决定，北京成为2008年奥运会的主办城市。

● 亲历者

魏纪中

1936年11月生于上海，祖籍浙江余姚。从1974年起介入奥林匹克运动，先后担任过12年中国奥委会秘书长、北京奥组委高级顾问、亚奥理事会体育运动委员会主席、北京奥运经济研究会会长等重要职务。

育大舞台。而在汉城奥运会之后，中国奥委会已经开始考虑为北京未来举办奥运会预留规划空间。

"2008年北京奥运会，实际上就是主要利用了当时的预留空间。"魏纪中说。

亚运成功后启动申奥

1990年7月，邓小平在视察亚运工程时曾说："你们敢不敢去申办一次奥运会啊？"这句话当时虽然没有得到陪同人员肯定的回答，但是，同年9月，在东京召开国际奥委会会议的全部委员被邀请到了北京观摩亚运会，这在亚运会的历史上也是没有过先例的。亚运会的开闭幕式以及整个过程都获得了委员们极高的赞誉。

在亚运会闭幕式结束后，时任国务委员的李铁映和北京市以及国家体委的领导达成一致意见，即先组织一个以国家体委和北京市为主的班子，对是否申办奥运会的问题做调查研究，并最终由中央定夺。同时，亚运会组委会骨干投入申办2000年奥运会研究之中。

时任申办小组秘书长的魏纪中说，他们先后搜集整理了承办一届奥运会在硬件和软件以及财政和技术等方面的各种需求，同时也考量了在市政建设和城市现代化服务方面的各种要求。

经国务院各有关部委、北京市各有关部门及国内外专家的评估后，并最终得到国务院的赞同和全力支持。自此，北京申办2000年奥运会的工作于1991年下半年正式启动，并打出"开放的中国盼奥运"的口号。

此次申奥得到了国际奥委会主席萨马兰奇的支持。萨马兰奇明确承诺，不参加遴选奥运会主办城市的各轮投票，只有在最后一轮投票票数仍然相等时，他才投下决定性一票或者做出下一步该怎么办的决定。作为呼应，不少国际奥委会委员也对北京申办2000年奥运会表达了支持，其中尤其以亚非拉的委员居多。

申奥受假新闻考验

北京申办2000年奥运会一下成为一个重要事件。国外有不少政客纷纷发表议论，还有一些政治机构也作出决议，反对北京举办奥运会。

作为秘书长，也是新闻发言人，魏纪中一出现在公共场合，后面肯定会跟着许多记者，他们根据自己不同的立场，提出有"选择"的问题，而他只能耐心地应对。在与拥有投票权的委员面对面谈话时，他必须阐明他们所提问题的真实情况，来影响对方的观点和判断。

魏纪中说，无论是记者，还是国际奥委会委员，除了一些"持不同政见者"提出的有政治意味的问题之外，北京的环境问题也是他们关心的重点问题之一。有人甚至发出疑问："如果北京拿不到申办权，还会投资改善环境吗？"由此可见，北京申办2000年奥运会的历程承受了各方面的压力。

1993年9月，国际奥委会投票决定，北京和澳大利亚的悉尼、英国的曼彻斯特成为最终入围的申办城市。竞争对手都是英联邦国家，所以，北京不得不面临以一敌二的局面。

"如果北京不能速胜，则越往后越不利。"魏纪中说，当时委员们可以访问每一个城市，申办国也可以找借口去拜访委员拉票，所以，在最终投票前，每个申办城市都忙得不亦乐乎。

就在国际奥委会开会前4天，一家国外电台断章取义地发布了一篇文章，大致内容为：如果北京拿不到主办权，就要抵制1996年亚特兰大奥运会。这个爆炸性新闻的发布，不可避免地引发了一些国际奥委会委员的误会。为此，中国特地召开了新闻发布会，表达了中国希望派更多运动员参加的意愿，最大程度平息了这场风波。

这件事情平息后，北京的申奥似乎又走上了正轨。根据国际奥委会副主席何振梁的判断，北京获得主办权还是比较乐观的。为此，魏纪中开始奔赴自己熟悉的委员所在国，进行最后时刻的拉票。

首次申奥惜败

终于到了最后的时刻。魏纪中记得，国际奥委会的投票是在法国蒙特卡洛举行的，每个申办城市都有机会面对委员进行最后的陈述。在投票前一天的一小时的演练时间里，他们发现陈述时所用的宣传片整体色调还不够明亮，但已经无法补救了。他们确定了陈述人目光所对的方向，以及陈述团如何入场，希望这些次要的因素也发挥出最大的作用。

"我们的陈述并没有失分，但是也很难说强于竞争对手。"魏纪中说，各国的政治、经济、社会和文化不一样，很难有优劣之分，但是，自己没有失分的表现，让他们也充满了信心。正式投票开始后，每一轮只能知道谁淘汰出局，但不知道究竟得了多少票。

最终，北京和悉尼展开最后一轮的竞争，在萨马兰奇拿着密封的信封走出来时，他们没有从何振梁的脸上看出喜悦。此时，他们马上预感到了不妙，结果萨马兰奇的口中念出的果然不是北京，而是悉尼。

魏纪中清晰地记得，第一次申办失败后，代表团中不少人都哭了。

再次申奥成功

1999年下半年,中国奥委会开始听取各方关于申办2008年奥运会的意见。魏纪中在是否申办2008年奥运会的会议上表示:"我认为现在是我们考虑再次申办的时候了,现在机遇好,假如错过了,一定会成为我们又一次遗憾。"

在听取各方面意见后,包括北京在内的一些大城市,都表示了愿意为此作出贡献的态度。经过表决,全会一致通过由北京申办2008年奥运会的决议,并立即启动了申办工作程序。

这个消息传出后,国际舆论普遍认为北京确实具备了成熟条件。魏纪中认为,只要我们不出现大的失误,此次成功的把握会非常大。他说,在他平日与国际奥委会委员的接触中,对方的言谈中已经表现出了发自内心的对北京支持。而且,对于这次申奥,北京市政府投入的力量比上次更大,申办的班子从一开始就颇具规模,而且不断充实。从分工上,北京与国家体育总局也非常明确,申办工作不但力度大,而且扎实稳健。

2001年1月,北京奥组委向国际奥委会提交正式的2008年北京奥运会申办报告。这是一部由英、法两种文字写成的报告书,其中所列的内容将被视为北京对国际奥委会的承诺。这部报告书图文并茂,总共599页,分3卷。全程参与了此次定稿工作的魏纪中说,他和团队成员最终修改了350页,有的一次修改后还是不满意,又进行了第二次修改。这是他有生以来最累的一次工作经历。

2001年7月13日,一个重要的时刻来临——国际奥委会在莫斯科投票决定,北京成为2008年奥运会的主办城市。

1978年改变中国走向的41天

■ 王 阳

1978年12月22日，京西宾馆，历时5天的中共十一届三中全会落下大幕。此前，长达36天、远超预定会期的中央工作会议刚刚结束。

前者，是新中国建国60年来一个最为重要的历史转折点。后者，则在中共党史上略显神秘。事实上，三中全会是将中央工作会议的成果在程序上加以确认，一切问题都已在之前的这次会议上获得解决。

1978年秋冬之交，究竟发生了什么，令这场党的最高会议发生了"违反主持人意愿"的改变，同时也令中国这艘巨型航母转了一个大圈？

212人出席大会

京西宾馆，是北京的一个政治地标。上世纪60年代建成后，这里一直是中央最高会议的召开地之一。

1978年11月9日，时任国务院政策研究室负责人、中国社会科学院副院长的于光远到这里报到。开会的代表共有212人，按地域分6组，除23名政治局委员和3名候补政治局委员外，其余均是各省市自治区、各大军区、中央各部委的第一二把手。

仔细研读这份名单，212人中，有的是中央委员，有的不是。不是的，大多是在"文革"中受迫害的老同志。粉碎"四人帮"后，这些老同志陆续回到了原来的重要岗位。

参加会议的于光远注意到了这一点。他撰文回忆说，大会规格高，成分好。前一句话的含义是：参加大会的人，囊括了各个重要职位的负责人，够得上一个中央政治局扩大会议的规格；后一句话的含义是，站在"两个凡是"立场上的人也有，但已不占优势。

11月10日，中央工作会议开幕。华国锋讲了1个多小时。按照他的设计，会议

的议题有三项：讨论工作重心转移问题、农业问题、1979~1980年国民经济计划安排问题。

很多人很奇怪，决定这次大会走向、乃至中国此后走向的邓小平这一刻并没出现在主席台上。事实上，他此刻正在东南亚访问，直到14日才返回北京。

过去一年内，这位粉碎"四人帮"后再度出山的老一辈领导人，已马不停蹄地走访了日本、新加坡等8个国家以及国内的大多数省份。对外，他感慨，"越看越感觉我们落后"；对内，他自言"到处煽风点火"，要求发展经济。

多年以后，很多文章喜欢用"乍暖还寒"来形容这一年。

在中国的广大地域内，很多人有同样的感受：高考在邓小平的推动下已恢复，上山下乡不再是中学生的唯一出路；科学的春天已来临，邓小平在年初的全国科学大会提出，"科技是生产力"。

但在人们的心中，宛如初春时的乍暖还寒时节，此刻的政治气象却令人迷茫。于光远回忆说："粉碎'四人帮'已两年多了，原本应有一个新气象，但遗留下来的许多大是大非问题，比如'四五'悼念周总理事件，一直拖着没彻底解决。另外，党内个人崇拜和个人独断没受到批判，吹喇叭、抬轿子者不乏其人。大家都极不满意。"

陈云开了第一炮

11月12日，与前一天的沉默听会不同，陈云在东北组内点响了第一炮。

于光远回忆说，看到人员名单，发现发动"两个凡是"的人、反对"实践是检验真理的唯一标准"的人，都在这次大会上，他就有一个预感——大会一定能有所作为，关键是谁开第一炮。

正式发言前，陈云先问该组召集人黑龙江省委第一书记杨易辰："敢把我的发言一字不落地上简报吗？"杨答，当然可以。

陈云拿出已经拟好的一张公文纸，带着一点吴越口音的普通话在会场上响了起来，时间不长、会场极静。陈云提了6个问题，大意为：薄一波等61人叛徒集团案，陶铸、王鹤寿等被错划叛徒的人的问题，应予以复查；彭德怀的骨灰应放到八宝山革命公墓；中央应肯定"四五事件"；康生的错误很严重，应给以批评；……

发言完毕，陈云又问了一遍，敢不敢登简报？会后，简报人员要删去这几条，陈云不同意。当晚，华国锋亲自跑到陈云家中劝说，谈了一小时，陈云不改，坚持要上简报。

6个问题全部上了简报，此前的平静顿时被打破。

当天下午，姚依林在华北组，吕正操在华东组，表示赞同。

13日，萧克等人再次在华东组内重复这一发言，要求中央明确态度。

13日，第二次全体会议举行。按预先计划，华国锋等人宣布，此后的6天将开始讨论农业问题，但大多数人继续围绕陈云提出的这6个问题展开讨论。

未经批准的发稿

历史转折的来临，看似很不经意，实际上是很多人的共同推动。

14日下午，结束了东南亚考察的邓小平回京。次日，《北京日报》在刊登这一消息的同时，还刊登了北京市委扩大会议的消息。

这篇长达4000多字的消息中，埋在文章末尾、只有239个字的一小段引起了住在京西宾馆的一些人的注意。这段文字说："1976年清明节，广大群众到天安门悼念我们敬爱的周总理，愤怒声讨'四人帮'，完全是革命行动。对于因悼念周总理、反对'四人帮'而受到迫害的同志一律平反，恢复名誉。"

中午，正要睡午觉的于光远被叫到了《光明日报》总编辑杨西光的房间内。室内，还有新华社社长曾涛和《人民日报》总编辑胡绩伟。

曾涛等人认为，这是北京市对"四五事件"的一个平反，他们想单独摘出来，标上"天安门事件完全是革命行动"这样一个鲜明的标题发稿。

于光远后来回忆道："我特别仔细地看了他们划道的那几行。第一反应是，新闻稿的标题和北京市委会议上的那几句话不完全对得上号……但我转念一想：这段话虽没写明天安门事件的性质如何，但实质上是平了反。只是因为中央没表态，不敢明白写出来。"

于光远投了赞成票。次日上午，人民日报在头版头条刊登了这篇文章。

当这一天的《人民日报》送到京西宾馆会场后，代表们兴奋地上前和曾涛握手。晚饭时，江西省委书记白栋材等人告诉曾涛，"如果你因此呆不下去，欢

● 那一刻

1978年12月22日，中国共产党十一届三中全会落幕。全会决定把党的工作重点转移到现代化建设上来，拉开了中国改革开放的序幕。

● 亲历者

于光远

1915年出生，1936年毕业于清华大学物理系；曾任国务院政研室负责人、中国社会科学院副院长、国家科委副主任、中顾委委员。

迎你到我们那儿"。

于光远还记得，上午8点多，他去西北组会议室，有位政治局委员坐在沙发上一言不发，后来说了一句，"像这样大的事，总应该在政治局谈一下才对"。当时在场的人几乎同时反驳他说："这么做有什么不好？"

《于无声处》北京首演

事实上，为"四五事件"平反的呼声，已不局限在京西宾馆这一个舞台。

11月16日，继9月在上海公演并获得无数好评后，话剧《于无声处》在首都举行了隆重的首演仪式。

《于无声处》故事很简单：梅林和儿子欧阳平途经上海，来到老战友何是非家中。得知欧阳平因收集天安门诗抄而成为被追捕的反革命分子，何是非向"四人帮"告密。欧阳平被逮捕，何是非的妻子、女儿与何决裂。

这个简单的故事，在1978年的中国掀起了巨大热潮。当时的新闻报道说："剧终，'人民不会永远沉默'这最后一句台词念完后，灯光骤亮，许多人哭着、抽泣着，拥上舞台，拥住了台上的演员。这些在审查期间从未屈服的人，此刻眼里闪着泪花。"

能够公演，说明"四五事件"已在普通人心目中、在文学上获得了平反，但京西宾馆内，两种力量还在较量。

为畅所欲言，一些小组决定让服务人员离开，自己倒水。开始还有些遮掩，后来直接点名道姓，一些过去不能谈、不敢谈的禁区，在简报上开始出现。

会上也有少数发言，仍然带有"文革"时期"假大空"的遗风。个别代表，一上来就说什么"英明领袖"、"非常重要"、"极为鼓舞"等套话。到了后来，这种发言与会议整体气氛极不协调，也就销声匿迹了。

人事"只上不下"

历史性的转折，在中央工作会议的第三次全体会议上终于到来。

11月25日，华国锋代表政治局宣布，对"四五事件"平反，同时对陈云提出的那些重大遗留问题进行审查。热火朝天、开诚布公的讨论在继续。原定20天的会期被多次延长。最开始的小组内部讨论，现在已变成了小组间通过简报来呼应——简报因此越来越长，最长的一份甚至有42页。

这是一个民主的大会。话题转到人事方面时，除了批评已过世的康生、谢富治外，一些老干部开始点名批评几位在位的较"左"的中央政治局委员。

这也是一个宽厚团结的大会。

12月1日，鉴于许世友、任仲夷、万里等人对几位政治局委员有比较大的意见，而大部分代表的兴奋点始终不能远离历史遗留问题，政治局常委邓小平找来他们谈了一个多小时。这位儿子在批斗中致残的老人恳切地说："历史问题只能搞粗，不能搞细。一搞细就要延长时间，这就不利。算我一个请求，要以大局为重，道理在你们，在群众。但现在有个大局问题，国内需要一个安定团结的局面。"

"对中央的人事问题，任何人都不能下，只能上。对那几个同志要批评，但不能动，实际上不止他们几个。对那些大家有意见的人，过关算了。检讨没有全过关的，我们过去也没过关嘛。"

改变世界格局的 1978

日后中国的一切巨变，都可以在这41天的大会上窥见端倪。12月13日，中央工作会议举行第四次、也是最后一次全体大会。华国锋就此前坚持的"两个凡是"作了检讨；邓小平在大会上作了改变中国命运的《解放思想实事求是团结一致向前看》的主题讲话。

12月22日晚10点，十一届三中全会闭幕。有了前面的铺垫，三中全会开得热烈而高效。新中国历史上最大的一次巨变此后悄悄走来。

领袖个人，不再是真理的代名词。华国锋在大会上脱稿说了一句话，"党中央是集体领导，希望各地请示时抬头不要写华主席、党中央，只写党中央就可以"。次日的分组讨论会，有代表将其归结到党内民主生活的高度。过了几天，邓小平特别指示，把这个写进三中全会的公报！

农民对土地的热情，在此后不久被激发。会议文件虽继续要求"两个不许（不许包产到户，不许分田单干），但"农业学大寨"的口号消失了。

三中全会还选举了中央纪律检查委员会，陈云为第一书记。日后，这个机构成了一个长保党的肌体纯洁、清除腐败的重要机构。

《时代周刊》预见到了这一点。当年年底，他们将邓小平评为1978年的世界年度人物，用整整48页的篇幅介绍了这位小个子巨人的几起几落，以及他背后即将打开开放之门的中国。

这篇报道描绘得还不够。大约28年后，英国《卫报》刊发评论称，1989年的东欧剧变，结束了20世纪两个大国对峙的世界格局；而1978年，一个社会主义国家尝试性的一步，创造了21世纪的新格局。

与外媒着眼于世界格局变换的报道角度不同，中国的很多媒体喜欢用"春天、春雷"这类词语来形容这场大会。他们说：春天，在这一刻降临大地，降临到每一个中国人的心中。

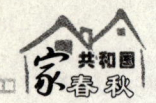

真理标准大讨论吹响改革开放号角

■ 沈佳音

1978年5月11日,《光明日报》刊发社论《实践是检验真理的唯一标准》。这成了引发真理标准大讨论的导火索,为中共十一届三中全会顺利召开奠定了基础。中国由此进入了一个新时代。

临时约稿

"'文革'中批判'唯生产力论'是完全错误的。'唯生产力论'根本就是历史唯物论的观点嘛!没有生产力,物质靠什么去创造?"南京地区理论研讨会上,南京大学哲学系教师胡福明的发言一开始就掀起了轩然大波。

那是1977年7月,"文革"刚结束。社会上依然流行"抓革命,促生产"这样的口号。尤其是这年2月7日,两报一刊发表了社论《学好文件抓住纲》,提出"两个凡是"。"凡是毛主席作出的决策,我们都坚决维护,凡是毛主席的指示,我们都始终不渝地遵循。"

这使人们的思想受到了极大束缚,拨乱反正难以深入下去。中国前景再蒙阴影。

会议上,好几个人立即起来反驳胡福明。胡福明毫不示弱,据理力争。

但胡福明的话却句句落在了旁听的《光明日报》编辑王强华心里。不久前,他在北京就听著名学者于光远等人肯定"唯生产力论"。他觉得胡福明思想敏锐,见解独到。

于是,会后,王强华主动过去找到素不相识的胡福明。他希望胡福明从马克思主义基本理论出发,就拨乱反正、促进思想解放这一主题写一篇文章,在《光明日报》哲学专刊上发表。

胡福明也正有此意。1966年,他被错打成黑帮分子,两岁的小女儿被人骂作"黑崽子"。"文革"后,他着实兴奋了一阵。然而,"两个凡是"甚嚣尘上,又使其重新陷入了苦闷。

独自成稿

此时,胡福明心里正酝酿着一篇批判"两个凡是"的稿子。但"两个凡是"是当

■1978年5月11日,《光明日报》头版发表特约评论员文章《实践是检验真理的唯一标准》。(本报记者 胡雪柏摄)

时中央的方针,如果直接批判它,危险性显而易见。而且即便胡福明敢写,当时也没有一个报刊能公开发表。

胡福明左思右想,为"两个凡是"找了一个"替身"。他选择林彪的"天才论"、"句句是真理"、"一句顶一万句"等谬论作为靶子。

他文章的核心就是"只有实践才是检验真理的标准"。为了增强说服力,胡福明还打算发起"语录战"。即文章主要论点论据,都引用马克思、恩格斯、列宁、毛泽东等人著作的原文。既然革命领袖都是自觉运用实践标准来检验自己理论的,其他马克思主义者更不能例外。

他深知这篇稿子的严重性。为了避免日后"株连",他也不跟其他人商量,自己默默地构思。

文章的布局已在心里基本成型。这时,胡福明的妻子被查出患有肿瘤,入院手术。于是,胡福明把书桌搬进了医院。他把《马克思恩格斯选集》、《列宁选集》和《毛泽东选集》等书都拿到了医院。晚上,他借走廊上的灯看书,挑选语录、资料,蹲着身子,趴在椅子上草拟文章提纲。困了,就把三张椅子拼起来睡一会儿。

五六天后,提纲写成了,妻子也出院了。回到南京大学十几平方米的筒子楼宿舍里,胡福明奋笔疾书。

1977年8月,一篇8000字的长文完成了。题目是《实践是检验真理的标准》。胡福明想起此前王强华的约稿。9月初,他将文章寄往北京。

反复修改

王强华看到胡福明的文章时,已是那一年的12月份了。因为此前他一直离京出

差。他的同事之前看过胡福明的文章后,觉得该文"纯"理论的色彩太浓,论述的又是一般性的理论原理,没有多少新意,准备退稿处理。但因稿件是王强华约的,就留待他返京后决定。

王强华阅稿后觉得,虽然该文讲的是一般原理,而且引经据典的话较多,理论色彩较浓,但文章讲的实践与理论的关系,突出的是实践在检验真理中的重要作用。再联系到"文革"期间,林彪、"四人帮"大肆宣传"一句顶一万句"、"一学就灵"、"立竿见影"等谬论,对此,该文有很强的针对性,有利于打破精神枷锁,推动各条战线的拨乱反正。

于是,王强华决定留用此稿。在作了初步删节修改以后,稿件于1978年1月14日发排了。

几天后,王强华把两份文章的小样随同修改意见装进信封,寄给了胡福明。"这篇文章提的问题比较尖锐……分寸上再仔细掌握一下……"

两人书信往来。王强华希望增加联系实际的内容,"由于'四人帮'多年来抓住(毛主席)片言只语吓唬人,束缚人们的思想,致使一些同志至今仍不注意实践,不从实际出发,而是从定义出发,从概念出发,离开具体条件硬套某个指示,结果'心有余悸',许多工作搞不好。"

胡福明深以为然。三个月内,他们反反复复改了五遍。

王强华计划在1978年4月的《光明日报》哲学专刊第77期以头条的形式发表。题目改为《实践是检验一切真理的标准》。

重磅推出

刊发前,王强华按规定将文章的大样拿给《光明日报》总编辑杨西光看。杨西光如获至宝,说这稿子放在哲学专刊发表太可惜了。他当即要求再作大幅修改后放在《光明日报》第一版上发表。

杨西光把这件事当作报社的头等大事,亲自动手主持修改。正巧1978年4月13日,胡福明来北京开会。杨西光立即派车把胡福明接到报社。他还把据闻正在撰写同类题目文章的中共中央党校理论研究室的孙长江也请来一起开会。

杨西光主持会议,商量文章的修改。杨西光明确指出,文章的修改要坚持解放思想,批判"两个凡是",冲破禁区。这也是王强华第一次听到要批判"两个凡是"。

胡福明就在《光明日报》招待所住下,继续修改稿子。杨西光多次找他聊天。杨西光告诉他,自己前不久在中央党校学习时,胡耀邦找他谈话,要他到《光明日报》工作。因为当时北京四大报刊二比二,《人民日报》、《解放军报》是积极揭批"四人帮",推动拨乱反正的。《红旗》、《光明日报》执行"两个凡是"。胡耀邦把他派到

《光明日报》当总编，就是要改变《光明日报》的面貌，把二比二变成三比一。

"《光明日报》改变面貌就从这篇文章开始。"杨西光把题目改成了《实践是检验真理的唯一标准》。

同时，杨西光还在积极"串联"新华社、《人民日报》、《解放军报》、中央人民广播电台。他希望这些媒体到时能转发、转播这篇文章，以期形成更大的舆论声势。其中有一家媒体的主要领导人表示，这么重要的文章最好能请到一位权威人士审过，他就可以转发。

当时中央党校主办的《理论动态》每一期刊发前都要送胡耀邦审阅。在这本刊物发表，就意味着通过了胡耀邦的审核。于是杨西光就和中央党校商量先由《理论动态》刊发，次日《光明日报》再发。

通过《理论动态》，文章交胡耀邦审阅了两次。他作了细微的改动，文章就定稿了。

文章发表前，杨西光在一次报社负责人会上宣布要发表这篇文章。"这是一场事关中国命运的、尖锐的政治斗争，如果结果好那不用说，如果因此我们受到误解，甚至受到组织处理，由我承担责任，但我们也要相信，历史最终会公正地作出结论。"

王强华也想到这个稿子发表之后，自己可能就不能再做这份工作了。胡福明则做好了坐牢的准备。

但是，没有人退缩。

1978年5月11日，《光明日报》头版发表特约评论员文章《实践是检验真理的唯一标准》。

短暂噤声

当晚，新华社全文转发。第二天，《人民日报》、《解放军报》全文转载，中央人民广播电台也全文转播。

一石激起千层浪。《人民日报》总编、新华社社长都在当天受到了有关部门的严厉指责，批评他们是

● 那一刻

1978年5月11日，《光明日报》头版发表特约评论员文章《实践是检验真理的唯一标准》。

● 亲历者

王强华

时任《光明日报》理论部哲学组组长，系《实践是检验真理的唯一标准》一文责任编辑。后历任《光明日报》副总编辑、新闻出版署副署长。现退休在家。

要在政治上砍倒毛泽东思想这面红旗。因为这篇文章让"两个凡是"站不住脚了。

5月18日,当时中央有关部门的负责人,在一次谈话中点名批评了《实践是检验真理的唯一标准》,责问"这是哪个中央的意见"。

紧接着,有人又在一次会议上引用毛泽东的话批评这篇文章:"不论从哪里来的东西,包括中央来的,都要拿鼻子嗅一嗅,对不对,不要随风转。"

气氛变得很沉闷。其他媒体也不敢继续转载了。没有人敢说话。

当时,江苏省委第一书记许家屯私下通过中间人向王强华打听此文发表的背景,包括是谁定的稿。出于组织纪律考虑,王强华没有告诉他胡耀邦审过稿,只是说是杨西光定的稿。

社会上更是流言四起,认为这篇文章"理论上是荒谬的,思想上是反动的,政治上是砍旗子的"。甚至有人说,这篇文章的作者"应该逮捕进监狱"。

广泛讨论

这时,邓小平讲话了。在1978年6月2日的全军政治工作会议上,邓小平对这篇文章的观点公开表示支持,号召"打破精神枷锁,使我们的思想来一个大解放",发起了中国历史上著名的"真理标准问题"的讨论。

当晚,杨西光的一个老战友,给他打电话,像报喜一样,说小平同志说了,支持你们的。杨西光心中的一块石头落了下来。

王强华、胡福明也知道没什么可担心的了。7月21日,邓小平表态,要求不要再"下禁令"、"设禁区"了,不要"再把刚开始的生动活泼的政治局面拉向后退"。

全国各个省、市、自治区的第一书记纷纷表态支持真理标准讨论。十个大军区司令员,甚至连许世友这样的开国元勋也出来表示支持。

12月13日,在为中共十一届三中全会召开做准备的中央工作会议的闭幕式上,邓小平作了题为《解放思想,实事求是,团结一致向前看》的报告:"关于真理标准问题的争论,的确是个思想路线问题,是个政治问题,是个关系到党和国家的前途和命运的问题。"

在王强华看来,真正改变中国历史命运的不是文章,而是真理标准大讨论,这就是邓小平的战略眼光。

随后召开的中共十一届三中全会开启了中国的新时代。

计划生育政策"只生一个"出台始末

■易 靖

1980年3月到5月，中央书记处委托中央办公厅连续召开五次人口座谈会。作为人口科学研究者，田雪原受邀参加。"只生一个是否可行"被作为主要议题，在会上展开讨论。

面对人口失控，"一个不少、两个正好、三个多了"的生育政策，已不适应新形势的要求。在论证了各种问题可以被克服之后，"只生一个"成为新人口政策的重要标识。

为马寅初翻案

上世纪60年代初，田雪原在北京大学上学时，适逢老校长马寅初遭到第二轮批判。早在50年代，马寅初就提出了控制人口的理论。由于"左"的思想影响，马寅初被批为"中国的马尔萨斯"，"人口越多越好"成为主流声音，人口问题成为无人敢触动的"禁区"。

因为失去有效控制，人口规模日益膨胀。据统计，1950年我国总人口为5.52亿，1970年增加到8.30亿，年平均增长20.60‰，远远高于世界平均速度。面对严峻的人口形势，1971年，国务院批转《关于做好计划生育工作的报告》，把控制人口增长的指标首次纳入国民经济发展计划。

还在北大上学期间，田雪原就研读过马寅初《新人口理论》等文章，也看过不少批判马老的文章，对马老的遭遇感到不平。1979年8月5日，《光明日报》全文发表了他的《为马寅初先生的新人口论翻案》一文。这篇文章产生很大影响，作为为新人口论平反的重头文章，对人口理论拨乱反正、正本清源，起到很大的推动作用。

上世纪70年代末，国家制定了"晚、稀、少"的计划生育政策。"晚"指结婚生育年龄晚，"稀"指生育孩子的时间间隔要拉开，"少"是指生育的孩子数量要少。这三者中，"少"是核心。当时，全国普遍流行的宣传口号是："一个不少，两个正好，三个多了。"1978年，国家第一次明确提出"提倡一对夫妇生育子女数最好一个、最多两个"的要求。

田雪原说，此间，有些地方的群众要求"只生一个"，发出一对夫妇只生育一个孩子的倡议。

1979年12月，国务院计划生育领导小组办公室在成都开会。国务院副总理陈慕华在会上提出："提倡一对夫妇生一个孩子，是我们计划生育工作的着重点转移。过去我们说，'最好一个，最多两个'。现在提出来'最好一个'，后面那个'最多两个'没有了，这是我国目前人口发展中的一个战略性要求。"

"中国的人口增长像一辆已经发动起来的汽车，有很大的惯性力，仅靠它自己慢慢停下，已经不能适应社会经济发展的需要。"田雪原说。面对高速增长的人口，来自民间的呼声和中央领导同志的要求结合起来，终于踩下了"急刹车"。

"老大憨"是否存在

1980年3月的一天，中南海西楼会议室内，一场影响亿万家庭的大讨论开始了。田雪原记得，他走进会议室时，看到里面坐了将近100人。除了国家计委、经委、公安部、民政部、卫生部、教育部等部门的领导，还有中科院、社科院、首都高校人口学、医学、遗传学、生命科学和控制论等方面的专家。

这是中央书记处委托中央办公厅召开的人口座谈会，会议的中心议题是：一对夫妇生一个孩子是否可行，会遇到什么问题，如何解决。

一对夫妇生育一个孩子，这在当时，无论在国内还是国际上都是史无前例的事情。与会人员发言热烈，很多人用"失控"一词来评价当时的人口增长势头，大家都感觉人太多了，但是只让生育一个孩子，又嫌太少。这就是国与家、宏观与微观之间的矛盾。

有人提出：群众中流传着这样的话，叫做"老大憨，老二聪明，但是最聪明的还是老三，俗话说猴仁儿猴仁儿"！此言一出，一片骚动，是啊，人口数量控制再好，如果智商下降、人口素质下降，这个责任谁负得起？

休会后，有人开始查找材料，进行论证。最后，大家形成以下共识：

首先，说"老大憨"是没有科学根据的。与会同志查阅的国内外资料表明，第一个孩子并非就不聪明，成名成才者为第一个孩子的，大有人在。

其次，老百姓的这种说法跟过去多生多育有关。因为生的孩子多、生活困难，老大往往是"半个爹"或"半个妈"，要照顾弟弟妹妹，往往更加忍让，给人"憨"的印象。如果只生育一个孩子，老大不再承担这一职责，"老大憨"就不存在了。

第三，当时，我国改革开放刚刚起步，虽然经济体制改革的目标尚未确定，处在"摸着石头过河"阶段。但有经济学家认为，高度集中统一的计划经济已经走到了死胡同，必须进行改革，发展商品经济。而发展商品经济，人们的价值取向和婚育观念就会发生变化。伴随而来的，是未婚先育、流产比以及离婚率升高等现象的增多。因此，提倡一对夫妇生育一个孩子，但生育和留下来的孩子不是所怀的第一个孩子的比例会增加。

田雪原说，有了这三条共识，会议终于下了提倡生育一个孩子的决心。

劳动力不够怎么办

论证了智商问题后，又有人提出，如果一个家庭只生一个孩子，出现劳动力短缺怎么办？当时，社会劳动生产效率不高，劳动力的多少对经济发展的作用是不言而喻的。因此，这是一个极其现实的问题。

田雪原等人对此的回应是，生育一个孩子以后，出生人口减少，但是一个新生儿成长为劳动力要等18年以后，当前不会有影响。18年以后怎样呢？劳动年龄人口还是要继续增长的，大致要增长到2020年前后；回到目前的水平，要到2040年以后。

我国人口问题的性质，是人口和劳动力过剩，即人口压迫生产力，而不是像发达国家那样生产力压迫人口。起码在未来半个世纪内，不会出现劳动力总量短缺。依据生育率和人口变动，为了避免若干年后可能发生劳动力短缺，提前对生育率做出某种调整，也是可以做到的。

田雪原说，提倡一对夫妇生育一个孩子，出生率下降和出生人数减少，在未来三四十年内，

● 那一刻

1982年9月，党的十二大把实行计划生育确定为基本国策，两个月后写入新修改的《宪法》，规定："夫妻双方有实行计划生育的义务。"

● 讲述者

田雪原

1938年8月生。中国社科院学部委员、国家有突出贡献专家、博士生导师、研究员。

还会出现劳动年龄人口所占比例升高、老少被抚养人口之和所占比例下降的时期。即社会负担较轻的人口年龄结构变动的"黄金时代",创造有利于经济发展的人口机遇期。

又有人提出,只生一个孩子肯定会引起老龄化。对此,田雪原等专家的观点是,一定程度的老龄化是不可避免的,是实现人口零增长必经的阶段,并不可怕。只要把生育率控制在合理水平,老龄化就能保持在社会经济能够承受的限度内。

田雪原说,按照我国的经济发展水平,老龄化程度不能超过发达国家的平均水平。进入21世纪,65岁以上的老人不能超过26%。这是我国人口老龄化的"警戒线"。

警惕"421"

一个个问题被论证解决之后,又一个新问题被抛出来:如果只生育一个孩子,若干年后会导致"421"家庭结构,即4个老人、一对年轻夫妇和一个孩子组成的家庭。这样的家庭结构是难以为继的。

田雪原等专家认为,"2"和"1"存在的前提,是两代人都是独生子女结婚和生育一个孩子;如果我们提倡一对夫妇生育一个孩子着眼于一代人,独生子女者结婚可以生育两个孩子,就从根本上脱离了这个前提,不存在为"1"的问题。

有人提出,生一个孩子搞上半个世纪、一个世纪也不为过,中国人口应该减少一点;也有人反对这样的意见,认为那样一来,"421"就要不可避免地来临,劳动力供给和老龄化问题无法解决。

田雪原受命起草向中央书记处的报告。他在《报告》后面撰写了几个"附件"。其中之一,是《提倡一对夫妇生育一个孩子多长时间为宜》。他指出,提倡生一个孩子既非权宜之计,搞上三年五载就草率收兵,难以从根本上解决问题;也非永久之计,搞上半个世纪或一个世纪,是不可能承受劳动力下降和老龄化严重、不堪重负压力的。而是一定时期,具体说,主要是控制一代人的生育政策,即25年至30年的一项政策。

1980年3月到5月,人口座谈会接连开了5次,从中南海西楼会议室转到人民大会堂,最后形成文件回到中南海,几经周折才确立了提倡一对夫妇生育一个孩子的生育政策。

9月,《中共中央关于控制人口增长问题致全体共产党员、共青团员的公开信》发表,揭开人口控制新的一页。

从牺牲到自觉

此后，无论是乡间还是城镇，"一个不少、两个正好、三个多了"的口号被悄然顶替，刷在墙上的标语变成了"只生一个好！"

1982年9月，党的十二大把实行计划生育确定为基本国策，两个月后写入新修改的《宪法》，规定："夫妻双方有实行计划生育的义务。"

1984年，生育政策调整，各地普遍实行了农村独女户可以生育第二个孩子。

田雪原说，提倡生育一个孩子实行之初，难度很大。那时候，养育一个孩子的成本并不高，而孩子提供给家庭的劳动——经济效益、养老——保险效益等却比较高，尤其在农村。他认为，提倡生育一个孩子不是最好的办法，而是没有办法的办法，是为了尽快将人口增长率降下来，在一定历史时期采取的生育政策。因此要对"只生一个好"那样的宣传口号做具体分析。对谁好？对国家好、对民族好、对经济建设好；对个人家庭却不一定好：没有兄弟姐妹好？农村家庭少一个劳动力好？不一定。因此，那时候，主动生育一个孩子的是觉悟高的表现。对于只生一个孩子的家庭，国家给予奖励，就是因为他们做出了牺牲和奉献。

当前，"只生一个"时期的部分"80后"已进入婚育年龄。部分双方都是独生子女的"80后"，按政策可以生育两个孩子。但很多在大城市生活的人们，仍然选择生一个孩子。

"只生一个"由"牺牲"转向了"自觉"。田雪原说，现在生育一个孩子、培养到成人得要多少金钱和精力？另外，又有多少人年老了，能靠孩子养活呢？孩子不啃老就不错了！

在田雪原看来，生育孩子成本的提高和孩子养老效益等的降低，促成了部分人"只生一个"的自觉。假如，上世纪80年代我国的经济达到如今的水平，提倡生育一个孩子也许花费的力气要少一些。

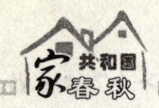

粮票40年定量供应始末

■ 刘 薇

几乎没有人质疑粮票在1953年至1993年,对中国人生活的关键性影响。

就像没有人会说他可以不吃饭但依旧活着。

整整40年,粮票浸润在北京人日常化的生活和精神里。方寸大小的一片薄纸,却代表着关系生死的吃饭权利。

深刻体会过饥饿感的白少川,对已经转身走入历史的粮票,充满感情。

统购统销

三枚一套的"面粉购买证",就挂在弥漫着粮食味儿的"大和恒"粮行的一楼墙面上。

不过是复制品。

"这是咱北京最早的粮票,收藏界俗称'开门票',一套现在得卖1万块钱。"68岁的白少川说,我哪能把真的挂这儿?他指着这套长10.1厘米,宽5.3厘米,分为1市斤、4市斤、8市斤、10市斤4种面额的"面粉购买证",小有得意:"北京能收集全的,超不过3个人!"

他哈哈一笑,刚刚染过的头发乌黑发亮,就像他正在操持的这家粮店,1919年的老字号,公私合营时被取缔,2008年刚刚重新恢复。

北京粮店的公私合营,1953年开始,也就是刚开始使用粮票的时候。

这勾起了白少川并不遥远的记忆。

1953年11月1日,北京对面粉实行计划供应,定量分配,"面粉购买证"正式与北京人见面。

之所以实行这样的制度,是为了配合政务院半个月前刚刚通过的"粮食统购统销"政策。这种由国家垄断粮食收购和销售的粮食政策,在1953年出台,有着复杂的背景。

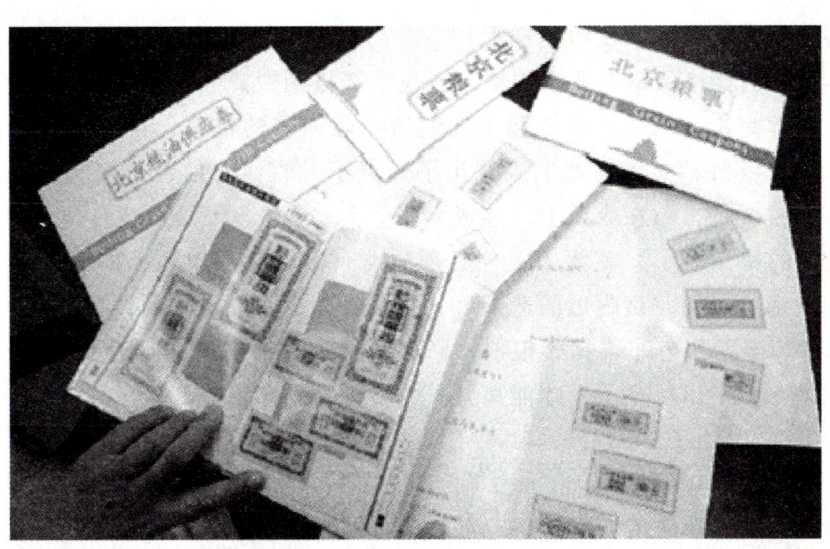

■深刻体会过饥饿感的白少川,对已经转身走入历史的粮票充满感情。
(本报记者 欧阳晓菲摄)

1949年1月,北京解放。连年战乱,很多市民家中缺粮。全市200多万人,吃粮主要靠外运。2月,国营粮食公司开业,以较低的价格向市民出售粮食。这让1000多家私人粮商看到了赚钱的机会。著名的粮老虎王振廷、田雨川,联合十几家大粮商,套购国家粮食,抢购拒售,趁华北地区受灾,带头涨价。

北京工业建设的起步和急剧增加的人口,也使粮食需求量急剧攀升,刺激了粮食价格的上涨。有统计显示,1953年,北京粮食销量,比1950年增长了118.3%。

众多因素,使国家在1953年成为粮食市场的唯一主体。凭票买粮,也被当作防止套购行为的有效方法,在北京首先推行。

发行和回收

位于白纸坊的541厂,是北京所有粮票的出生地。

粮票的颜色、图案,都由厂里的设计师设计。粮食局只负责确定粮票的面值。这也是个技术活,主要的原则是尽量减少发行量,又方便使用。

和随后全国各地发行的粮票不同,自从诞生之日起,北京发行的就是月份粮票,每个月发一回,上个月的就不能用了。

因此,粮票一般提前三个月印出来,储存在有武警站岗的票库里,由专车

送到各个粮店。"和人民币一样严!"

不仅印刷严格保密,回收的粮票,也要严格销毁。

每天卖完粮,白少川都要和工友们清点收回来的粮票,再分包打捆。粮票张小纸薄,不好清点,有聪明人想出了好点子,收回的粮票,按同票种、同面额,每十枚一行,贴在废纸上,连成大张。

收回的粮票多了,就要销毁,必须向北京市粮食局申请,由其派人抽点监督。一般都是送到北京附近的造纸厂,打成纸浆,重新利用。

白少川经常跟着车去销毁粮票。"必须得看着粮票放进池子里,加入火碱,来回搅动,看不出模样了,才能离开。"

定量和定点

粮票的发行和使用,用的是定点和定量的办法。

先说定量。

按照不同年龄、不同职业,北京市民每个月的口粮数,被分成了100多个等级。

最低的是刚出生的儿童,每月6斤半,最高的是首钢的炉前工,每月60斤。一般成年人的定量在30斤左右,大学教授、高级演员、13级以上的干部,还能得到照顾,每个月有半斤的高级油票。

这种定量的办法,是在粮食紧缺状况下的不得已而为之。每个人的肚量不一样大,自然有人够吃有人不够吃,也就有人有意见,政府便号召大家节约粮食。

"我上班那会儿,仓库墙上、办公室里,到处都是标语,计划用粮、节约用粮,粮食是宝中之宝。"白少川说。

不仅定量,还要定点。

全市1000多家粮店,分成不同的片区,谁家到哪个粮店买粮,都是固定好不能变的。

每家都有个粮本,家里几口人,每个人多少定量,都记在本子上。粮本由粮食局专门设在街道的粮食办事处发,办事处一般都和派出所在一个院子办公。

每个粮本,都是一个家庭的成长史。孩子一出生,定量就是6斤半,随着粮食数字一点点增长,孩子也渐渐长大。

粮票生活

那时,北京的粮食,从全国各地调运而来,郊区产的很少。小麦来自河南、山东，大米来自湖南、湖北，大豆和玉米，则从东北运来。

全国各地的粮食抵达北京后，就储存在西直门、马连道等地的粮库里，由面粉加工厂加工后，再运送到分布在全市的1000余家粮店里，销售给市民。

白少川说，每个月有两天，粮店一定会排长队，一个是3号，发工资的日子，一个是24号。

"经常有肚量大的，一个月还没过完，就把粮食吃光了。为了让这些人不饿肚子，粮食部门也以人为本，推出了预售粮政策，每个月的24号开始，就可以买下个月的粮食了。"

精打细算的家庭主妇们，在拿到一个月的工资后，都会赶紧跑到粮店排队，先把一个月的定量粮买足，剩下的钱，再算计着买些油、青菜和副食。

其实，也剩不了多少。

那时，家家都备着一杆秤，每顿饭都要称。一家三口人，一个月定量90斤，一天一人也就1斤粮，得算计着用，早上2两，中午4两，晚上3两。最困难的自然灾害时期，还号召大家"每顿省一把"，称完了，再抓出一把来，以备急用。

物资匮乏的年代，粮票成了贵重的礼物，别人结婚，送5斤粮票，到医院看病人，留下10斤面票，人家要感谢你大半天。到别人家做客，也都要带着粮票，否则会让主人很为难。

"那个年代的人，都习惯计划着花钱过日子，到现在也改不了。"白少川说，"习惯是漫长的。"

饥饿感和温饱

"没体会过饥饿是什么滋味的人，不会知道粮票的重要。"白少川说。

● 亲历者

白少川

1941年生人。自1962年工作到退休，一直在粮食系统工作，粮店8年，密云县粮食局6年，北京市粮食公司22年。成立于1978年的北京市粮食公司，由原粮食局的市镇管理处、储运处和供应处合并而来，专门负责粮票的印刷、发行、收缴、销毁和管理，以及粮食关系的转移。2001年，白少川在总经理的位置上退休。

他本人对饥饿的切肤体会,是在 50 年代末 60 年代初。

想起那个时候,就有一堆堆白薯蹦到脑子里。

"粮食不够吃,就印制了一种白薯票,买一斤粮食的钱,可以买 5 斤白薯。"白少川说,为了多吃点,大家都疯了一样抢,只要粮店来了白薯,就会排起大长队,要是隔一天卖,还得起大早,穿上大衣,戴上帽子,围紧围脖,排半天儿队,"就为了多买几斤白薯。"

那时,白少川在密云粮店工作,亲眼见过和听说过很多和饥饿有关的故事。

1962 年,密云太师屯中学一个体育老师,36 斤的定量实在不够吃,就给粮食局写申请,想每月用 5 斤粮票,买 15 斤喂牲口用的麸子。这是个破例的举动,密云县粮食局集体商议后,还是同意了。

"只有经历过那个年代,才能明白粮票的重要作用,一种低水平的公平,至少保证了所有人都有饭吃,在这一点上,粮票的功劳是巨大的,否则不知要死多少人。"白少川说。

渐行渐远

从 1964 年开始,白少川就不觉得粮食少的恐怖了。

定量慢慢恢复到了 30 斤的水平,粮食渐渐有了富余。粮店开始增加一项新业务,帮助市民储存粮票。

北京粮票一月一换,用不了就作废,存在粮店,可以无限期地使用下去。到了 1978 年,北京在册的储存粮票,高达 1.6 亿斤。

70 年代末 80 年代初的北京,是个剧烈变动的时代,大量农村人口涌入城市。他们没有粮票,又需要生存。

需求产生市场,粮票富余的人开始和需要粮票的人物物交换,5 斤面票换 1 斤花生米,30 斤换一个脸盆,500 斤换一个大立柜。

"几乎到了盛行的地步,在农贸市场,随便换,几乎没人管,也管不了。"白少川说。

为了解决农村流动人口的吃粮问题,国家也推出了议价粮政策,专门有一些议价粮粮店,卖粮食给没有粮票的农村人,价格比平价粮高。

这种价格差的存在,催生了倒买倒卖粮票的行为。

谁都会算这样一笔账,平价富强粉 2 毛五一斤,议价 5 毛。花 1 毛买粮票,套购出平价粮,再高价卖出,每斤能赚 1 毛五。

这么赚钱的事情,自然有人抢着干。国家打击了很多次,依旧屡禁不止。

这让政策制定者们隐约感觉到，粮票的历史使命，似乎可以终结了。

粮票退市

1993年5月11日，在全国首个使用粮票的北京，倒数第二个停止了粮票的使用。

随着粮票的取消，粮食的政府定价也同时取消。北京的1000多家粮店也先后开始了企业改制，他们和市场上的粮食商贩竞争价格，自谋生路。

这种退出和进入，也并非一帆风顺。

1994年，粮价一下子涨到了近两块，市民和政府都感到了压力，粮食局提前印好了粮油供应票，向国务院请示恢复使用，国务院批示要慎重，争取挺过来。

还真挺过来了，到了1996年，粮价又回复到了一块钱的水平。这让几十年习惯了标准粉一毛七，富强粉两毛五的北京人，体会到了市场带来的不确定性。

除了存在粮店里的粮票白白浪费了，白少川没觉得不适应。虽然他家定点买粮的太平桥粮店关张了，但他也可以到附近的市场买，粮价虽然涨了很多，但工资也涨了，并不觉得有多大压力。

到粮票退出历史舞台的时候，白少川做了一个统计，40年间，北京发行了约6000多种粮票，总面额500多亿斤，这也是北京人40年用掉的粮食总量。

恢复高考570万考生的1977

■欧钦平

在完成多次身份转换后，63岁的温元凯目前是一家投资咨询公司的老板，他的"野心"是将这家20来人的公司，打造成"中国的麦肯锡"。

时至今日还是会有人记起他的另一重身份。

32年前的那个夏天，刚刚复出的邓小平召集科学和教育工作座谈会，决定恢复高考。31岁的温元凯，当时应邀参加了这个载入史册的座谈会。

一个重要会议

1977年7月底的一天，一纸来自中南海的通知被辗转送到31岁的中国科技大学化学系教师温元凯手中。正值暑假，温元凯已经回到上海和家人团聚。

通知要求他8月初赶到北京开会，至于会议内容，通知未做说明，这让温元凯有点摸不着头脑，"我一个小小助教，和中央办公厅、国务院有什么关系？"

8月3日，温元凯匆匆飞到北京，前往机场迎接的教育部高教司司长刘道玉告诉他，这次科学界和教育界代表参加的座谈会，是应刚刚复出的国务院副总理邓小平的要求召集的。刘道玉交代温元凯做好准备，到时踊跃发言，这让他意识到，此次会议可能事关重大。

当晚，温元凯下榻北京饭店，再次让他大吃一惊的，是会议资料中的与会人员名单，钱三强、王大珩、童第周、邹承鲁、吴文俊、周培源、苏步青、何东昌等人的名字均赫然在列，这都是当时最著名的一批科学家和教育家。

温元凯数了数，与会代表中50岁以下的只有3人，40岁以下的则只有他自己。

温元凯事后了解到，以他的资历能够应邀参加此次座谈会，与他此前向时任中国科学院院长的方毅写信呼吁加强基础化学研究有关。

据参与筹备和组织此次座谈会的刘道玉回忆，这是邓小平复出后第一次公开参加的重要活动。邓小平对此十分重视，要求从科学院系统和教育部所属大学，各挑选15名代表与会，他要求与会代表首先要有真才实学，还要有见解，敢说话。

根据邓小平的这一要求，中国科学院和教育部很快圈定了与会代表名单，一共33人。

邓小平自封"后勤部长"

座谈会从8月4日开始至8日结束，73岁的邓小平全程参与并亲自主持，其间有一次他必须出席一个外事活动，便给大家放了半天假。

为期5天的会议并无既定议题，邓小平希望这是一个畅所欲言的座谈会。据温元凯回忆，邓小平一上来就说，现在科技界、教育界一片荒芜，他已经向中央建议，要先管科技和教育，给大家当后勤部长，"你们有什么建议和要求，尽管提出来。"

已经中断11年之久的高考，一开始并未成为与会代表的关注重点。不过对于这一问题，邓小平此前其实已经有所考虑。

他在之前的多次谈话中曾提出，高校招生要恢复文化考试制度，提倡高校招生"两条腿"走路（大学要从工农兵中招生，重点学校可以从应届高中毕业生中招生），允许高中毕业生直接上大学。

邓小平当时的设想是，1977年用一年时间作准备，1978年正式恢复高考，生源一半为应届高中毕业生，一半来自社会，然后逐步走向正轨。

然而随着形势的变化，在座谈会代表的建议和推动下，恢复高考的决策提前确定和实施了。

座谈会开成控诉会

据温元凯回忆，当时"文化大革命"刚刚结束，"左"的思潮在社会上还很猖獗，上头究竟是什么指导思想，大伙都摸不准。座谈会一开始，33名代表面面相觑，没有人发言。经过再三动员，大家推举年纪最大的杨石先教授发言。

这名年过八旬的南开大学校长一开口便检讨自己"资产阶级世界观"没有改造好，一定要好好改造，下工厂，下农村，接受贫下中农再教育。

温元凯注意到，杨教授这一番检讨听得邓小平心情沉重，"发现他老皱眉头。"听完杨教授的发言，邓小平再次向大家强调：畅所欲言。

接下来发言的是著名数学家苏步青教授，老人抱怨说自己手下原来有"十

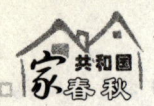

八罗汉"（助手和博士），现在被下放得一个不剩。邓小平马上表示，要给苏老配备助手。

话匣子一旦打开，种种问题便一个接一个被摆上桌面。

著名生物学家童第周结合自身遭遇，痛陈广大知识分子在"文化大革命"中备受打击和迫害的惨痛经历。著名应用光学专家王大珩举例说，他所在的中国科学院长春光机所，几乎所有高级知识分子都被打成了国民党特务。

时任清华大学党委副书记的何东昌表示，清华园现在已经成了清华中学甚至清华小学。因为当时招生全凭组织推荐，学生入学无须经过文化考试，水平参差不齐，为了响应"不让一个阶级弟兄掉队"的口号，所有教学计划只能依照文化程度最差学生的水平来进行，教学水平之低难以想象。

事隔多年之后，曾参加此次座谈会的清华大学教授潘际銮仍然清楚地记得，当年的座谈会有点像控诉会，有的人讲着讲着就掉泪了，邓小平从头到尾听得都很仔细。

语惊四座的建议

第一个将话题引向高校招生制度改革的，是武汉大学化学系教师、时年52岁的查全性。

此时座谈会已进行到第三天。8月6日下午，查全性率先对现行的"自愿报名、群众推荐、领导批准、学校复审"16字招生方针发难。

查全性说，招生是保证高校教学质量的第一关。当前高校生源质量没有保证，部分原因是因为中小学阶段教学质量不高，主要矛盾则在招生制度。不是没有合格的人才可以招收，而是现行制度招不到合格的人才。

查全性表示，现行招生制度不仅埋没人才，导致一些热爱科学、有前途的青年选不上来，一些不想读书、文化程度又不高的人却占据招生名额，这一制度还败坏社会风气，助长不正之风。查全性建议当年即恢复高考，让广大青年都有机会报考和自愿选择专业。

此言一出，举座皆惊。

听完查全性的一番慷慨陈词，邓小平没有立即表态，他环视四座问道："大家对这件事有什么意见？"在座的吴文俊、王大珩等人纷纷表示支持。

邓小平转过身，问坐在身边的教育部长刘西尧，招生工作进行到什么程度了？当年恢复高考是否来得及？刘西尧说教育部刚刚在太原开过招生工作会议，并且已经做出决定，还是按过去的方针办，有关文件已报送至国务院，但国务院还没有批，如果要改的话，还来得及。

邓小平说恐怕还是应该改。刘西尧说，如果要改的话，当年的招生工作恐怕就要推迟。按照惯例，9月份新生就要入学。众人七嘴八舌，说即便推迟也必须改。

"既然大家要求，那就改过来，今年就恢复高考！"邓小平沉吟片刻，一锤定音。

作为当年座谈会上的"小字辈"，温元凯大多时候扮演着一个聆听者的角色，直到议及恢复高考，他才忍不住举手示意有话要说，提出新的高校招生16字方案作为补充："自愿报考、领导批准、严格考试、择优录取。"

"邓小平听完我发言就讲，温元凯，我至少采纳你四分之三的意见。"温元凯说众人闻听此言都愣了一下，什么叫四分之三？邓小平接着说，第二句"领导批准"可以拿掉，考大学是每个人的权利，不需要领导批准。

高考恢复

1977年8月13日，根据邓小平的指示，教育部在北京再次召开高校招生工作会议，重新部署当年招生工作。

出乎人们意料的是，这次招生工作会议开得异常艰难，从酷暑难耐的8月中旬一直开到金风送爽的9月底，历时44天。会址也一换再换，最初在北京饭店，中途移师前门饭店，最终在友谊宾馆结束。

据《人民日报》驻会记者穆扬日后回忆，虽然有邓小平的指示，与会代表仍然分歧很大。一部分刚刚复出的代表希望尽快恢复高考，但他们心存顾虑，不太敢讲话。各省招生代表团的实权人物则多数来自军宣队和工宣队，他们坚持继续按过去的方针办事，"每天一开会，大家就争论不休。当时教育部领导没有摆脱'两个凡是'和

● 那一刻

1977年8月4日至8日，邓小平在京召集科学和教育工作座谈会，决定恢复中断11年之久的高考。

● 亲历者

温元凯

63岁，江苏无锡人，曾以中国科技大学教师身份参加1977年座谈会。现任北京南洋林德咨询教育集团总裁。

'两个估计'的影响,迟迟不敢表态。"

在1971年召开的"全国第一次教育工作会议"上,姚文元、张春桥等人曾形成《会议纪要》,称"文化大革命"前17年教育战线是"资产阶级专了无产阶级的政",大多数知识分子是"资产阶级知识分子"——这就是著名的"两个估计"。

参加过1971年会议的穆扬深知"两个估计"出笼的背景和过程,因此更能体会揭露和推翻"两个估计"对于恢复高考的重要性。为此,他找了6名参加过1971年会议的人座谈,写成《全教会"纪要"是怎样产生的?》,作为内参报送中央。

邓小平看过材料后颇为恼火,9月19日,他在同教育部主要负责人谈话时明确指出,"两个估计"是不符合实际的,教育部不要受此影响裹足不前,要"争取主动"。

据当时参加招生文件起草工作的杨学为回忆,在最初报送给邓小平的招生文件草稿中,有关政审的内容写得很详细,"乱七八糟,能想到的都写上了。"

结果邓小平看了之后非常不满,连说三个"繁琐",大笔一挥全部抹掉,然后自己重新起草了一段,简简单单就两条:一是为革命而学习,遵纪守法,热爱劳动;再一个就是不要看出身,要看本人表现。

邓小平的直接干预使得招生工作会议形势很快扭转,9月25日,会议宣告结束。教育部形成文件上报中央,规定凡是工人、农民、上山下乡和回乡知识青年、复员军人、转业干部和应届毕业生,符合条件者均可报考。

10月21日,招生办法以中央文件形式通过新华社等媒体向社会发布。一纸看似普通的红头文件,顿时点亮华夏大地。

那一年的高考由各省单独命题分头组织,最早开始于11月28日,最晚结束于12月25日,那是北半球最寒冷的季节。然而在570万名考生的记忆里,那个冬天是火热的。

身份证发放告别"介绍信时代"

■ 王 鹏

1984年,北京市东城区一处大院内,举行了一场特殊的仪式。

在音乐声和掌声中,歌唱家单秀荣领取到了一张薄薄的卡片。这是新中国颁发的第一张居民身份证,单秀荣也因此被媒体誉为"中国第一公民"。

在第一张居民身份证背后,连接着两个时代,那个办事效率低下的"介绍信时代"就此远去,随之到来的则是高效、便捷的"身份证时代"。

告别介绍信

"别闹了,大家都是有身份证的人。"天桥乐剧场内,相声演员郭德纲甩出一个包袱,台下笑作一团。

观众们都明白,这是把"身份"一词调侃说成"身份证"。此时,身份证的概念早已深入人心,这张卡片几乎成为"身份"的代名词。然而,时间倒溯至上个世纪80年代初,"身份"的证明却是一件困难繁琐的事。

"外出住宿要介绍信,领取汇款要介绍信,就连坐火车买软卧车票也一样要求有介绍信。"单秀荣对当年的往事感触颇深。

1980年,34岁的单秀荣刚刚调入中国歌剧舞剧院不久,因演唱"愿亲人早日养好伤"等大量革命歌曲,她已扬名全国。虽然身为"名人",但她也一样为"证明自己的身份"头疼。

当时,单秀荣家住东城区朝阳门内大街203号,文化部宿舍大院内。从大院门口步行10余分钟便是东四头条邮局。

因时常要领取灌制唱片所得的汇款报酬,单秀荣经常往来于两处。

虽已是著名演员,邮局工作人员也早已熟识,但按照规定,她必须开具一张介绍信,"每次取款前,我都要到剧院的办公室开介绍信,内容大致是证明此人是本剧院工作人员"。

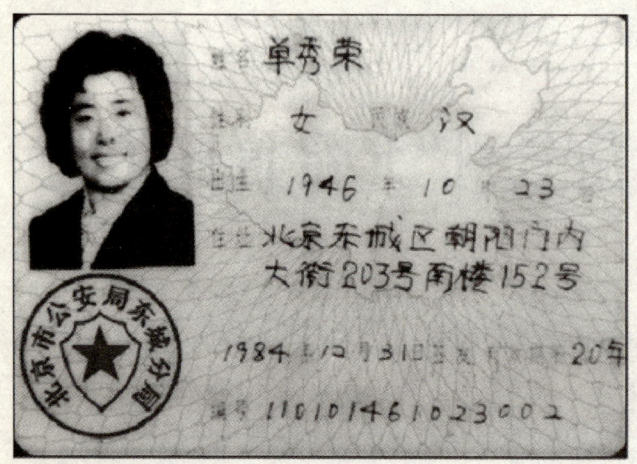 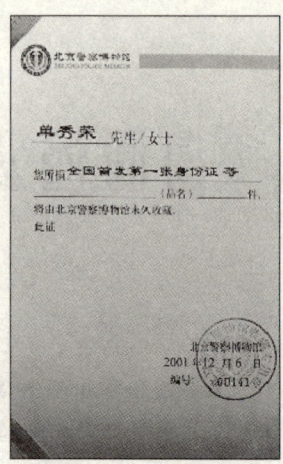

■这是建国后的第一张身份证。被媒体称为"中国第一公民"的单秀荣已经将它捐献给了北京警察博物馆。(本报记者 朱嘉磊摄)

这种冗繁的程序,已演变成单秀荣生活中的习惯,也成为那个时代人们办事步骤中不可缺少的一环。

除了介绍信,当时证明身份的还有户口本、学生证、军官证等多种手段,混乱的身份证明途径造就了办事效率的低下,出台统一的身份证明迫在眉睫。

"不但办事效率低,那个时代的身份证明也极容易伪造。"曾任朝阳门派出所指导员的余嵩谦说,户口本是一户一本不便携带,而介绍信缺乏防伪手段,给当时的治安带来许多问题。

1983年,事情迎来转机。当年5月9日,公安部党组在给中央的报告中,提出"提请国家立法,实行公民证制度"。随后,公安部开始筹备发放居民身份证工作。

此时,单秀荣并不知道她将获得"中国第一公民"的荣耀,她依然揣着介绍信往来于家和邮局之间。

而事实上,那段"证明身份混乱"的日子,即将走到尽头。

试点朝阳门

1984年春天,时任朝阳门派出所指导员的余嵩谦接到命令,前往一个新的工作岗位。

他被调入北京市颁发居民身份证领导小组办公室。作为首个颁发身份证试点单位,北京市从各区公安系统抽调人员,每区两人,共10余人组建了该办公室。

"这是有史以来第一次颁发身份证,大家都谈不到有什么经验。"余嵩谦说,当时身份证颁发的细则尚未成型,只有国家颁布的试行条例,一切都在摸索之中。

按照最初的方案,居民身份证的号码位数仅有15位,除却地区编码和出生日期编码外,只有3位数字作为身份标识,办公室成员研究最多的就是这3位数字是否满足当时的需要。

"比如说,110101代表北京市东城区朝内区域,811023代表着出生日期,那么最后3位就必须把同年同月同日出生的人区分开来。"余嵩谦说,起先大家对此并无把握,当年5月,办公室决定以东城区作为试点,开始进行第一次颁证。

东城区的朝阳门派出所成为颁发身份证的最小单位。然而,这个"最小单位"的辖区内却管辖着4万余人的户籍。

余嵩谦再次回到熟悉的朝阳门派出所,他除了担任指导员外,更重要的职务是朝阳门地区身份证颁发试点小组的组长。他需要把4万余居民的原始户籍资料,转变为一张张崭新的身份证。

原始户籍资料中夹杂着单秀荣家的户口底票。和辖区内的大多数居民一样,单秀荣并不知道朝阳门成为颁发试点单位。身份证一词对她而言很陌生,她依旧忙于收拾外出表演的行囊,依旧反复检查是否带了"证明自身"的介绍信。

在居民们尚不知情的情况下,余嵩谦的工作已经紧锣密鼓地展开了。

"当时除了外勤人员,派出所的所有干警都投入这项浩大的工程中采集居民信息。"余嵩谦说。

他把这次庞大的信息采集工作,称之为一场艰难的战役。

采集信息卡

这场艰难的战役,而今看来技术含量很低,更多是繁杂的手工劳动。

彼时,电脑尚未普及,警员们需要从厚厚的户口底票本上,把每名居民的信息抄写到信息采集卡上,再逐户上门,核对信息。

4万余张信息采集卡摆到余嵩谦面前后,接下来的难题便是区分生日相同的居民。

"我们采取分堆的办法,先按年代划分,从40年代到70年代分成各堆,然后再按月份分堆,以此类推。"余嵩谦说。

战役在朝阳门派出所内全面铺开。战场从办公桌延伸到宿舍的单人床,到处都是一堆堆的信息采集卡。

分堆之后，警员们开始为出生日期相同的居民们，按男单女双的顺序，逐个填写身份编码。一个多月后，战役终于进入尾声，朝内辖区的4万余居民都有了属于自己的身份编号。

此后的工作更为繁重，朝阳门派出所开始收集居民照片。单秀荣的爱人帮外出演出的妻子交了照片，单秀荣在电话中打趣说："你是户主，说不定你还是第一个拿到身份证的。"

收集居民照片后，警员们开始将信息采集卡上的内容，再次手工抄到贴有照片的身份证底卡上。

"那时人手真不够，好在暑假到了，我们找了辖区内的许多中小学生来帮忙，并无报酬，要求就是字要写得好看。"余嵩谦说。

抄写好的底卡由特制相机微缩摄影后，印制到带有防伪信息的正式身份证卡片上。而后的工序便是为身份证卡片压膜。

当时，压膜的机器临时放置在朝阳门派出所内。机器轰隆作响，一张张崭新的身份证印制而成。

余嵩谦记不起和部下们加了多少次班，也记不清自己手抄了多少张信息卡，但依然能回忆起那轰隆的机器声响。

"户籍管理上一个划时代的变革开始了。"他说。

因为积累了大量经验，而后各区制作身份证时，都有余嵩谦的身影。

户籍在西城区的余嵩谦，为了身份证的发放成功四处奔波，他看着一张张身份证印制而成，却直到很晚才拿到自己的身份证。

公民第一人

1984年8月30日，第一次发证的日子终于如期而至。

当天傍晚，朝阳门内大街文化部宿舍大院内挂满彩灯，音乐声回荡在院内。颁发仪式开始前，还燃放了鞭炮。

公安部、北京市发证领导小组、北京市公安局等有关部门在这里举行了中华人民共和国首批居民身份证颁发仪式，380名居民幸运地成为中国第一批居民身份证的持有者。

单秀荣成为第一个领取身份证的居民。

"从来没想到会成为第一个领到身份证的居民。"单秀荣从东城区公安局的领导手中接过身份证，意外中带着惊喜。

多年之后，余嵩谦解密说，之所以选取单秀荣为第一个领证公民，主要是因为她是辖区内名望最高的歌唱家，演唱过多首革命歌曲，政治上可靠，也有说服力。

那时，单秀荣尚未意识到其所代表的荣誉。随后，新华社、《人民日报》、中央电视台《新闻联播》报道了此事。媒体将她称为"中国第一公民"。

随之而来的是，全国各地邮寄给单秀荣的信件。"《新闻联播》中说了地点和名字，观众们就都给我写信，主要是希望我能签首日封，大家都认为首个身份证具有很重要的意义。"

此后，文化部宿舍大院收发室内每天都堆满了来信。单秀荣抱着信件回家，从中取出首日封，认真地写下名字，再贴上邮票回寄。

第一张身份证除了给单秀荣带来荣誉，还带来更多的便捷。她去邮局取钱时，不必再提前开具介绍信，可以直接出示身份证，证明自身。

第一次拿出身份证时，邮局工作人员纷纷围观，颇觉新鲜。单秀荣还记得，当时负责给她办理取款的女孩，谨慎地把身份证拿给邮局领导看，向领导请示用这个取钱行不行。

这个问句很快便无人再提起。第一代身份证迅速在全国普及，家喻户晓。

截至1991年，全国已组建了103个居民身份证制作中心（所），形成了从翻拍、扩印、印刷到塑封的"一条龙"制证流水线，制证周期逐步缩短，越来越多的人拿到了身份证。

捐献身份证

时光迈入21世纪，身份证颁发20余年后，早已没人再质疑身份证的功效。这张小小的卡片让社会变得更加有序清晰，也让办事更为高效便捷。

2003年6月28日，全国人大通过《中华人民共和国居民身份证法》，代替了《中华人民共和

● 亲历者

单秀荣

1946年出生，中国歌剧舞剧院著名女高音歌唱家，国家一级演员。身份证制度施行后，她是第一个领到居民身份证的人，被媒体称作"中国第一公民"。

余嵩谦

1943年出生，曾任朝阳门派出所指导员、东城区公安分局副局长。曾担任朝阳门地区身份证颁发试点小组组长。

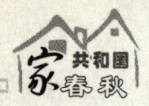

国居民身份证条例》。

法规中扩大了证件发放范围,法律规定现役的人民解放军军人、人民武装警察,可申领居民身份证;未满16周岁的公民,也可以根据自愿,申领居民身份证。

此外法律确立了第二代身份证的设计方向:居民身份证具备视读与机读两种功能。

余嵩谦从东城区公安分局副局长的岗位上退休后,每当去银行取款,取出二代身份证时,他总会想起当年"抄卡"的往事。二代身份证的更高技术含量,让他不胜感慨。

2001年,北京警察博物馆的工作人员联系到单秀荣,希望收藏建国后的第一张身份证。

这位一生行事低调的老歌唱家毫不犹豫地答应了。她把这张具有纪念意义的身份证无偿捐献。

"我只是国家的一名普通公民,第一公民的荣誉属于国家,和荣誉相比,我觉得更值得纪念的是,身份证所带来的划时代变革。"她说。

上山下乡3个北京知青的轮回

■ 王 阳

  1968年9月9日，北京站，北海中学初二学生马克印、冯淑秀、林佩华一同踏上了开往内蒙古土默特左旗的知青专列。
  1991年7月19日，北京站，林佩华带着自己的农民丈夫和两个孩子回京落户。上述三人中，她最后一个回到北京。
  一去一回，三个北京人的命运就此改变。放眼更广的地域，知青，成了20世纪最坚强、最炙燎人心的那个词。

广阔天地大有作为

  坐在知青专列8车厢稍靠中间的位置，17岁的马克印好奇地看着窗外的欢送人群。震天的锣鼓声，敲得他心中"有一种莫名的兴奋"。
  "这是1968年9月9日下午。"马克印说，他始终记得这个日子。马克印当时是北海中学初二（7）班的学生，家住地安门内大街油漆作坊11号。在他的记忆中，这是一个550平方米大小的两进四合院。
  大约两个月前，学校军宣队的老师宣布了这个"可自愿申请去内蒙古插队"的通知。
  马克印第一个报了名。之前还有两次上山下乡的通知，他也报了名，但没通过。"第一次是去黑龙江兵团，第二次是内蒙古牧区。（上山下乡）一开始很严，要查家庭成分，成分不好的没戏"。
  这一次，17岁的马克印拿到了通知书。手持通知书，兴奋不已的他给班里所有男生看了一遍。
  1968年，已是"文革"第三年。马克印说："除了极少数人外，普通人的热情已锐减。大多数人都在思考自己的未来。我家庭出身不好，留在北京肯定没前途。"
  "回想那一刻，我很高兴，也很兴奋。毛主席说，广阔天地，大有作为。我当时觉得，插队，会让我的生活有一个新开始。"

■1968年,北海中学前往内蒙古插队的部分知青合影。(后期合成图片)

绰号"小豆子"的林佩华,也坐在这节车厢里,距马克印只有两排。

她是北海中学初二(8)班的学生,家在德内大街刘海胡同。

出发前两个小时,身材瘦小、"啥也不懂"的林佩华,还在胡同里和邻居家小姑娘跳了一阵猴皮筋。直到母亲催她,她才擦擦脸上的汗水,往学校赶。

行李已在前一天送往北海中学,并由学校统一运往北京站;户口、粮食关系,也已提前办好,统一迁往当地。军宣办发了一些布票,够每人做一床被子。心疼自己的小女儿,林佩华的母亲把家里最厚的一床褥子也打进了女儿的行李。

冯淑秀坐在林佩华身边的座位上,她们是同班同学。冯淑秀家住西安门大街。父亲是工人,母亲是家庭妇女,家中还有一个哥哥。"蓝蓝的天上白云飘,白云下面马儿跑,我一听就动了念头。反正要下乡,内蒙古还不错。"

冯淑秀后来的丈夫高为民,坐在她身后那一排。整个旅途中,因为不认识,两人没说过话。17岁少年高为民的心中也充满了憧憬。此前的红卫兵大串连,他和同学去南方转了一圈,现在想去看看北国风光。

坐在同一趟列车上的,还有马克印后来插队时的女友张娟(化名)。张娟是西城区社会路中学的初一学生,磨了军宣队好几天才破格报上名。

1300名学生赴内蒙古

下午4点零8分,这是知青专列开车的固定时间。专列启动的一瞬间,马克印、林佩华、冯淑秀都没哭,"没啥可哭的"。

"大家很兴奋,感觉和之前去乡下支农一样,热闹,好玩儿。车下送行的父母们大喊起来，有些人哭了起来。车里的一个女孩子跟着哭了起来。我们几个觉得没啥可哭的，冲着车下大喊了几声'保重'。"

列车内，马克印很快被列车员跳起的蒙古族歌舞所吸引；高为民和另外一名知青下起了象棋；心细的冯淑秀则看到，带队老师找到了20人中年纪稍大的同学，在车厢连接处叮嘱他说"以后你要照顾其他人"。

这一天，北海中学有40名初高中生踏上了这辆知青专列；整个北京市，还有来自其他各个中学的1300多名学生，踏上了这辆知青专列。

他们分别是1966届、1967届、1968届的在读初、高中生。后来，他们有了一个统一的名字，叫做"老三届"。

拉响汽笛、冲出北京站的这趟知青专列，是"文革"开始后北京地区组织的第三批大规模的上山下乡活动。此前开行的两趟列车，目标是黑龙江兵团、内蒙古牧区；此后开行的那些列车，目标则是山西、陕西、云南。

这一年年底，北京25中学生郭路生（笔名食指）登上了前往山西汾阳插队的火车。在车上，他写下了一首日后流传甚广的名为《4点零8分的北京》的诗歌。

诗说，这是四点零八分的北京，一片手的海洋翻动；

这是四点零八分的北京，一声雄伟的汽笛长鸣。

火车到达土默特左旗所在的察素齐车站，费时约18个小时。

8年以后的1976年10月11日，在这里，病退的马克印又坐上了返京的90次列车。三人中，他是回京最早的一个。一开始的生活很快乐。第一天，放下行李不久，马克印就和几个男生找到

● 那一刻

1968年12月22日，各大报纸刊登毛主席指示："知识青年到农村去"。涉及1700万人、持续约10年之久的"知识青年上山下乡运动"此后大规模开始。

● 亲历者

北海中学（现北京四中初中部）1967届初中生马克印、林佩华、冯淑秀。

生产队的马棚，没装马鞍子骑了半天骏马。结果，屁股、大腿被磨破了一大块，次日起不了床。老乡的土方子是，坐在烟筒上熏。于是，夜半时分，这些半大小子们集体上房，坐在烟筒上烤屁股。

女生们则住进了村里最好的新房。老乡们拿来家中最好的东西，用毫不掩饰的热情，欢迎这些毛主席送来的"京娃娃"们。彼此的一举一动，都令对方感到好奇，以至于到了晚上，老乡们赖在知青点的屋里，"赶都赶不走"。

最初的新鲜过后，日复一日的单调劳动，理想与现实的距离，很快磨灭了这些17岁少男少女的雄心。"到了没多久，听说牧区好，男男女女背上行李就往牧区走。到了那里没人收，只好灰溜溜地回来。还有一次，正是农忙季节，知青点中的一个人想回家。第二天一早，知青点全空了，因为大家都跟着走了。"

事实上，投身新农村改造时的欣喜、此刻的单调苦闷，已不只是北海中学这三位内蒙古插队学生的感受。

1968年前后10年内，在更广的地域，1700万初、高中学生，几乎涉及到每一个城市家庭，以这种方式来到了农村，用汗水和青春改造中国的农村，也开始了一代人的人生。这里面，有日后的外长李肇星，也有现任国家副主席习近平、国务院副总理李克强。

300亿和三个不满意

1978年，在察素齐火车站，冯淑秀第二个坐上了90次列车回京。

马克印离开后，冯淑秀所在的知青点只剩下三个人：冯淑秀、林佩华和另外一个女知青。

但在周围老乡心目中，只有冯淑秀一人算是知青，因为后两个人已嫁给了当地农民。

土默特左旗离北京很近，回京很容易。每一个农闲时节，马克印、林佩华、冯淑秀这些北京知青都会回京。

回到北京也很难，工作、户口是难以逾越的坎。好在，时间已经到了1978年。这一年年初，邓小平在小范围内对知青运动做出总结，"我们花了三百亿，买了三个不满意，知青不满意，家长不满意，农民也不满意。"年底，全国知识青年上山下乡工作会议举行，会议决定调整政策。

这一刻，知青回城的大潮已势不可挡。"十一前，高为民拿到了我的返京手续，他返乡找到了正在地里干活的我。我们一同骑了3小时自行车去办了粮食转移手续，然后我一个人连夜回京。"冯淑秀说。

人不能忘本

1991年,携夫带子,林佩华也在察素齐火车站踏上了回京的火车。与来时不同,她"哭得一塌糊涂"。

无论身处多么贫瘠的地方,爱情总会如期而至。这20个十七八岁的青年,在火车上羞羞答答地不说话。插队一年,他们已组成了五六对,搭伙过日子。马克印和女友张娟,因为打乒乓球而熟悉;冯淑秀和爱人高为民,则因为共同做知青点厨师而相好。

插队第二年,林佩华也和当地一供销社的代销员结婚了。"内蒙古的风俗是,结婚的女人不下地干活。我身体弱需要照顾,老公人老实,对我非常好,我就嫁给了他。"其他知青离开后,她也被招工到呼和浩特铁路局工务段修铁路。

1991年,知青回城的政策一次次放宽后,已在当地结婚生子的林佩华,也符合了回京的政策。"但我这种情况,必须有单位接收,户口才能回来。我弟弟当时在西直门附近开了一个歌舞厅。认识的人多,就找人托关系办了一套假接收手续。"

其间,有人试图劝说林佩华放弃内蒙古的婚姻。她觉得这是浑话,"老公照顾了我这么多年,人不能忘本"。

多年后,回忆起自己离开知青点的过程,马克印三人一同感慨:命运真是难以琢磨——结婚早、招工早的人,大多在当地落户,几年后再次面临是否回京的痛苦抉择;未结婚、招工晚一些的人,则有可能直接回北京;而那些直到1977、1978年还没着落的,其中一些人破釜沉舟,赶上了恢复高考后的第一趟班车。

无论何时,生活总会给你留有一扇门。

相信未来

2009年8月,北京知青部落内,马克印、冯淑秀、林佩华等人围在一个小桌前吃饭,一如41年前他们刚刚到达土默特左旗哈素公社甘家大队时的第一个夜晚一样。

这个小山庄,是马克印用多年积累投资的。山庄内,有一个小小的知青博物馆,收集了知青用过的各种东西;每个小客房,都用插队时的公社名字来命名。

返京后,马克印在北京风机二厂做学徒。几年后,他娶了一位工农兵大学

生。2004年，马克印和兄弟姐妹一起卖掉了父亲留下的那个550平方米的四合院。此后，依靠多年知青生活的历练，他一个人建起了这个占地数十亩的知青部落，供知青们休闲和怀旧。

林佩华返京后，借住在弟弟家里，并在弟弟的歌舞厅里帮忙。后来，她在大钟寺附近开了一个小卖部，"一开始很苦，但再苦也苦不过知青啊。有了那些经历垫底儿，世上没有过不去的坎儿。"2008年，依靠自己的努力，林佩华与儿子在天通苑买了一套200多平方米的复式房屋。

冯淑秀返京后，她先在街道做临时工，后调到中华女子学院食堂工作。几年后，高为民获准回京来到同一家单位上班。退休后，生活简单、喜爱旅游的他们带着单反相机四处走走。其间，他们特意去了北京知青去过的山西、云南等地，"看看别人的知青生活有什么不一样"。

以前是回北京，现在则是回内蒙古。每隔一段时间，总有人提议返回插队的地方看看。

回望低矮的泥土屋，回望那个洒满了他们激情与纯真岁月的田野，他们深切地体味了生存的艰辛与奋斗的幸福。在更广的地域内，这成了整个民族崛起的精神力量之一。

这一刻，知青部落的展示墙上，贴着诗人食指另外一首名为《相信未来》的诗："相信未来，相信不屈不挠的努力，相信战胜死亡的年轻。"

小平南巡春风又绿南海湾

■ 张 瑾

陈开枝端坐于北京广州大厦贵宾间的沙发上，深情追忆"老人家"。此时的中国，海晏河清，政通人和。

"老人家"是邓小平。1992年春，老人家南巡广东，时任广东省委副秘书长的陈开枝全程接待陪同。

"他已是一位退役的老船长，但是当看到航船摇摆不定时，他不顾年迈体弱，又一次跃上船头，稳住航向。"陈开枝认为这是对小平南巡最为合适的比喻了。

17年来，中国这条负重的航船，冲破"姓社姓资"的怪圈，涉险过关亚洲金融风暴，及至今时直面全球经济危机，能独善其身，而后兼济天下。

在邓小平不再随航的时日里，船行险滩激流，曷有颠簸，但水可载舟，航程也就安好。船头，未再偏离。

绝密电报

凌晨5点，一份高度绝密电报发到了广东省委机要室。电头是中共中央办公厅。电报只有短短两行字：小平同志要到南方休息，请做好安全接待工作。

那是1992年元旦。

上午9时，正在佛山检查工作的广东省委副秘书长陈开枝，突然接到时任广东省委书记谢非的电话。来电称："我们盼望已久的老人家要来了，请你赶快回来研究一下总体安排和接待工作。"

陈开枝瞬间领悟了其中要义，"小平同志来广东，一定有什么重大的事情要发生。"他旋即登车奔回广州。

在省委书记办公室，谢非升帐点将。陈开枝受命全程陪同南巡。他需要尽快拿出一个完整的接待方案。但在讨论方案时，大家有分歧。有人认为小平同志是来冬休的，故而主张按照休息的思路安排接待。这样的推断是有依据

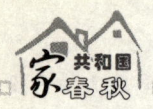

的——中央电报已写明是来"休息",中央办公厅没派人来,也没有媒体记者,只有邓小平和他的家人。

"但我不这么认为,"陈开枝隐隐断定,老人家此次出来应该不是"休息"那么简单,而是与改革开放有关,"弄不好就是对改革开放进行重大部署。"

往常,老人家习惯到上海冬休过春节,此番却破例选择了广东。这是陈开枝认定此事"非同寻常"的依据之一。

依据之二,则是国内发展大势。那时,政治上,苏联解体,国际共产主义陷入低潮;国内思想政治方面,"左"的观念有复燃之势,甚至有人提出了"以反和平演变为中心",提出"双重任务论"(阶级斗争和全面建设),这无疑偏离了"以经济建设为中心"的基本路线。

"可以这样说,在1992年初之前的一段时间里,整个中国无论在政治方面,还是在经济方面,都处于一种低谷的状态,笼罩着一种沉闷、压抑、疑虑、无所适从的气氛,这是很不正常的,很令人担忧。"

事关社会主义的前途,陈开枝感到,老人家是要出来"说一说"了。到哪里说呢?他选择了改革开放先行一步的南方。

深夜南下

一个三人先遣组先行抵达广州。来者强调说,小平同志是来休息的,你们既要让他看看广东改革开放的新成就,又不能让他过于劳累。据此给出的行程建议是:深圳—珠海—深圳—上海。

广东方面的"接待总管"陈开枝对此有些异议。他认为,小平同志已届暮年,出门的机会日稀,而广东是他政治生涯中经过"三落三起"之后确定的改革开放试验区,寄托着他多年的梦想和希望。如此,该让老人家尽可能多地走走看看才是。

陈开枝大胆提出了另一个方案:深圳—珠海—珠江三角洲—广州—上海。这一方案最终得以批准通过。

临行之前,邓小平让工作人员转告广东方面,南方之行,坚持"四不"——不听专门汇报,不参加宴请,不题词,不报道。

"这样的叮嘱,老人家是把自己放在了一个普通人的位置上来看待的。"陈开枝比喻说,就像一位返乡省亲的老者,无心造作,只求释怀。

前三个"不",大家理解,也尊重老人的意愿。但对于"不报道",陈开枝还是觉得,既然已料定小平同志此行非比寻常,即使不作报道,那也该忠实记录并留存,否则历史就会缺页。

经过请示争取，新华社和广东媒体的四位记者临时被抽调随行，只记录，不报道。

"这些年，媒体报道所用的影像资料，都是我们当时'抗命'拍下来的。"现在回头看看，陈开枝欣慰之余，也会忍不住想："如果当时没有那么做，我们这些人，会遗憾终生，连弥补的机会都没有。"

时年1月17日，暮冬，北方寒冷得让人缩手缩脚。一列没有编号的专列，深夜出京，向南。

车上，是88岁高龄的邓小平，人们称其为"改革总设计师"。

19日上午，专列汽笛长鸣，驶入深圳站。谢非趋前握住老人的手："广东人民想念您，盼望您的到来。"

小女儿邓榕生怕父亲听不清楚，附耳大声对他说："广东人民欢迎你！深圳人民欢迎你！"

老人听后微微点头。

姓"社"不姓"资"

"你快点叫车，让我出去看看！"甫一入住，邓小平就换好了衣服，提出要外出。

这让接待组多少有些措手不及。因为按照预定行程，考虑到长途旅行劳碌，上午安排老人家休息，没有外出参观计划。

陈开枝只得语带歉疚地说："其他的人都走了，只剩下办公室的人。我们计划是下午出去的，您还是先休息一下吧。"

"你不知道，我坐不住啊！"老人家的回应，让陈开枝听起来"感觉很震撼"。

他愈发坚信了自己最初的判断，小平同志不是来"休息"的。

好在，老人家体谅接待人员的用心，未再坚持上午出行。

● 那一刻

1992年，邓小平南巡，视察广东并发表谈话。

● 亲历者

（本报记者 张瑾摄）

陈开枝

1940年生。曾任广东省委副秘书长，广州市常务副市长，广州市政协主席。1992年邓小平视察广东期间，他全程参与了接待工作。

下午，车行皇岗口岸。风从海上来，站在深圳河大桥内陆边境上，老人久久凝望对面的香港，衣领被风吹动。没有说话。陈开枝忍不住上前，"风大了，请您上车吧。"

老人轻轻转身。咫尺成天涯，有生之年，老人终未能走进对岸，成国人憾事。

次日，邓小平登上了国贸大厦。其时，国贸大厦是深圳最高的楼，也是中国最高的楼。在53层的旋转餐厅，他面窗而坐，随着转盘的缓缓旋转，细心地俯瞰深圳全貌。

深圳市委书记李灏摊开特区规划图，讲述深圳雄心，深圳速度。

就坐在旋转餐厅的圆形餐桌旁，老人家开口了。

"对办特区，从一开始就有不同意见，担心是不是搞资本主义。深圳的建设成就，明确回答了那些有这样担心的人，特区姓'社'不姓'资'。"

"深圳的重要经验就是敢闯，没有一点闯的精神，没有一点'冒'的精神，没有一股气呀，劲呀，就走不出一条好路，走不出一条新路，就干不出新的事业。"

"改革开放胆子要大一些，敢于试验，不能像小脚女人一样。看准了的，就大胆地试，大胆地闯。"

"不坚持社会主义，不改革开放，不发展经济，不改善人民生活，只能是死路一条。"

这一番话是邓小平到达深圳之后首次系统的谈话。

在陈开枝看来，这也是整个南方谈话中最重要的一次。他注意到，老人家在讲这番话时，很用力，声调很高，神情不容置疑。

在深圳的4天时间内，邓小平还论述了社会主义市场经济问题。他说："计划多一点还是市场多一点，不是社会主义与资本主义的本质区别。计划经济不等于社会主义，资本主义也有计划；市场经济不等于资本主义，社会主义也有市场。计划和市场都是经济手段。"

这一论述，像是一缕早至的春风，不胫而走，经由珠三角，北上九州大地，乘势渐入人心。

老人家留给深圳的最后一句话是：你们要搞快一点！

发展才是硬道理

每天晚上，邓小平一家人围坐吃饭。儿女孙嗣环绕膝前。他不让官员作陪，从始至终也真的没有出席过宴请。

餐单是普通的大众菜。虽是四川人，老人却十分喜欢清淡的粤菜，喜欢酿节瓜和陈村粉。每顿饭，工作人员会配备一点法式面包，抹上薄薄的黄油，然后端上煮得软软的菜心、生菜、西兰花和豆苗。

接待组曾特意问邓榕，是否应准备点燕窝、鱼翅类的补品。"不用，"邓榕说，"我爸爸很少吃那些东西。"

1月23日，邓小平从深圳乘船前往珠海。伶仃洋上，"902"快艇破浪稳健前行，浮游的泡沫沉渣被快速抛在远远的身后。

艇内的小沙发上，邓小平戴起老花镜，急切地说，"拿地图给我"。谢非和珠海市委书记梁广大从旁介绍情况。

"要得，要得。"老人不停点头，"要抓住时机，发展自己，关键是发展经济。"

随即，他说出那句"发展才是硬道理"。陈开枝记得，老人当时握着拳头，轻轻挥了一下。

参观珠海市容时，梁广大不失时机地说："珠海今天的一切都是靠您的英明决策。"老人听后笑笑："我的决策还有一点用处，我的主要用处就是不动摇。"

彼时情景，陈开枝至今印象深刻。

随行途中，陈开枝也多次听老人家讲过"不争论"："不争论，是为了争取时间干，一争论就复杂了，把时间都争论掉了，什么也干不成。"

"他之所以说'不争论'，是因为当时有不少争论，而且还相当激烈。"陈开枝说，这些争论包括"基本路线的要点在哪里"、"社会主义和市场经济能否兼容"、"证券股市这些东西究竟好不好"等等。

南巡期间，邓小平没有开过一次干部会议，他的谈话，全部出自于公共场合。"看似很随意的几个场合的谈话，串起来看，实际上大有逻辑。"陈开枝认为，这个逻辑思路就是：大力发展经济，坚持党的基本路线和改革开放。

对于小平南巡的意义，民间或官方均已有客观评价，认为其全面破解了一系列关系党和国家前途命运的理论和实践难题，令中国真正冲破了"姓社姓资"的怪圈。

南巡当年10月，中共十四大召开。大会正式确立了社会主义市场经济体制的改革目标。

其后，水到渠成，舟行江中，大国渐彰崛起之势。

在深圳红岭路和深南大道交汇处，巨幅宣传画上，老人邓小平目光投向远处的现代化建筑群，淡定如昔。身畔，芳草茵茵，杜鹃花怒放。

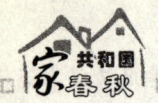

1998抗洪决堤时他按响快门

■ 王 鹏

  那一年，留在国人记忆中的，是滚滚浊浪，滔滔洪水，"万众一心众志成城"的口号和无数为保卫家园奋战的人们。

  公元1998年，百年不遇的洪水为改革开放中的新中国设下考题。几经奋战，党和人民最终交出一份满意的答卷。

  在江西省九江市，长江大堤决口处，一名摄影记者按下快门，那段人与大自然抗争的感人场景，就此凝固。

洪水围城

  1998年7月31日，《中国青年报》摄影记者贺延光，带着头天新购置的一台底片传真机，直飞九江市。

  飞机落地时，九江大雨方歇，气温闷热。和天气一般浮躁的是人们的心情。

  当年，南方长江流域先后有8次洪峰从上游奔泻而下，连续60天超警戒水位，使万里江堤险象环生；在北方，嫩江、松花江发生超历史纪录的洪水，3次洪峰拍打着脆弱的堤岸。滚滚浊浪挟风裹雨，一时形成南北夹击之势。

  洪水考验着改革开放后的新中国抵御大灾的能力。对贺延光而言，他的任务是用相机，记录下抗灾中的感人画面。

  在九江市下属的永修县内，洪水已将县城围困。

  站在冲锋舟上，贺延光远眺县城周边的村落。小村已失去本来的模样。原来村落的位置，只余几根树枝，孤零零地伸出水面。众多解放军战士，驾着冲锋舟，一次次往返，解救被困群众。

  在与永修相邻的湖口县，县医院已被洪水包围。一名受伤的老人要拍X光片，只能乘坐小船，往返于医院的楼宇之间。

  贺延光用相机记录下这一切。休息时，他打起赤膊，和战士们一起吃饼干和方便面，袋装榨菜成为难忘的美味。

  "作为新闻工作者，我谈不上辛苦，更辛苦的是解放军战士。"贺延光一次次被英勇奋战的解放军战士感动，流动的绿色已成为阻拦洪水的人墙堤坝。

旁听南京军区一次抗洪工作会，让贺延光印象颇深。时任南京军区司令员陈炳德中将鼓励指战员继续全力抗洪抢险，他红着眼圈说："记住，我们不是给人民来做样子的。"

此时，国务院一封封急电早已传至九江。自当年6月中旬进入汛期后，国务院便要求沿长江各省市作好迎战洪峰的准备，严防死守，做到确保长江大堤安全。

7月28日上午，时任国家主席江泽民致电中国气象局，询问长江中下游地区天气变化情况，要求气象部门严密监视天气变化，为抗洪抢险做好服务工作。

全国自上而下的力量全部行动起来，与洪水的决战，一触即发。

赶往决口

当年8月7日，九江市一军区招待所内，贺延光正在整理几天来的采访资料。

此时，抗洪形势已愈发严峻。远在北京的《中国青年报》摄影部已是人去楼空，40余名记者前往全国各地采访。

贺延光的任务是留守九江，拍摄这里的抗洪场景。

几天来，最让他揪心的就是长江大堤有可能决口的消息。

下午1点，坏消息突然而至，与贺延光同住的南京军区一家报纸的处长，急匆匆跑进屋，告诉贺延光，"叫你快点出门呢，决口了。"

贺延光等人跑下楼，上了一辆吉普车。车在市区中穿行，贺延光敏感地发现气氛异常。

夏日的九江，日头毒辣，午间街头原本行人稀

● 那一刻

1998年，嫩江、松花江发生特大洪水。长江发生继1954年以来又一次全流域性大洪水，先后出现8次洪峰，部分流域水位长时间超过历史最高纪录。8月7日中午，江西省九江市城防大堤决口，九江城区50万人民的生命财产危在旦夕。

● 亲历者

贺延光

1951年出生，中共党员，高级记者。1981年为《北京青年报》记者，1983年为《中国青年报》摄影记者，1985年至2005年任《中国青年报》摄影部主任，现为该报图片总监。中国新闻摄影学会副会长。他先后7次在国内最高新闻奖评比中获奖，是国内新闻界唯一一位既获摄影一等奖，又获文字特别奖的平面媒体记者。

少,"那天街上的人突然变得特别多,三五成群,神色慌张"。

贺延光摇下车窗,向一名交通警察打听消息:"哪里决口了?"

"开发区。"警察向西一挥手,匆忙答道。

吉普车迅速掉头,向开发区方向疾驰。开发区宽阔的九龙大道变得空空荡荡,在路边,停着数辆军车。

军人们拦住吉普车,告知贺延光:"水就要过来了,车不能再往前开啦!"

贺延光等人执意前行,方行数百米,洪水已蔓延而来,"黄色的水流,贴着地面流过来,看着速度不快,但是水涨得很快"。

情急之下,贺延光等人弃车奔至路边的铁路路基上躲避。转眼间,水面飞速上涨,即将把路基掏空。

危急之中,南京军区应急分队的冲锋舟破浪而来,贺延光等人得救。

在冲锋舟上,贺延光见证了洪水决堤后的场景。片刻之间,开发区的居民楼一层窗户已被淹没一半,路边的电线杆仅余水面半米。

解放军战士驾着冲锋舟一次次往返于被洪水围困的居民楼。贺延光在一处居民楼楼顶,他从呼救声中听见了熟悉的声音。

呼救的人,是他数天前采访过的国家防总的水利专家。专家组上舟后,心急如焚,第一句话便是,"快去决口地点"。

船尾的发动机轰鸣作响,冲锋舟拉着贺延光等人,向决口处进发。

挑战洪魔

前往决口的路上,贺延光给北京总部打电话,留守摄影部的暗房工作人员临时充当记录员。

电话中,贺延光口述现场场景:"今天13时左右,长江九江段4号闸和5号闸之间决堤30米。现在,洪水正向市区蔓延。市区内满街都是人。靠近决堤口的市民被迫向楼房转移。"

他特意叮嘱接电话的同事:"立即报告新闻中心和社领导。"

到达决口地点时,长江大堤上已聚集救灾军民上千人。肆虐的江水将堤坝撕开了30余米的裂口。贺延光一刻不停地按着快门,记录着军人的勇猛,记录人与自然的抗争。

当地一名干部告诉贺延光,一点左右,巡逻人员发现堤上出现泡泉时,解放军便赶来,周围的工人、居民、个体户、下岗职工也赶来了。人们跳进水里,拿着被套、苫布等一切可以堵漏的东西,近乎疯狂地与险情搏斗。

下午两点,8条载满石料的驳船正向决口处集结,封堵现场更加有序,军民斗志愈来愈旺。

贺延光从专家处得知，政府已迅速拟定了三套应急方案，他必须得把这些消息传回去。可没想到，手机没电了。

情急中，贺延光向现场指挥救援的一个部队首长求援。"首长借给我一部手机，但他告诉我现场只有一部，部队就靠它与军区联络，我只能使一分钟。"

靠着这珍贵的一分钟，贺延光向北京又发回一条快讯。

与洪魔的搏斗在决口处达到白热化。大堤决口后，驻浙某师两个团和驻闽某师以及武警某部官兵共 1500 余人陆续乘船抵达决口，而后续增援部队则源源不断地赶到。

碎石块投入决口处，阻拦洪峰；军人们跳进江水中，结成人堤，与洪水殊死搏斗。当天傍晚，封堵决口初战告捷。混乱中，贺延光上了一条船，赶回九江市区。

此时，九江市区内的照片冲印社大都已经转移或停业。几经辗转，当晚 11 点 50 分，贺延光才把封堵决口的珍贵照片和新闻稿发回北京。

第二天，《中国青年报》头版刊登了贺延光发回的《九江段 4 号闸附近决堤 30 米》的 8 条消息和《九江决口》、《紧急转移群众》两幅照片，成为国内媒体对长江决口的独家报道。

守卫家园

《中国青年报》的独家报道，让国人了解到洪水灾情的严重，也为抗洪官兵的英勇而动容。同时，这篇报道也是国内媒体首次直面报道灾情。

彼时，中国的宣传政策仍然保守，以往在报道灾难时，只重救援而忽略灾情。《中国青年报》关于九江决口的头版报道一出，曾遭到相关部门的批评。

贺延光从同事处得知了消息，这让他忧心忡忡，"我有压力，但没有动摇我的决心，作为记者，我一定要把灾情第一时间告知于众"。

当年 8 月 9 日，贺延光得知消息，时任国务院总理的朱镕基即将到九江视察。在决堤地点的一条煤船上，贺延光拍摄下总理亲临险境，鼓舞士气的场面。

此时，保卫九江的"战役"已达高潮。

8 条民船沉于决口之下，不计其数的碎石煤炭投入水中，围绕着沉船构筑成新的围堰。8 月 9 日清晨，由北京赶至的增援部队开始在决口两侧搭起钢架，投放碎石。

在 3 个昼夜的决战中，解放军和武警部队 24000 多名官兵共填筑土石方 12 万立方米，筑坝用钢材 80 吨，堵口沉船 10 艘。

8 月 9 日晚，贺延光结束完一天拍摄后，返回军区招待所。在走廊上，他遇到

一位曾在采访中结识的部队新闻干事。

干事透露给贺延光一个信息,当晚的会议上,朱镕基总理指出,不能向群众隐瞒灾情。

"消息可靠么?"贺延光激动地拉住干事的手臂。干事称,消息是从参加会议的军首长处得知。

晚9点,贺延光把消息告知北京的报社领导。当晚10点的晚间新闻中,开始有了九江决口的新闻画面。贺延光如释重负。

第二天晚8点,九江决口封堵成功。滚滚长江收敛凶焰,九江战役大获全胜。

众志成城

在九江决口封堵成功后,全国范围内的抗洪战役也走向胜利。

当年8月14日,时任国家主席江泽民在武汉发表重要讲话,发出决战总动员令。

当年8月下旬,肆虐的洪水退去。在而后的抗洪表彰大会上,人民解放军和武警部队被誉为中流砥柱,"1998抗洪"已凝结成为一种时代精神。

11年的光阴,稀释了人们对1998年洪水的印象,但提及那个年份,贺延光总会想起水草的腥味与榨菜的甜香。伴随而来的是,那些气壮山河难以磨灭的感人场面。

一切都锁定于镜头之中,永留于照片之上。危难时刻,中国国民所迸发出的团结和勇敢,已深深融入民族的血脉。

在1998年中国新闻奖的评选中,贺延光关于九江决口的新闻图片入围。评选结果尚未公布,参与评选的《中国青年报》领导便提前告知他,《九江段4号闸附近决口30米》被评为1998年度中国新闻特别奖。

"参加评选的评委,大多是媒体的老总,可能大家都觉得,这条新闻背后的意义重大,传递的国民精神也更让人动容。"贺延光说。

1998年洪水过去10年后,2008年汶川地震举国关注。此时,贺延光已是《中国青年报》的图片总监,57岁的他再次背起相机,赶赴汶川。

一切和10年前那场战役相似,万众一心的信念再次被唤醒。同时,中国对待灾难表现出的开放透明的态度,让世界赞叹。

在贺延光的新闻生涯中,他拍摄的照片获得了众多奖项。然而,他最喜欢的还是九江决口时,所拍摄的那组照片。

"那些照片的信念,永难磨灭。"贺延光说。

汶川大地震灾难中获得感动

■ 刘 薇

汶川并不是黄建发见过的最惨烈的地震,却是最不能忘却的。

22年地震系统工作的经验,黄建发几乎见识过人间所有最惨烈的自然灾害。虽然做了各种理性分析,但第一眼见到的现场,依旧让他震惊。如今回想起在灾区的日子,最让他印象深刻的不是废墟、疲劳和伤感,而是志愿者留给他的感动。

速度的价值和意义

2008年5月12日14点28分,是个节点。那之后,很多人的命运,因为大地几秒钟的颤抖而改变。

黄建发所在的中国地震局,平时是个冷衙门,却在那几秒钟之后,成为全国甚至全世界的焦点。在这个主抓地震工作的政府机关里,有一支222人组成的国家救援队伍,代表着一个国家的专业救援能力和最高素质。

速度的价值和意义,在地震发生后,被每个中国人深刻地体会。最快的速度,是由国务院总理温家宝创造的,在地震后不到4个小时的时间里,总理已经乘专机抵达灾区。

作为中国最值得信赖的专业救援队伍,中国救援队也创造了自2001年成立以来的最快速度。当天14时40分,国家地震灾害紧急救援队联席办启动国家应急预案,向总参作战部和武警总部通报震情,并通知38军工兵团、武警总医院和中国地震应急搜救中心做好国家地震灾害紧急救援队出动准备工作。

16时45分,救援队接到出发命令,向南苑机场集结。

18时,所有队员抵达南苑机场。

19时30分,所有装备装机完毕。

20时,两架满载救援人员和救援装备车辆的伊尔运输机在南苑机场起飞。

22时40分,国家地震灾害紧急救援队的飞机降落在成都太平机场。

13日0点30分,救援队赶赴都江堰。

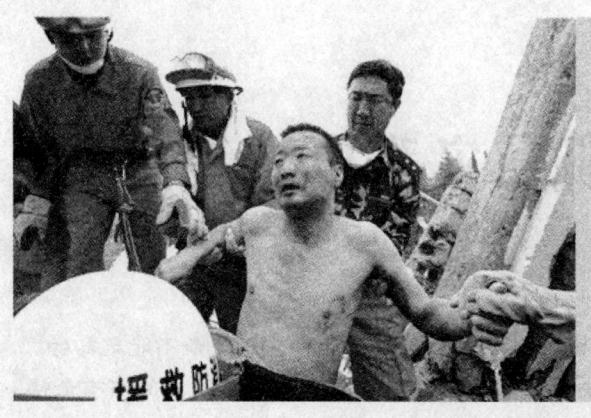

救援队员从废墟中救出一名被困者。(本报记者 骆永红摄)

随身携带的物品,包括两辆救援装备车、1辆救援指挥车,400件的救援装备和部分保障物资,包括12条搜救犬和药品,这些物品,将保证救援队在7天内可以独立作业。

接受国际救援队

这个时候,身在意大利考察的黄建发已经订好了回国的机票,焦急地等待着航班。地震发生后,他立刻接到了同事的短信,意大利和北京有7个小时的时差,当时正是早上。

联合国的询问电话随即打了过来。黄建发的另一个身份是联合国人道主义事务办公室中国联络官。就在中国的各路救援力量紧急赶往灾区救援的时候,通过联合国系统,全世界几十个国家的救援队也在紧急行动。不到1个小时,瑞士救援队已经在机场集结,随时准备前往中国救援。黄建发立刻将这个消息向国内汇报。

在中国历次自然灾害的救援中,从未有过国际救援力量的介入,唐山大地震时,不依靠外援而自救是一种被提倡的精神。

"我们在这方面缺少合作的方法和经验,什么时候,让合适的队伍介入,是最需要考虑的问题。"黄建发说。"在地震刚刚发生时,水电交通通讯都不畅通,即使拥有再高救援设备的人来,也是无能为力,我们要寻找一个恰当的时机。"

最终,在地震发生4天后,第一支国外救援力量——俄罗斯救援队抵达成都。随后,新加坡、日本和韩国救援队相继抵达灾区。这是新中国成立以来,首次在大灾中接受国际力量的援助。

"之所以选这四个国家,一是考虑了其救援能力,二是其距离中国的距离比较近,选择新加坡,是因为语言沟通的便利。"黄建发说。

这些远道而来的救援力量,并没有在中国救出他们预想中足够多的遇难者。4

个救援队，只有俄罗斯在 17 日 21 点 16 分，从两层楼的夹缝中，救出了一位已在此 127 个小时的 61 岁女性。日本救援队无功而返的落寞背影，更成为中国媒体的头条。

"主要原因还是来的时间太晚了，错过了 72 小时的黄金救援时间，我们对救援队的合理使用，也存在一定的问题。"一年多以后，黄建发诚实地总结了地震带来的经验和教训。

"我们付出的惨痛代价，一定要以某种方式的进步来补偿。"黄建发说。

72 小时救出 39 人

作为中国最专业的救援队伍，中国救援队在震后 72 小时的黄金救援时间里，成功地救出了 39 位幸存者。第一位被救出的幸存者，叫陈道东，35 岁，都江堰中医院的病人，被救时间是 5 月 13 日 2:40 到 5:57，距地震发生近 15 小时。

此时，通往汶川的道路尚未打通，国务院总理已抵达灾区 11 个小时，时时更新的死亡人数，已近万人。

多次参与地震救援，理性而冷静的黄建发，在抵达灾区前，已经做了各种最坏的估计，但到了现场，他依旧难于抑制自己的情绪。

"那几天一直在下雨，布置工作的时候，几乎不敢多说话，一说就要哭。"

面对灾难、死亡，再强大的精神，也几乎丧失了支撑的力量。"几乎每个人都睡很少的觉，因为睡也睡不着，几乎每个人都忘记了什么是累和疼痛。"

黄建发还好，他毕竟是一个已经工作了 22 年的有经验的人。他手下的国家救援队的年轻队员们，都是二十几岁的 80 后，独生子。虽然在培训时经过了背尸体的训练，但在废墟中，伸手触摸已

● 那一刻

2008 年 5 月 12 日 14 点 28 分，汶川发生 8.0 级大地震。

● 亲历者

黄建发

中国地震局赈灾应急救援司司长，联合国人道主义事务办公室中国联络官。

经腐烂变臭的尸体，还是让很多人承受不了，甚至呕吐。

当救援最终结束后，中国救援队一共救出了49人，占总救援人数的近1/7。其中包括公众熟知的可乐男孩儿。"我们救的人数不是最多的，但都是最难的。"

对于专业的信任

13日中午，黄建发第一时间赶回了祖国，在北京首都机场，他只有1个小时的停留时间。将行李交给同事，拎上工作人员早已准备好的行李，黄建发赶往成都。

都江堰、汉旺、绵阳、北川，黄建发一路的足迹，几乎也是救援队艰难突进的轨迹。他最终留在了北川，因为这里灾情最重。

"汶川地震，如果按照破坏程度起名字，应该叫三川地震，起源在汶川，沿龙门山经北川到青川，破坏严重。"黄建发说。

在北川，黄建发承担起各种救援力量的协调工作。把解放军、志愿者、专业救援队伍分配到最恰当的岗位。对于各种救援力量，黄建发有个比喻，救援队就是医院里做开颅手术的专科医生，一般的救援力量，就是处理感冒发烧的全科医生，各有分工。他经常和队员强调，"不光要救援，还要科学，首先要保护好自己，其次才是救别人。"

在汉旺东方汽轮机厂的救援，是黄建发印象最深的记忆。

"温总理说你们是专业队，你们赶紧救人吧。"这是国家救援队到达东汽后听到的第一句话。"刘海波副厂长是国家级重要专家，你们一定要把他救出来。"站在一旁的厂领导和家属不停地催促着。

救援队员卢杰独自一人进入了废墟。在两块交错的楼板间，他看见了刘海波的身体，其中一块楼板，长达8米，直杵到左侧危楼的墙根，只要轻轻一动，废墟就会坍塌。卢杰建议，可以将交错叠压的两块楼板捆绑在一起，用吊车吊升后形成一个稳定的A字形。

想法得到批准，5个多小时的缓慢救援开始，叶片厂技术副厂长刘海波获得解救。随后40个小时的连续奋战，救援队又营救出高级工程师袁晓阳等幸存的5位技术人员，并在叶片分厂附近的家属院和电厂办公楼成功救出两位受困人员。这些人员的成功获救，为日后汽轮机厂的重建，提供了最大的可能。

"很多故事不像媒体报道的那样，轰轰烈烈的，它们是安安静静的，在里面而不是在外面。"黄建发说。

最细微的感动

现在回想起在灾区10余天的日子，最让黄建发印象深刻的不是废墟、激情、疲劳和伤感，而是两个志愿者留给他的感动。

那是给他开车的两个司机，成都人，平日自己经商，地震后主动开着车到北川支援。他们之间，并没有特别激烈的情感，平日甚至都很少有时间交流，以至于黄建发在离开灾区前，都不知道他们的真实身份，一直以为他的司机是当地安排的工作人员。

直到要离开的时候，两个司机说："能不能留个东西，以后好有个纪念。"

救援队把两件橙色的救援服留给了他们。"感谢他们那么默默无闻的陪伴。"

官方和民间的救援力量，在那一刻心无芥蒂，甚至互相温暖着同舟共济。

在5月12日14点28分改变的世界里，全国各地的志愿者是最值得称赞的自发性救援力量。

"事实上，90%的救援，依靠的是灾民自己和志愿者完成。"黄建发说。

四川省的统计数字显示，仅2008年，四川省团组织累计接受志愿者报名118万余人，有组织派遣志愿者18万余人，开展志愿服务178万余人次。全国31个省市的兄弟团委派遣了近百支医疗、心理志愿者团队赴川。统计显示，67.3%的灾区群众表示接受过志愿者服务。对志愿者的服务工作，综合满意度为93.4%。甚至有人将2008年称为中国志愿者元年。

如今，那些在地震救援时默默陪伴和协助黄建发的四川司机们，依旧是黄建发保持着联络的朋友。

"他们来北京，我们都要一起喝酒，因为我敬重他们。"黄建发说。

灾难中获得的

地震带来了很多改变，这是黄建发一开始就预料到的。比如，现在，地震局和其他委办局的工作沟通就容易得多了，以前人家都是不屑一顾。此外，经过国务院的批准，222人的国家救援队也将增加到500人，救援能力会得到进一步提高。

2009年9月中旬，地震局刚刚组织了一个33人参加的市长级地震培训班，主要的培训内容是"指挥员"在地震救援中的素质和能力，以及日常地震的预防。之所以确定这个主题，是因为地震局在救援过程中，确实发现了地方基层在地震救援和组织上一些专业技能的欠缺。

"以往，这样的培训班是根本不可能的，人家第一句就问，地震和我有什么关系？"黄建发说，现在，大家的积极性都很高，知道了预防的重要性。

破冰 1987 两岸开放探亲始末

■ 柳志卿

"乡愁是一方矮矮的坟墓／我在外头／母亲在里头；乡愁是一湾浅浅的海峡／我在这头／大陆在那头"余光中——《乡愁》

浅浅的台湾海峡，宽大约只有 170 公里，这头是祖国大陆，另一头是游子台湾。并不宽阔的海峡，对于那些 1949 年离开大陆赴台湾的老兵来说，如天堑般难以逾越。迈过海峡，踏上回家的路，走了整整 38 年，或者更长。

"解放台湾"之转变

"这是一个重大的战略转变。"杨斯德说，不提"解放台湾"了，邓小平的"一国两制，和平统一"思想从此逐渐形成。

杨斯德回忆，根据邓小平的指示，1979 年元旦，全国人大常委会发表《告台湾同胞书》，宣布停止炮击金门，同时宣布了关于台湾回归祖国、实现国家统一的大政方针。

邓小平说，《告台湾同胞书》的发表，"表明了我们的态度是真诚的，是合情合理的"。文告从中华民族大义出发，联系五千年灿烂文化和"分久必合"的历史，说明应当早日结束海峡两岸同胞饱受分裂之苦的局面，倡议国共两党举行谈判。解决国家统一问题，并提出"两个寄希望"，即"寄希望于台湾人民，也寄希望于台湾当局"。

1 月 30 日，邓小平在美国参众两院发表演说明确提道："我们不再用'解放台湾'这个提法。只要台湾回归祖国，我们将尊重那里的现实和现行制度。我们一方面尊重台湾的现实，另一方面一定要使台湾回到祖国的怀抱。"

"这是一个重大的战略转变。"杨斯德说，不提"解放台湾"了，邓小平的"一国两制，和平统一"思想从此逐渐形成。

《告台湾同胞书》发表后，引起了台湾的高度关注。"两个寄希望"也让台胞印象深刻。杨斯德回忆，台胞通过各种渠道反馈意见，应该把工作重点放在台湾人民身上。邓小平听到这个意见后,在"寄希望于台湾人民"前加了一个"更"字,即更寄希望于台湾人民。1980年,全国政协致台胞春节慰问信中,修改过后的"寄希望"发表,台胞反响很好。

"一字值千金。"杨斯德说,这个"更"字表明了中央政策的重点,以民促官,多做台湾人民工作,让台胞了解大陆的政策,增进两岸人民的感情。之后,邓小平、邓颖超多次接见台湾各界人士,亲自做台胞的工作。

1981年9月30日,全国人大常委会委员长叶剑英向新华社记者发表了对台工作九条建议,即后来被称为"叶九条"。其中要点包括:建议举行国共谈判,实行第三次国共合作,完成祖国统一大业;建议双方共同为通邮、通商、通航、探亲、旅游以及开展学术、文化、体育交流提供方便,达成有关协议;国家实现统一后,台湾可以作为特别行政区,享有高度的自治权,并可保留军队。台湾现行的社会、经济制度不变等等。其中还有一条就是,"台湾各族人民、各界人士愿回祖国大陆定居者,保证妥善安排,不受歧视,来去自由"。

杨斯德说,台湾老兵要求回家探亲的愿望很强烈,但是受到台湾当局对大陆推行"三不"政策——不接触、不谈判、不妥协,回家探亲的路很艰难,往往要辗转通过第三地才能完成。

另外,台胞长期受到台当局虚假的反共宣传,对大陆不了解。这次确定的"不受歧视,来去自由"打消了台胞的顾虑,激起了台胞要求返乡探亲的强烈愿望和促进两岸关系缓和的巨大热情。

"叶九条"发表后,全国各地纷纷建立了接待台胞探亲的机构,陆续有思乡心切的台湾老兵冒着被台湾当局"法办"的危险,从香港等第三地辗转回到大陆探亲。

● 那一刻

1987年10月15日,台湾当局宣布开放台湾居民到大陆探亲。10月16日,经国务院批准,国务院办公厅公布了《关于台湾同胞来祖国大陆探亲旅游接待办法的通知》。至此,两岸打破了自1949年长达38年的冰封期。

● 亲历者

杨斯德

1921年生于山东滕州,曾任总政治部联络部部长,1964年授予少将军衔。1985年,调任中共中央对台办主任。卸任后还曾担任全国政协台港澳侨联络委员会常务副主任,1998年退休。杨斯德长期在邓小平和邓颖超(曾任中央对台工作领导小组组长)的直接领导下从事对台工作,是邓小平"一国两制"思想形成的亲历者,见证了两岸开放的政策演变。

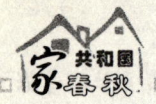

特殊的公开信

邓颖超与廖承志一起推敲文句，文中引用了周总理当年在张治中给台湾故旧公开信中增加的"寥廓海天，不归何待"的话，还引用了鲁迅的著名诗句"度尽劫波兄弟在，相逢一笑泯恩仇"，情真意切，十分感人。

"叶九条"的发表受到台湾民众的普遍关注，不久一封特殊的公开信再次引起了两岸的轰动。这封信是由中共中央对台工作领导小组副组长廖承志写给蒋经国的。廖蒋两家渊源很深，廖承志当年在求学期间和蒋经国是同学，两人甚为相熟。

公开信缘于蒋经国的一篇悼念其父亲的文章。1982年7月，蒋经国在悼念蒋介石的文章中写道："切望父灵能回到家园与先人同在"，还表示自己"要把孝顺的心，扩大为民族感情，去敬爱民族，奉献于国家"。

杨斯德回忆，身为中共对台工作领导小组组长的邓颖超看到了这篇文章。邓颖超建议由副组长廖承志给当年同窗好友蒋经国写公开信。公开信在7月24日发表。

这封以廖承志个人名义发出的公开信文笔壮阔，真挚感人。邓颖超与廖承志一起推敲文句，文中引用了周总理当年在张治中给台湾故旧公开信中增加的"寥廓海天，不归何待"的话，还引用了鲁迅的著名诗句"度尽劫波兄弟在，相逢一笑泯恩仇"，情真意切，十分感人。

公开信发表后，引起巨大轰动。但经蒋经国授意，台湾当局让宋美龄以长辈的名义给廖承志回信，信中仍然抱定"三不"政策。

杨斯德回忆，对于蒋经国的一些反共词句，"小平同志讲，他（蒋经国）不能不这样讲，不这样讲，他就维持不下去。不要去理他，求同存异，凡是坚持一个中国，反对'台独'的，我们都加以利用。凡是来祖国大陆探亲的，我们都欢迎。"

邓小平开阔的胸襟和远见卓识为两岸走向开放奠定了基础。1983年6月26日，邓小平在会见美国新泽西州立大学教授杨力宇时，提出"一国两制"具体构想，后被称作"邓六条"。杨斯德说，"邓六条"使"一国两制"更完善、更充实，也更具操作性。"一国两制"后来成功地用于解决了香港和澳门的回归问题，但却是从台湾问题开始提起的。

驾机"偷跑"回家

杨斯德记得这样一个细节，大陆方拿出一些礼品赠送给即将回台的副驾驶和机械师，两人说："心意领了，但我们不能接受。"双方代表就此握手告别。

1986年5月3日，一架台湾"中华航空公司"波音货机突然降临广州白云机场。

台湾机长王锡爵，驾着飞机，"偷跑"回家。这就是震惊国内外的"华航事件"。王锡爵生在大陆，1949年国民党撤退时，18岁的王锡爵随国民党迁往台湾。先在国民党空军服役，当驾驶员；后转业到中华航空公司，担任飞行职务。从大陆到台湾一晃37年！思家心切的王锡爵在一次曼谷飞往香港途中，驾机回到大陆，并从此在大陆定居，与家人团聚。

杨斯德时任中共中央对台工作领导小组办公室主任，他回忆，与王锡爵一同到达的还有副驾驶和一名机械师，还有22万磅的货物。中央领导人第一时间获悉此事后即指示要及时表明我们的立场和态度，妥善处理此次事件。

飞机着陆当天，大陆以民航局的名义，致电华航，阐明事件性质，邀请他们尽快派人来北京商谈有关人、机、货的处理。台湾方面极力避免与大陆正面接触，提出委托香港国泰航空公司或国际红十字会等与大陆交涉。中央毫不含糊地坚持"不让第三者插手"。

5月11日，大陆再次以民航局名义致电华航，重申这是纯属两个民航公司之间的业务性商谈，并不涉及政治问题。还明确表示，如果到北京觉得不方便，也可以提出他们认为方便的地方来商量。

"台湾方面对此没有任何理由拒绝，于5月13日，通过香港太古集团常务董事姚刚先生向大陆方传话，表示愿意派人与大陆方在香港商谈。"杨斯德说。

杨斯德一行于5月15日上午抵达香港，随后与台方展开了四次会谈。根据中央的决定，除了强烈要求在大陆定居的王锡爵，其他人、机、物送还给台湾，这样的决定引起世人瞩目，受到了海内外普遍赞誉。台湾党政内部以及台湾舆论也纷纷质疑"三不"政策，提出应该允许老兵回家探亲。

23日，华航的货机从广州飞抵香港，两方交接。杨斯德记得这样一个细节，大陆方拿出一些礼品赠送给即将回台的副驾驶和机械师，两人说："心意领了，但我们不能接受。"双方代表就此握手告别。历时20天的华航事件画上句号。

杨斯德说，华航事件圆满解决，对日后的对台工作产生了深远的影响，"在国际上争取了支持，在台湾争取了群众，在舆论上争取了同情，今后与台对话的可能性进一步增加。"

北京联合大学台研院副教授李立认为，"华航事件"的意义，远不限于驾机到大陆本身及一家骨肉的团聚；而是由此之后，在两岸沟通的历史上，开创了一个永载祖国和平统一史册的"华航模式"。

破冰 1987

老兵们身穿白色衬衣,正面印有鲜红色"想家",后面是"妈妈我好想你",他们一起合唱歌曲《母亲你在何方》:"雁阵儿飞来飞去,白云里;经过那万里可能看仔细。雁儿呀,我想问你,我的母亲在哪里……"整个集会哭声一片,令人动容。

随着时间流逝,当年跟随蒋介石退守台湾的国民党老兵渐入垂暮之年,他们的思乡情绪日积月累,急切盼望能回大陆与亲人团聚,落叶归根,来自民间的力量也成为了打破两岸僵局的重要推动力。

1987年,数万老兵在台北发起返乡探亲运动,向台当局要求准许老兵回大陆探亲。在当年的母亲节,上万老兵上街以"母亲节遥祝母亲"的名义在台北孙中山纪念馆举行集会。老兵们身穿白色衬衣,正面印有鲜红色"想家",后面是"妈妈我好想你",他们一起合唱歌曲《母亲你在何方》:"雁阵儿飞来飞去,白云里;经过那万里可能看仔细。雁儿呀,我想问你,我的母亲在哪里……"整个集会哭声一片,令人动容。

经过长达数月的抗争,1987年10月15日,台湾当局宣布开放探亲。也就在10月15日当天,《人民日报》刊登了国务院有关方面负责人就台湾当局开放台湾同胞到大陆探亲一事,向新华社记者发表谈话,谈话说:"……热情欢迎台湾同胞到祖国大陆探亲旅游。……保证来去自由。我们将尽力提供方便,给予照顾……"

10月16日,国务院公布了《关于台湾同胞来大陆探亲旅游接待办法的通知》,政策出台之快,前所未有。至此,38年的隔绝终于被打破。仅在开放当年,申请回大陆探亲的就超过了10万人。

政策何以出台如此之快,杨斯德回答很简单:"有所准备,边研究,边出台。"

(本文感谢杨斯德夫妇、北京联合大学台研院副教授李立的大力支持和协助。)

重返联合国伟大的外交胜利

■ 柳志卿

穿过一条热闹的胡同,在东城区一个宁静的小区里,93岁的符浩依然每天收听电视和广播新闻。因为白内障,他现在已经很少阅读,视线变得逐渐模糊。但往昔的记忆依然清晰,对一些不确定的时间、地点,他还提醒记者去查阅史实进行核对。

1971年10月25日,纽约时间晚上9时47分——符浩把记忆中的时间精确到了分钟,那一刻,联大恢复中华人民共和国在联合国的一切合法权利。

非洲兄弟抬进去

符浩记得,当联大宣布恢复中华人民共和国在联合国的一切合法权利后,会场一片沸腾,响起了长达几分钟的掌声,支持中国的各国代表们在大厅和走廊里鼓掌、高声欢笑,有的甚至跳起了舞。

131个会员国,76国投了赞成票,其中亚洲国家19个,非洲国家26个,毛泽东风趣地说:"是非洲兄弟把我们抬进去的。"

事实上,中国重返联合国的道路并非一帆风顺。中国是联合国的创始国和安理会五个常任理事国之一,为联合国创建作出过重要贡献。1945年6月,包括中国政府代表董必武在内的中国代表团在《联合国宪章》上签了字。新中国成立后,由于美国执行敌视新中国的政策,中国在联合国的席位仍被蒋介石集团所窃踞。为恢复在联合国的合法地位,中华人民共和国政府作出了长期不懈的努力,但在美国的操纵下,10余年未能成功。

随着中国国际影响力的逐渐提升,两弹一星上天,国力日益增强,同时,国际格局也在发生剧烈演变。随着亚非拉一系列新独立国家加入联合国,美国在联合国阻挠讨论中国代表权问题越来越困难。1971年,第二十六届联大恢复中华人民共和国在联合国的合法权利。这是新中国外交工作一次重大突破,也是中国和许多第三世界国家取得的巨大胜利,标志着世界政治格局的一个重大转变。

毛主席深夜接见

第二十六届联大召开之前的 11 月 2 日，中国政府派出了由 5 名正代表和两名副代表组成的代表团。5 名正代表是团长乔冠华、副团长黄华、秘书长符浩和熊向晖、陈楚。

符浩记得，11 月 6 日，新华社记者高梁一行 5 人带着介绍信和几面五星红旗出发，前往联合国总部所在地纽约打前站，提前联系会务和预订饭店。高梁一行在抵达纽约时，迎接他们的除了联合国官员之外，还有 200 多名外国记者。他们一下飞机，立即被团团围住，拍照、采访，忙得不亦乐乎。当天下午、晚上和第二天，关于中国先遣队的消息被电视、广播、报刊作为头号新闻，对队员由谁陪同、穿着怎样、吃饭时怎样用刀叉、怎样付小费、付的是什么钞票等都作了详细报道，宛如看见一群"外星人"。其中，有报纸用半版篇幅登载了高梁身穿中山装的照片，称之为"毛泽东服"。

11 月 8 日晚，符浩接到通知，毛主席要接见代表团一行。符浩回忆，当晚，除了时任驻加拿大大使的黄华不在国内，其余代表团成员陆续来到了毛主席在中南海的住处。毛主席的秘书安排他们在一间宽敞的客厅里等候。10 点左右，周恩来总理和代外长姬鹏飞也赶了过来，一同来到毛主席的书房。

符浩说，周总理概要地向毛主席汇报了代表团的准备工作，并让姬鹏飞和乔冠华作了一些补充。毛主席对代表团的准备工作很满意，并交待代表团在纽约要登门拜访并感谢支持中国的广大第三世界国家和其他支持中国的国家代表，对于一些慑于美国压力投弃权票的国家也要表示感谢。

符浩记得，毛主席当晚兴致极高，古今中外，天南地北，纵横捭阖，引经据典，纵谈世界格局。代表团成员也介绍相关的情况，气氛亲切活跃。对于此次赴美国纽约，毛主席引古喻今，说："柴桑口诸葛亮吊丧，不入虎穴焉得虎子。"

谈到赴美的注意事项，毛主席对周总理说，马上打电报给黄镇（时任驻法大使）的助手，让他转告基辛格，我们的代表团在美国期间，美国政府必须保证安全，如果出了问题，唯美国政府是问。

谈话至深夜两点多，毛主席仍兴犹未尽。当周恩来带着代表团离开毛主席住处时，主席坚持站起来走到门口，再一次和大家一一握手。

符浩说，这次接见是毛主席第一次接见副部长为团长的出访团，足见他对此次重大活动的重视程度。

4000人欢送

离开毛主席住处后，代表团成员被带到大会堂吃了一顿夜宵，然后继续开会。直到东方泛白，会议方告结束。符浩回家后稍事休息，随后赶赴机场。

下午，机场锣鼓喧天，欢送的队伍达到4000多人。周恩来带领在京的政治局委员亲自到机场送行。代表团在锣鼓声中绕场一周，向前来送行的人群表示谢意，然后与周恩来等中央领导握手后登机。

符浩说，代表团首先乘坐国内的航班从北京飞往上海，然后坐国际航班从上海飞往巴黎，与黄华会合后再飞往纽约。飞机升空后，经过一夜的会议，符浩倍感疲倦。但是，不知是过于疲劳还是太过兴奋，虽闭上眼睛，他却始终难以入睡。

符浩一直有写诗的习惯，在他的口袋中随时放着一个小本和一支笔，一有灵感便随时掏出来一蹴而就。在这次历史性的飞行旅程中，符浩心潮澎湃，思绪万千，掏出小本写下了一首《赴纽约途中》的七言诗歌，最后两句"心潮逐浪云天外，誓挽强弓射大鲸"是他豪迈心情的真实写照。

符浩回忆，代表团一行30余人，除了5个正代表和两个副代表，还有3名厨师、七八个翻译以及北京医院的副院长、护士等。之所以要带上厨师，除了口味上的考虑，安全也是重要的考虑因素。事实上，后来在纽约，代表团的一名工作人员就被一杯水毒死在代表团下榻的旅馆中。

代表团到达巴黎后，立即引起了数百记者的围追堵截。作为代表团的正代表兼秘书长，符浩谨言慎行，基本没有向记者说过什么，其他

● 那一刻

1971年10月25日，第二十六届联大以76票赞成、35票反对、17票弃权的压倒性多数通过了阿尔巴尼亚、阿尔及利亚等23国的提案，决定恢复中华人民共和国在联合国的一切合法权利，并立即把蒋介石集团的代表从联合国及所属一切机构中驱逐。

● 亲历者

林符浩

1916年出生，陕西礼泉人。曾任外交部副部长，驻越南、日本大使等。1971年，联合国恢复新中国的合法席位后，中国迅速组成出席联合国大会的代表团，乔冠华任团长，黄华为副团长，符浩为秘书长。

成员也是如此。在巴黎与黄华会合后,代表团在巴黎稍事休息了一天,接着飞往纽约。

在此次的航班上,几名外国记者早已在飞机上守候,意图拿到独家大新闻。团长乔冠华简单回答了几个问题,采访便宣告结束。

大国家,大人物

11月11日中午,代表团抵达纽约。欢迎人群早已在机场等待,有23个提案国驻联合国的代表和其他国家的代表及联合国秘书处和纽约市的官员。此外,还有400名新闻记者架起"长枪大炮"堵访代表团。乔冠华、黄华、符浩等代表团成员前来同欢迎的人群一一握手,表示感谢。机场外,几百名华人、当地华侨社团、美国友好人士举着毛主席像,打着横幅标语,欢迎中国代表团。

"气氛非常热烈。"符浩说,他记得第二天,当地一家报纸用了这么一个标题"big country big man"(大国家,大人物),并配上了代表团的一张照片。

代表团预订了离联合国总部不远的罗斯福旅馆,并包下了其中的一层楼。很多美国人对代表团表现出热情、友好和好奇,但代表团同时也感受到了毛主席接见时所说的"虎穴"的味道。

每天都有不少策反信涌往代表团暂住地——罗斯福旅馆,指名道姓地煽动代表团成员"奔向自由世界"。更有甚者,在一次反华势力组织的叫叫嚷嚷的游行中,竟打出要代表团领导"投奔自由"的横幅。一些当地报刊不时刊登反华文章,对新中国进行诬蔑、造谣和攻击。

在这种复杂的情况下,代表团采取了一系列措施:代表团包住罗斯福旅馆一层所有房间,防止外人进入驻区;昼夜值班,对主要领导采取保卫措施;责成美国警方对代表团的安全负责;代表团成员外出,必须两人同行;如果时间长,尽量集体前往,等等。

伟大的一天

1971年11月15日,这是伟大的一天。

中国代表团首次进入了联合国的大会会场。在出场前,作为秘书长,符浩在联合国总部安全官的陪同下,提前对中国代表团的座位、地形以及安全措施进行了实地考察。在联合国大门前,看到五星红旗迎风飘扬,符浩心里非常激动,热泪盈眶。

"我想起了毛主席在开国大典上的一句话——中国人民站起来了。"符浩说。

上午 10 时，当中国代表团步入会场时，许多国家的代表上前与中国代表握手，纷纷要求报名致欢迎辞，会场气氛顿时活跃起来。乔冠华、黄华、符浩、熊向晖和陈楚 5 名正代表和翻译唐闻生沉稳地走到中国代表席位上入座。这时，大会主席宣布请中国代表团团长乔冠华讲话，会场顿时响起了雷鸣般的掌声。身着灰黑色中山装的乔冠华健步走上讲坛，全场静下来。乔冠华开始了近 40 分钟的演讲。他入情入理地分析国际形势，全面阐述了中国政府在国际重大问题上的原则和立场，表达对亚非拉国家的敬意。演讲完毕，大厅里爆发出更为热烈的掌声，许多国家代表上来纷纷和乔冠华握手。几十个国家的代表在大会厅内排起长队，纷纷向乔冠华表示祝贺。这种祝贺仪式持续了几个小时。

一张著名的照片记录了当天的历史画面，乔冠华仰天大笑，被外国摄影记者抓拍，并取题为"乔的大笑"，刊登在国外许多报纸上，乔冠华自信豪迈的大笑被解读为当时的中国在联合国恢复了合法席位之后，中国人的喜悦心情。这张照片后来广为流传，并获得国际新闻摄影大奖，也被公认为是中国外交胜利的一个标志。

袁隆平：我的禾下乘凉梦

■ 欧钦平

袁隆平：1930年9月生于北平，祖籍江西德安。1964年开始研究杂交水稻，现任国家杂交水稻工程技术研究中心暨湖南杂交水稻研究中心主任，中国工程院院士，美国科学院外籍院士，联合国粮农组织首席顾问。先后获"国家特等发明奖"、首届"国家最高科学技术奖"等国内大奖和联合国"科学奖"、"世界粮食奖"等国际大奖，被誉为"杂交水稻之父"。

美丽的"误会"

袁隆平说，他之所以学农，乃是缘于一个美丽的"误会"。

1930年，袁隆平出生在北平一个知识分子家庭，父严母慈，家庭温馨，接连的战争却让他的青少年时期都在迁徙流离中度过。

他常常这样跟别人讲述那个"误会"：在武汉读小学那会儿，有一次郊游，老师带他们去参观一个企业家办的园艺场，他一下子就被吸引住了，满园的花花草草漂亮极了，红红的桃子，一串串的葡萄，"这要是学农就美了！"

那时候，卓别林的经典影片《摩登时代》正好上映，被机器折磨得发疯的工人查理，只有在对田园风光的梦想中才能得到片刻安慰。

电影中的梦境和亲眼所见的情景叠加，一个懵懂少年的心里，就此埋下一颗立志学农的种子。袁隆平说，"要是早知道农村又穷、又脏、又苦，我可能就不会学农了。"

笑谈之间，其实并无悔意。高中毕业时，袁隆平不顾父亲希望他"学而优则仕"的想法，报考了位于重庆的相辉学院农学系。解放后，该校并入西南农学院。

1953年，袁隆平大学毕业被分配至湖南省安江农校任教。在这个僻处湘西的小地方，他开始了日后震惊世界的研究。

从梦想到现实

袁隆平有一个梦想广为人知:"我梦见我种的水稻长得像高粱那么高,穗子像扫把那么长,颗粒像花生米那么大,我和我的朋友,就坐在稻穗下乘凉。"

和很多伟大的梦想一样,袁隆平的"禾下乘凉梦",曾经映照一个苦难的现实。他常常想起1960年那场饥荒,他亲眼看到5个饿殍,有的是活活饿死的,有的是吃了观音土不消化撑死的,"那样的场景,我一辈子都不可能忘记,这也促使我不遗余力地研究杂交水稻。"

将梦想变成现实的历程,注定艰苦漫长。

1966年,袁隆平在中国科学院主办的《科学通报》上发表《水稻的雄性不孕性》,这是他从事杂交水稻研究的第一篇重要论文。

1973年,袁隆平和助手攻克道道难关,实现"三系配套",次年育成第一个杂交水稻强优组合"南优2号",这一成果打破了"水稻等自花授粉作物没有杂种优势"的传统观念。

1975年,袁隆平研制成功杂交水稻制种技术,为大面积推广奠定基础。1975年冬,国务院决定大面积推广杂交水稻,次年即在全国范围定点示范种植208万亩。

相比于常规稻,三系杂交水稻能够增产20%左右,平均亩产在900到1000斤。

20年后,袁隆平的研究再上一个台阶。1995年,两系杂交水稻研制成功,产量比三系杂交水稻增加5%到10%,且米质有较大提升。

1996年,袁隆平提出超级杂交水稻育种技术路线,并于2000年实现农业部确定的超级杂交水稻第一期目标,大面积示范亩产达700公斤。

2004年,袁隆平带领他的团队提前一年实现超级杂交水稻第二期目标,大面积示范亩产达800公斤。

超级杂交水稻第三期目标为亩产900公斤,按计划将于2015年实现。

自称"39.5公岁"的袁隆平说,他的目标是到他90岁时实现第四期目标,即亩产突破1000公斤,"到那个时候我再退居二线,也就心满意足了。"

据统计,在中国,由于大面积种植杂交水稻,增产的粮食每年可以多养活7000万人。

袁隆平还有一个更大的梦想:如果全世界一半的稻田种上杂交水稻,以每公顷增产两吨计,增产的粮食就可以多养活4亿到5亿人。

不过,他说这个雄心壮志"太大了一点儿",得一步一步来。

做名人"不好玩"

随着杂交水稻产量的不断攀升,荣誉开始纷至沓来。袁隆平却说,人怕出名猪怕壮,"做名人一点儿都不好玩"。

国际上的大奖,他已经拿了 14 个,其中包括联合国教科文组织的"科学奖"、堪称国际农业领域最高荣誉的"世界粮食奖"、以色列著名的"沃尔夫奖"等重量级奖项。

有学者建议中国政府推荐袁隆平为诺贝尔和平奖候选人,他们认为,消除贫穷与饥饿才是最好的和平,以袁隆平为中国乃至于世界粮食事业做出的贡献,完全有资格获得诺贝尔和平奖。

国内的大奖和荣誉得过多少,实在难以统计了,其中不乏"国家特等发明奖"、首届"国家最高科学技术奖"等至高荣誉。

这两年先后赶上纪念改革开放 30 周年和新中国成立 60 周年,各种荣誉称号更是让袁隆平应接不暇,直呼"光环太多"、"太累"。

以刚刚过去的 2009 年 9 月份为例,袁隆平所获荣誉,见诸报道的就有"100 位新中国成立以来感动中国人物"、"新中国成立以来最具影响的劳动模范"、"新中国成立 60 周年三农模范人物"、"新中国成立 60 周年湖南最具影响劳模"特别奖等等。

活动主办方都希望袁隆平能亲临现场露一脸,老人却说,"我哪有时间整天耗在这上面?"

太多视察、参观、来访的接待任务也让他的两名秘书不胜其烦,来自全国各地的采访要求几乎每天都有,安排谁不安排谁都很难办。

9 月 16 日,一个再平常不过的下午,袁隆平一脚踏进办公室,已有三拨记者恭候多时,爱说爱笑的他面露难色:"采访每天都有,这怎么得了!"

不过坐定之后,他面对记者的提问还是知无不言,甚至有电视台记者让他提前录制一段"新年致辞",袁隆平亦字斟句酌认真配合。事毕匆匆离去。

也许,让他感觉最自在的地方,永远是在试验田里。

爱玩的老头儿

毕生就做一件事,如果换作别人,这样的生活难免枯燥乏味。可是在袁隆平那里,生活总是充满希望和欢笑。

熟悉袁隆平的记者说他身上有一股魔力,无论走到哪里,他都能很快成为话题中心、逗乐的中心。不管熟悉的、陌生的,他从来不会让你感到紧张。

身边的人说，对于袁隆平最恰当的描述应该是：这是一个好玩的老头儿。

他确实爱玩儿。

他的业余爱好很广泛，水性极好，游泳是他坚持一生的最爱。他喜欢音乐，小提琴拉得不错，对自己的"男低音"信心十足，偶尔还会秀一下踢踏舞。

他喜欢打排球，象棋下得也很好。麻将桌上能连续"战斗"两三个小时，输了自觉钻桌子。

有记者想抢拍他钻桌子的镜头，总是无法得手。他身手灵活，你还没对好焦呢，他已经钻过去了。

他爱玩冷幽默。有记者当面称他为"伟大的科学家"，他正色道："你是说我尾巴大吧？尾巴大一点也好，不会翘起来。"

他喜欢显摆。在湖南省农科院数百号人中，他的游泳水平至今无人能敌，这点事儿被他逢人就说传得尽人皆知。

他有一点臭美。他自称"资深帅哥"。关于他有这样一个段子流传：第一天去上班，有同事见面后说他帅，他答曰"还可以"；第二天，又有人说他帅，他心安理得接受了；第三天还有人说他帅，他已经习惯了；结果第四天没人说他帅，他径直去问同事，"难道我不帅吗？"

他从不服老。他跟外国朋友说，我不明白你们在问人家年龄时为什么说"How old are you？"我不老，你们应该问"How young are you？"他自创的回答方式也与众不同："I'm 79 years young！"

他总结了一下，说自己是80岁的年龄，50岁的身体，30岁的心态，20岁的肌肉弹性。

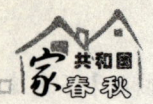

吴仁宝：我要干到85岁

■ 王阳

吴仁宝：1928年11月生，1954年10月加入中国共产党。曾任江阴县委书记、华西村党委书记、全国小康村研究会会长、中国扶贫开发协会副会长、华西集团公司副董事长兼副总经理、江苏省江阴县华西村党委、村委、企业集团总办公室主任等职务。

老书记日理万机

2009年9月24日一大早，81岁的吴仁宝出现在华西村会议中心，会场内立刻响起了热烈的掌声。这是参加农业部农村实用人才培训班的100多名村干部，他们在这里培训一周左右。听吴仁宝讲演并和其合影，是培训中的一项重要安排。

"我这60年，总结起来就是，50年代'听'，听话；60年代'顶'，暗顶；70年代'拼'，拼命干；80年代'醒'，如梦初醒；90年代'警'，警惕骄傲；21世纪'新'，不断创新。"

朴实而真挚的讲话，收获了无数掌声。预定时间到了，讲话戛然而止。微笑、弯腰、作揖之后，吴仁宝一路小跑，坐进了一辆奔驰S600匆忙离去，他下一步要去迎接淮阴等地来的一个考察团。

这是一个普通的星期四。华西村负责宣传工作的副书记孙海燕称，几乎每一天，吴仁宝都会这么忙碌，"来华西村参观的人每年有200万。每个人都想见见老书记，安排很紧，但这也没办法。"

年销售500亿

接受采访前，吴仁宝已完成了每天早上雷打不动的、费时约两个小时的第一遍"巡视"。

在华西村，人们习惯用"老书记"来称呼吴仁宝。2003年，吴仁宝的四子吴协恩继任了他的书记职位，村里自此有了新老书记之分。

村民们说，退休前，老书记3点起床，巡视一番后，召集班子成员开会；退休

吴仁宝（右）在华西村民族宫会堂为游客做报告，他的外孙女缪华给他做普通话翻译。（新华社记者 孙参 摄）

后，老书记"懒"了一些，5点起床走街串厂，专门"挑错儿"。

吴仁宝现任华西村"党村企总办"的主任。他说，主任的职责，就是"给领导提建议"。

这天早上，针对华西旅游节的开幕准备工作，吴仁宝提了三个小建议，涉及中心村的花坛摆放、山后农业园区的村容整治等问题。

这项坚持了48年的巡视，始于1961年。那一年，华西村正式组建，吴仁宝担任了这个小村庄的书记。其时，华西村下辖人口667人，面积0.96平方公里。上任第一件事，吴仁宝与村民一起开始了改造这个旱地旱死、涝地涝死的苏南小村的行动。

"到去年年底，华西村村民扩大到3.5万人，面积扩大到35平方公里，村里有钢厂、建筑企业、装潢企业、房地产企业、旅游企业等几十家，年销售收入500亿元。刨除各种支出分红后，村集体净剩30亿元可用资金。"孙海燕说。

昔日这个曾因建设五层文化大楼而被陈永贵张臂高呼"咱农民也能建大楼"的苏南小村庄内，还竖起了一栋总投资25亿元、高238米、设有世界上最大旋转餐厅的摩天大楼。

我要干到85岁

上午10点15分，吴仁宝出现在华西村民族宫的舞台上。台下，是前来参观天下第一村的数百名旅游者。

会场很安静，所有参观者都被"震"住了。与前面那些枯燥的统计数据不同，他们看到：华西村新修的第5代村民别墅，是一些面积达到400~500平方米的欧式

大别墅,有的门前还带有小游泳池;每家门前,都停有一到两辆汽车;去年,村民人均收入超过8万元,户均资产100万元到1000万元不等。

吴仁宝说:"人民幸福就是社会主义。胡锦涛接见我时说,你为社会主义新农村建设做了贡献,谢谢你,谢谢你。如果是一个谢谢,这是礼节性问题。现在是两个谢谢。我想,那是对我的肯定。所以我要干到85岁,把以前的错误都弥补过来。"

"有一个村支书问我,你们为什么搞得这么好?我就问他,你干几年了。干3年。如果你和我一样当40多年书记,一定比我干得更好。我们想把农村搞好,一定要有长期行为,不能靠突击出政绩。"

他说的是江阴土话,他的孙媳妇周丽在台上为他做中英文翻译。老书记话音未落,周丽的标准普通话就会响起,配合极为默契。

台下的掌声很热烈。听得出来,这位"天下第一村"的领头人,已经用摆在眼前的事实、质朴的语言,彻底打动了这些前来取经的人们。

15分钟讲话过后,还会有华西村组建的特色艺术团上台表演。演员们将用半个小时为来宾表演歌颂华西村历史的戏剧联唱、歌舞等。

这是游览华西村的一个固定节目,每天10点一刻都会准时上演。

青山不老红旗不倒

每天清晨6点30分,吴仁宝会准时收听中央人民广播电台的《新闻和报纸摘要》;晚上7点或9点,则会收看央视的新闻联播。从这些新闻节目中,他总是能敏锐地捕捉到发展的机遇。

1969年,在成为"艰苦奋斗、改变山河"农业学大寨典型的同时,吴仁宝觉得,农业积累太慢,中央的政策还是想把农村搞好。他在村里偷偷建了一个五金加工厂。这个小小的加工厂,日后成了华西村集体经济起飞的第一步。

1982年,全国开始推广承包责任制,吴仁宝找到时任江苏省长的韩培信,"中央文件要求实事求是,不搞一刀切。华西村大部分农民已到村办企业当工人,土地也都填平成块,便于机械化作业,能不能不分?"这个勇敢的决定,在日后延续了华西村红旗不倒的美名,同时也为中国农村建设探索出了一条新路。

1992年,邓小平南巡讲话发表后,吴仁宝在次日凌晨3点召开了村领导大会。此前,吴仁宝一直坚持不借债的经营思路。他这时判断,全国经济要有大发展。他要求动员一切资金,囤积3个月的原材料,并"借钱吃足"——"三个月后,华西村每吨6000多元购进的铝锭,涨到了1.8万元。"

在华西村,一辆禹作敏赠送的老式豪华轿车陈列在党员陈列室内。天津大邱庄与江苏华西村曾被视为是 80 年代集体经济富足的两个样板。上世纪 80 年代初,看到前来参观的吴仁宝等人开的小面包后,禹作敏大笑,然后豪爽地把这辆豪华小汽车送给吴仁宝。请示江阴县委后,吴仁宝收下了礼物。临别之际,吴提醒禹"要摆正自己的位置"。但独断专行的禹此刻已听不下任何劝诫。1993 年,禹因窝藏罪、妨碍公务罪被抓,随后病死狱中。

捐出 1.3 亿奖金

晚上 9 时许,这位 81 岁的老人回到家中,老伴给他端上了一碗煮面。

与华西村大部分村民居住的 400 至 500 平方米的别墅不同,吴仁宝夫妇依然居住在华西村中心的一座 70 年代修建的二层旧楼里。

从一楼到二楼,斑驳的老墙上挂满了各个时期的老照片,一些是参加各类重大会议时的集体照,另外一些则是吴仁宝与各级领导的合影。华西村流传的一个故事是,老书记几乎和所有的政治局常委合过影——"这是他家最好的装潢"。

从上世纪 80 年代起,吴仁宝先后将上级奖励给他的 1.3 亿元奖金,全部捐给了村集体。

"把 1.3 亿元该得的奖金捐了,住在这样的旧房子里,你真的感觉很满足吗?"有记者问他。

"我感到满足。我跟你说件小事,我有一个重孙,捐款时,别人捐 5 元、10 元,他捐 100 元。我问他为什么,他说学校表扬他了。他不要票子要面子。大家做不到的我去做,这就是面子。大家都做得到,看着是面子,实际上是没面子。有人说我作秀,带头人都这么作秀,也是好事。"吴仁宝说。

吴仁宝夫妇有四子,分别叫协东、协德、协平、协恩。据说是为纪念毛泽东、朱德、邓小平、周恩来而起。早年时,他曾为儿女们指定职业:大儿子协东做木匠、二儿子协德做泥瓦匠,"有了这几门手艺,家里吃穿住都不愁了"。现在,协东做了建筑装潢公司的老总,协德主管上海香港公司,协平负责旅游服务公司,四儿子协恩则接了他的班;华西村 38 个正副书记中,还有几位是他的孙子辈。

每年初一,吴仁宝这个大家族也要聚会一下。孙媳妇周丽回忆说,老书记会很高兴地讲几句,大意是辛苦一年不容易,看到大家都严于律己、洁身自好,他心里很高兴。

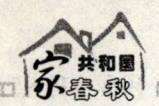

张思之：职业的荣耀和良心

■ 王阳

张思之：83岁，北京市律师协会前副会长、"林彪、江青反革命集团"案件辩护小组组长、《中国律师》杂志创办人。

曾经的地下党员

1948年，22岁的张思之在朝阳法学院学法律，同时也是学校的地下党员。他仗义执言，又搞海报又出壁报，惹人瞩目，上了"黑名单"。

当年12月2日晚，看到自己的宿舍门口有几个反动学生在晃悠，张思之觉得有些不妙。把情况告知自己的同志之后，他从二楼跳下，又乘校门口把守的特务不备，倒地"滚"出了学校的大门。随后，他奉命到中国共产党华北局城市工作部报到。

北平和平解放后，张思之受命跟随大部队参与接管北平地方法院。一年后，他进入人民大学，在苏联专家的指导下，进修莫斯科大学法律系的主要课程。

这是一个伟大的时代，新中国百废待兴。作为制度设计之一，新生的共和国准备筹建一支社会主义的法律队伍。能够为犯罪嫌疑人提供基本保护、防止冤假错案的律师制度，也列上了共和国的日程。

受过法学高等教育、平时就敢说敢言的张思之，自然是首选。1956年，他受命组建北京市第三法律顾问处。

此后的一年半中，限于历史条件，张思之只办了一个半案子："第一个是南斯拉夫法律代表团来访，要求旁听中国律师的法庭辩护，我受命承办了一个抢劫案的辩护；另外半个，则是当时轰动一时的外贸部部长助理罗抱一离婚案。"

中途，"五七"骇浪袭来，他被打成了右派，下放劳动改造，历时15年。

为李作鹏辩护

1980年，党中央决定公开审理"林彪、江青反革命集团案"。为体现公开、公正，需要20个律师参与审判。两案辩护律师组10月成立，刚刚归队的张思之担任

■张思之是一个理想主义者。在律师界,他被誉为"职业的荣耀和良心"。
(本报记者 王俭摄)

了辩护小组的组长。

有意思的是,昔日亲手砸烂公检法的江青,身陷秦城之后,第一个想到了为自己找律师。"她点名要大律师史良为她辩护,她认为史良敢说话。但史良岁数很大,又是人大副委员长、国家领导人,显然不合适。"

辩护任务最终落到了张思之的头上。会见时,简单地"请不请律师"的问题,被江青弄成了一场复杂的政治考察。江青说:"替我这个案子辩,不容易噢!得学好多东西,得学'九大'报告、'五一六通知'、'十六条',不学那些党的文件,可不能替我辩!"

"你扯得太远了,律师办案子,哪些文件应当学,我们自会掌握。现在应当解决的问题是:你必须明确,是否要求委托律师辩护。"张思之截住了她的话头,双方不欢而散。

接着,张思之被指定为李作鹏(文革时解放军副总参谋长、海军政委、中央政治局委员)辩护。身为"两案"辩护小组的组长,张思之心里明白,这是一项政治任务,必须"顾全大局,服从中央统一指挥"。

主管"两案"审判的彭真要求:"不仅要辩护,而且要很好地发挥律师的作用,(我们)要把这个案子办成一个经得住历史检验的铁案。"

最终,据理力争,张思之为李作鹏抹掉了起诉书上的2项指控。整个辩护小组则为当事人抹去了7项指控。

这是新中国律师的第一次公开亮相,也预示着新中国法制史上的一个新开端:无论是谁触犯了法律,都应在法庭上接受审判,同时有权获得律师的帮助。

黄金般的辩词

1996年,张思之将自己执业多年所写的辩护词,整理成一本书,名为《我的辩词与梦想》。

这本定位为业务指南的书,因为载有很多鲜为人知的敏感案件,突然成了热门货。在张思之的执业生涯中,他还代理过很多类似的敏感案件,比如:大兴安岭火灾庄学义"玩忽职守案"、李显斌"投敌叛变案"、女记者高瑜"泄密案"、"郑恩宠"案。

一位朋友看了这本书之后,笑着告诉张思之,看完就一个感觉:辩词写得挺好,但咋一个案子都没打赢呢?

不温不火、带着一贯的认真,张思之回答他:"法庭上,不是谁战胜谁,大家都在用自己的努力去探究真相。在这个过程中,赋予犯罪人员说话的权利,给予必要的帮助,让他得到公正的审判,这是我们设计法律制度的初衷。"

"至于那些个案,并不在于案件结果怎样。只要律师尽到了自己的职业本分,这份工作就有意义。"

2006年11月26日,八旬老人张思之被邀请到一个会议厅内,接受几百个人给予他的生日祝福。席终,张思之与前来道贺的江平、茅于轼等老人并肩合影,这几位只向真理低头的老人构成了一份美丽的画面。

次日,媒体写道,这是一个意义超越祝福的聚会,人们携着温暖而来,带着力量而去。

这一天,从1956年组建法律顾问处算起,张思之已经执业50年,这也是新中国律师诞生50年。在这个欢快的场合,他却再一次回忆起"昔日在宁夏听到的那个父女同穿一条裤子"的情景。他想借此告诉大家,基层很苦,基层的弱势群体需要大众的帮助。

这一刻,上世纪50年代和他一同组建律师处的老同事、80年代和他一同参与公审"四人帮"的老朋友,已经没人活跃在律师这个舞台上。

他是一个真正的理想主义者。之所以说真正,是指更多行动而非话语,更多耐性而非雄心,虔诚于过程而非结果。

在此之前的2003年,张思之被当代汉语研究所授予"当代汉语贡献奖",以表彰他"给当代汉语带来了不寻常的表达"。颁奖词说,这些黄金般的辩词表明,只要有张思之这样的律师存在,汉语就能够有足够的自省和忏悔,就能够在中国大地上犁出前行的血脉和希望。

在此之后的 2008 年，德国伯尔基金会将两年一度的佩特拉·凯利奖颁发给了 82 岁高龄的张思之，表彰他"数十年来努力使每个被告人都能依照法律接受审理"的贡献。

每一次赞誉临身时，张思之总是致谢说，这些溢美之词，不是给他的，这是给予律师这个职业的。同时，这还是社会对律师这个职业的期待。

荣辱两相忘

确实是老了，也许是生性顽皮，也许是荣辱皆忘，83 岁的张思之开始喜欢"揭短"——既揭自己的，也揭这个职业的。

他公开撰文说，反右运动中，北京市法院系统划出 60 余名右派。"我有揭发之'功'。其中致命的一击，是交代了肃反中与老贺在前门见面沟通情况那事⋯⋯为此，我悔恨终生。"

他还说，两案审理时，李作鹏在狱中天天写东西，防着看管人员。审判庭庭长曾是李作鹏的上级，深知李的倔脾气，担心他扯出什么路线问题，就要求张思之等辩护律师在会见时弄清楚李作鹏在写什么，争取把那个材料拿来。

"我没有抗拒的能力，甚至没起抗命的念头。虽然最终没完成这个任务。但奉法庭之命，意图从被告人手上取得他视为隐秘的自辩材料，上交法官，便利他们预筹对付之策，这么干，律师的职业道德在哪里？"

他又说，在他掌管法律顾问处时，有一位老律师办案。"看他汇报的案情，我认为是无罪。当时规定，无罪辩护要请示司法局。他请示未果，就按有罪辩护了。结果法官判无罪，当庭放人。被告对律师破口大骂，太丢人了。"

"还有，在律协那个平台上，我应该是有所作为的，我没很好地利用那个平台。现在发自内心地讲，我是有愧的。有很多建立规则的事，不见得不能试着做，但我都没做。"

这位 83 岁的老律师还没学会使用手机，更不会使用电子邮件，但这不妨碍他继续代理那些无人敢代理、无人愿代理的敏感案件，只要那些当事人找上他的家门。同样，这也不妨碍他替人着急。

放眼更广的地域，建国 60 年，在这位老律师的身后，借助时代提供的大舞台，从法院门房一角起步的中国律师，此刻已发展成了一支 15 万人的队伍，并活跃在中国的每一个角落。他们的存在与执着，承载着一个现代国家的法制梦想；公开、公平、公正，成了这个国家人民的共同追求。

钱学森：中国航天之父

■ 柳志卿

钱学森：生于1911年，1935年赴美留学，师从著名的美国空气动力学专家西奥多·冯·卡门教授，多次发表重要论文。1947年初，年仅36岁的钱学森晋升为麻省理工学院教授。

钱学森1955年回国，是中国航天科技事业的先驱和杰出代表，被誉为"中国航天之父"和"火箭之王"。曾任第六、七、八届全国政协副主席。

青出于蓝胜于蓝

1947年，36岁的麻省理工学院教授钱学森已是美国科学界一颗闪亮的明星，世界知名的火箭喷气推进专家、美国空军科学咨询团成员、美国海军炮火研究所顾问。

钱学森之子钱永刚说，国民政府曾经邀请父亲回国，但父亲拒绝为其服务。1949年北平和平解放后，钱学森决心回国。

"父亲早有决心回国效力。"钱永刚说，父亲在美国多年，没有买过一分钱的保险和股票，很多美国朋友都对此不理解。父亲说："其实没什么奇怪的，我是中国人，根本不打算在美国住一辈子。"但，回国的路没有那么平坦。

正当钱学森筹划回国时，美国麦卡锡主义横行，掀起了反共高潮，钱学森被美国政府指控是美国共产党员、窃取机密企图运回中国，无端被关押了15天。此后虽然获保释，却处处受到移民局的限制和联邦调查局特务的监视，被软禁长达5年之久。

在被软禁的情况下，钱学森于1954年发表了开创性的《工程控制论》一书，当钱学森日后在回国前夕向他的老师告别时，冯·卡门充满感情地说："你现在学术上已经超过我！"

冯·卡门门下，名家辈出，但他在1967年出版的自传中，独为钱学森立传。世界上古往今来，多有弟子为老师立传，而老师为弟子立传，可谓凤毛麟角。

冯·卡门对钱学森的评语是："美国火箭领域中最伟大的天才之一，我的杰出门生。"

坐三等舱回家

1955年6月的一天，钱学森夫妇摆脱特务监视，将一封写给陈叔通的信夹在给比利时亲戚的家书中，投进邮箱，请求祖国帮助他早日回国。这封信最终辗转交到周恩来总理手中。随后经过中美大使级会谈，美国政府不得不允许钱学森离美回国。8月5日，钱学森接到美国政府通知，终于被允许回国。

钱永刚回忆，当时飞机很少，最早的一班到香港的飞机也是两周后。父亲决定立即买船票回家。

美国洛杉矶移民局不忘刁难这位科学家。买船票时，售票员一听是钱学森，便说一等舱已卖完，只有三等舱船票。事实上，一等舱船票很富余，但船务公司得到移民局的交待。

钱学森买了四张三等舱船票。就这样，在一个只有几平方米的小舱内，钱学森带着夫人和一对儿女一家四口睡着上下铺，踏上了回国的路。

在轮船驶离美国本土很久后，一位美国女权运动领袖桑鸽获悉钱学森一家在船上的境况，为这样一位世界著名爱国科学家遭遇如此对待感到不平，这位有正义感的美国人与船长交涉后，钱学森一家才换到一等舱中。

经过海上一个多月的颠簸，钱学森一家10月初到达香港，当日过境后回到了祖国。

一句话的奠基作用

1955年，放眼世界，只有少数几个国家能造导弹，我国的工业基础还很薄弱，能不能研发导弹？钱学森的一句话，使中央下了决心。

1955年底，当国防部长彭德怀元帅得知钱学森回国要访问东北后，迫不及待地交待哈尔滨军事工程学院院长陈赓大将好好接待钱学森，并探探他的"底"。刚刚指挥完抗美援朝战争的彭德怀元帅，对现代化武器在现代战争中的关键作用有着切肤之感。

钱学森参观完"哈军工"，陈赓就问："你看中国人搞导弹行不行？"钱学森回答说："外国人能干的，我们为什么不能干！"陈赓一听，大笑："好，要的就是你这一句话。"

作为权威专家，钱学森给多位国家和军队领导人做了关于导弹武器的科普讲解，陈毅、叶剑英等都专门请钱学森去讲过。1956年2月17日，钱学森向中

央提交了一份《建立我国国防航空工业的意见》，提出了发展中国火箭和导弹技术的规划设想，为了保密，"导弹"用"航空"来代替。有了这样的权威专家，当年4月，中央下决心成立由聂荣臻任主任、钱学森等任委员的航空工业委员会，统一领导我国的导弹事业。

1956年10月8日，在北京西郊空军466医院食堂里，由钱学森任院长的中国第一个导弹研究机构——国防部第五研究院正式成立。这一天，被认为是新中国导弹、航天事业奠基的日子；这一天也恰好是钱学森回到祖国整整一周年的日子。

首枚导弹上天

1958年5月，聂荣臻元帅同黄克诚、钱学森一起部署了我国第一枚近程导弹的制造工作。

1960年11月，在聂荣臻元帅亲自指导下，以张爱萍将军为主任，孙继先、钱学森、王诤为副主任的试验委员会，在我国酒泉发射场成功组织了我国制造的第一枚近程导弹的飞行试验。

钱学森发挥的作用至关重要。据"钱学森与中国航天"课题组披露，20世纪60年代，在研制东风某型导弹时，发动机试验出现多次失败。科研人员一时找不到关键所在，只好请教钱学森。在五院的一个会议室里，钱学森围着会议桌一边听一边走，问到谁谁起来，问了40多分钟。最后，钱学森指出，必须考虑发动机燃烧时产生的高频振动问题。经过后来的试验，钱学森的判断十分准确。

1964年6月，我国第一个自行设计的中近程导弹飞行试验成功。1966年10月，钱学森协助聂荣臻元帅，在酒泉发射场直接领导了用中近程导弹运载原子弹的"两弹结合"飞行试验，导弹飞行正常，原子弹在预定距离和高度实现核爆炸。这次史无前例的试验标志着中国开始有了用于自卫的导弹核武器。

一行字推开天门

"我们也要搞人造卫星！"1958年5月17日，毛主席在中国共产党八大二次会议上宣布。此后，钱学森便一直在思考我国卫星事业的发展问题。

1958年，中国科学院成立以钱学森为组长的领导小组，负责筹建人造卫星、运载火箭以及卫星探测仪器和空间物理的设计、研究机构。钱学森负责卫星的大总体工作，为解决人造卫星研制中的许多关键技术问题贡献了智慧。

"钱学森与中国航天"课题组披露，"东方红一号"卫星在出厂鉴定时遇到了一些问题。有人提出，卫星仅在地面模拟试验了5天，怎么能保证卫星打上去在太空中能运行二十几天？地面模拟试验需要低温环境，当时，全国生产的低温液体氦加起来只够做5天试验。由于谁也给不出解释，卫星的出厂鉴定一直无法通过。卫星技术总负责人孙家栋只好请教钱学森，钱学森收下厚厚的卫星技术和测试文件仔细看了起来。几天后，他在鉴定文件的封面上写了一行字："我看，此星可以出厂。"钱学森以他特殊的专家身份和真知灼见，统一了大家的意见。一语定乾坤，卫星顺利出厂。

1970年4月24日，"东方红一号"卫星成功发射，《东方红》乐曲传遍全球。

1970年7月，钱学森调任国防科委副主任。他以自己广博的知识，开阔的眼界，提出过许多富于创新的、超前的见解，在空气动力学、航空工程、喷气推进、工程控制论、物理力学等技术科学领域作出了开创性贡献。

钱学森获得过无数荣耀，"国家科技进步特等奖"、"世界级科技与工程名人"、"国家杰出贡献科学家""两弹一星功勋奖章""中国航天事业50年最高荣誉奖"……

（本文特别感谢钱永刚先生和"钱学森与中国航天"课题组成员石磊、王春河、陈大亚、张宏显、陈中青等专家的大力支持与协助。）

吴敬琏：经济学家的良心

■ 沈佳音

"这是最好的时期，也是最坏的时期……"吴敬琏多次引用狄更斯《双城记》中的这段话。他说，任何一个时代总有随波逐流的人，但是一个真正的知识分子，他的生命与他所处的时代休戚与共，骨肉相连。

"左"的代表

吴敬琏也曾一度随波逐流。

20世纪60年代反右派运动中，他努力跟上愈来愈"左"的政治形势。

当时，著名经济学家孙冶方义无反顾地提出了"生产价格论"："规定了利润的平均水平，你占多少资金，在一定的生产价格下交多少利润，为什么就联想到资本主义、修正主义，扯那么远呢？"康生和陈伯达此时已内定他为中国最大的修正主义者，在中国科学院经济研究所里发起了批判他的浪潮。

吴敬琏等人则充当了批判者的打手。他、陈吉元和周叔莲合写了一篇批判文章《社会主义生产目的不容歪曲》："满足社会需要，是社会主义生产的惟一动机和直接目的。为劳动者的需要生产，而不是为利润生产，反映着社会主义经济同资本主义经济的根本区别。"

随后，吴敬琏又写了几篇论文。其中，《社会主义的过渡性》甚至还被认为当时"左"的经济理论的代表作。他在歧路上似乎要越走越远了。

这时，"文革"来了。吴敬琏被下放河南息县。在那里，他与顾准相知相熟，引发了他人生的重大转折。

顾准此前旗帜鲜明地提出社会主义的生产可以由市场规律自发调节。顾准的思想一点点打破了吴敬琏头脑中"左"的枷锁。

他开始认真地反思曾经的错误。他去看望刚刚出狱的孙冶方，并向其真诚地致歉。

■ 2007年3月8日，全国政协十届五次会议小组讨论会后，记者采访吴敬琏。（本报记者 胡雪柏摄）

1974年冬，顾准病重。他把吴敬琏叫到医院。他对吴敬琏说，他认为中国的"神武景气"是一定会到来的，但是什么时候到来不知道。所以，他送给吴敬琏四个字："待机守时"。

初露锋芒

顾准所说的时机终于来了。改革开放架起了世界与中国的桥梁。

1983年1月，吴敬琏负笈耶鲁。在耶鲁的一年半，紧张而充实。他的头脑里已经获得了关于市场经济的一个比较完整的框架。他心中笃定中国经济体制改革应当走市场道路。

任重而道远。他刚刚回国，就被国务院经济研究中心副总干事马洪找去写一份意见书：《关于社会主义有计划商品经济的再思考》。但是，要想为商品经济全面"翻案"又谈何容易。

此时，十二届三中全会的《决定》原本早已在中央书记处的主持下开始起草了。马洪了解到《决定》上还是没有"有计划商品经济"的提法。几经周折，马洪把他们的想法转达到国家领导人那里。

终于，国务院领导批示后，起草小组最终把"商品经济"写入文件：社会主义计划经济必须自觉依据和运用价值规律，是在公有制基础上有计划的商品经济。

邓小平对这次《决定》作了很高的评价，"我的印象是写出了一个政治经

济学的初稿","这次经济体制改革的文件好,就是解释了什么是社会主义,有些是我们老祖宗没有说过的话,有些新话。我看讲清楚了。"

第一次向中央建言便取得了这么有意义的成果。这使吴敬琏很振奋。

"商品经济"一经突破,市场的口子就打开了。1988年初,吴敬琏和几个经济学家一起提出了"社会主义市场经济"的概念。领导人批示说,这是一个应该深入探讨的理论问题。

一切似乎都已水到渠成了。然而,风波再起。

"吴市场"

紧接着的两年是中国改革开放以来经济最为低迷的一段日子。

1990年7月5日下午,中共中央总书记江泽民召开经济问题座谈会。吴敬琏等十几位经济学家应邀参加。

最先发言的原财政部财科所所长许毅把矛头直指1984年以来的改革方向。他说,1988年的通货膨胀等问题,都是因为市场取向这一错误的改革路线所致。经济改革必须坚持计划取向,坚持计划经济为主体,市场调节为补充。

此时,要计划还是要市场,已经成了一个姓"社"还是姓"资"的问题。

吴敬琏针锋相对地回应说,出问题的原因不是改革的市场取向不对,而是市场取向的改革不够坚决、不够彻底。计划经济与市场调节相结合这个口号不妥,改革的方向应该明确为市场经济。

吴敬琏的发言几次被打断。有人说,中央从来就没有讲过市场经济。还有人说,计划经济与市场调节相结合,能讨论的只是如何结合。

吴敬琏的支持者只有刘国光和薛暮桥,他们毫不示弱,据理力争,强调市场取向的改革方向绝不能动摇。

几天后,吴敬琏的老朋友乌家培给他打电话。乌家培告诉他,国家计委那边有人说目前北京经济学界有三个代表人物:"有计划(指有林)"、"吴市场(指吴敬琏)"、"杨承包(指杨培新)"。显然,"吴市场"包含贬义,是说他"不与中央保持一致"。

吴敬琏心中抑郁。不过,他依然坚持自己的观点。1992年春天,邓小平的南巡讲话使局势峰回路转。这一年,吴敬琏两度向中央领导建议"社会主义市场经济"的提法。

同年召开的中共十四大宣布:"我国经济体制改革的目标是建立社会主义市场经济"。

"吴市场"也成了一个荣耀的称呼。

再陷争议

市场引入了资本,活跃了经济。

2001年,中国股市陷入疯狂。那是一个"全民炒股"的年代:几乎所有的散户大厅里都人头攒动。股民们口中流传着一个个一夜暴富的神话,"内部消息、跟庄"等,成为股民炒股的信条。

沉醉在这场皆大欢喜的金钱盛宴中,没有人愿意去想明天。吴敬琏依然清醒。1月,他在《经济半小时》中说:"有的外国人说,中国的股市很像一个赌场,而且很不规范。赌场里面也有规矩,比如你不能看别人的牌。我们这里呢,有些人可以看别人的牌,坐庄炒作,操纵股价这种活动可以说是登峰造极。"

上述言论迅速掀起狂澜。当时恰逢中央金融工作会议,中央领导作了打击股市违法活动的讲话后,股市迅速下挫。一些人在网上攻击吴敬琏,称他"一言毁市"。

2月11日,争论进一步升级。厉以宁、董辅礽、萧灼基、吴晓求、韩志国五位经济学家联袂举行与记者的"恳谈会"。会议的组织者说:"现在股市已经到了很危急的关头……如果这场论战的赢家最后是吴敬琏,那将是中国资本市场的一场灾难……"吴敬琏一度成了众矢之的。

吴敬琏在这年的"两会"期间举办了一场个人新闻发布会。他借用捷克诗人的名句:"人们啊,我是爱你们的,你们要警惕啊!"

随后发生的事实令所有不警惕的人都付出了惨重的代价——中国股市进入了4年多漫长的熊市。

"吴法治"

吴敬琏却不因此自得。眼看着市场经济越来越变形走样,他开始反思:到底要什么样的市场

● 人物简介

吴敬琏

1930年出生。现任国务院发展研究中心研究员。他是最早提出并倡导市场经济理论的经济学家之一。其不同时期的理论主张和政策建议推动了中国改革事业的前进,被称为"中国经济学家的良心"。

经济？

从计划经济到市场经济的转变，是一个艰难的过程。这个过程中会出现岔道和弯路。其中之一，就是偏离规范的、法治的市场经济的方向，从而演变为所谓的"权贵资本主义"。

吴敬琏意识到，现代市场经济不应该只有一个完整的市场体系，而且市场的游戏规则应当清晰透明。市场经济需要其他制度的支撑。政府的行为和私人行为同样都要受到法律的约束。

于是，吴敬琏越来越多地和法学家们在一起，共同探讨如何建设法治的市场经济的问题。2002年，他和中国政法大学教授江平一起成立了上海法律与经济研究所。

因此，吴敬琏又有了另一个名字："吴法治"。

众多纷纷扰扰之中，吴敬琏对市场经济的信念从未改变。他说："我个人的生命是同中国改革事业联系在一起的。我总觉得，争取建立一个好的市场经济，并不只是为了我们自己，甚至不只是为了我们这一代人，说到底，是为了解答一个困扰了好几代中国知识分子的问题——怎样才能振兴百年积弱的中国。"

（本文部分内容参考柳红所著《吴敬琏》）

张艺谋：为艺而谋的大导演

■ 王 鹏

从棉纺工人到导演大师，张艺谋用他的戏剧人生，讲述了一个发生在大时代背景下的传奇故事。

他用电影打破思想桎梏，用胶片记录社会脚步，用歌舞展示盛世太平。他的艺术，影响着几代人的价值观。

他在用电影记录着时代，也在影响着时代。

为艺而谋

1951 年，他出生于西安。家中长辈原本为他起名叫做张诒谋，诒者诒也，即希望他能始终不渝地为事而谋，寻找生活的出路。

初二那年，张艺谋和许多同学一样，响应上山下乡的号召，前往陕西农村，接受贫下中农再教育。

张艺谋喜欢画画。在农村，他所画的毛主席像颇受老乡赞叹。更多时候，他是和乡亲们一起挖山沟、修水库。黄土高原的粗犷，慢慢侵入了血脉。

响应完上山下乡的号召，1971 年，张艺谋返回西安。

因为擅长打篮球，又会绘画，20 岁的张艺谋成为陕西咸阳国营第 8 棉纺厂的一名普通工人，一干就是 7 年。

乏味的生活让躁动的青春无处释放。闲暇时，张艺谋迷上了摄影，"厚厚的一本《暗房技巧》，我手抄了大半本，借人家的书要还，学摄影只是不愿虚度光阴"。

厂里人开始熟悉这个爱摄影的年轻人，并昵称为"谋谋"。当年的同事回忆，张艺谋拍照时老有出人意料的点子。譬如一次张艺谋提议大家想象一下临死时的场景，不许说话，要用表情体现。

1977 年，全国恢复高考。张艺谋成为北京电影学院摄影班的学生。那年他 26 岁，比班上最小的同学大了 10 岁。

"我想考美院，但不会素描，想考体院，但又没特长，好在还会摄影。"他

2009年9月26日，张艺谋歌剧《图兰朵》在鸟巢彩排，张艺谋、陈维亚现场指挥彩排。（本报记者 张伟摄）

笑称。

他说，当年考北影，只是为了寻找一条生活的出路。他开始审视自己的名字。张艺谋，艺谋，为艺而谋，暗合天命。

以影抒情

电影《红高粱》改编自作家莫言的小说，讲述了抗战时期发生在山东的一段传奇故事。影片中干裂的黄土、晃动的高粱，以及那粗犷的民歌，早已凝固成银幕上永恒的经典。

上世纪80年代末的中国社会，已渐渐摆脱意识形态的束缚，然而人们的内心世界依然压抑，情感无从释放。

《红高粱》引发了社会的强烈共鸣。当时，一张《红高粱》的电影票成为抢手货，青年人哼着"妹妹你大胆地往前走"，一次又一次涌入电影院。一时间，《红高粱》成为主流话题。

《红高粱》不是针对政治、也不是针对社会，完全是情感上的释放。

然而这部电影却在不知不觉中，暗合了时代的脚步。《红高粱》之后，越来越多的展现内心情感的影片出现，抹去了十年浩劫后所留下的情感空白。一部《红高粱》成就了演员巩俐，也成就了导演张艺谋。

在当年的柏林国际电影节上，《红高粱》斩获金熊奖。这是改革开放后，中国电影第一次走出国门，也是第一次获得国际三大影展中的最高荣誉。

领奖时，张艺谋略显紧张，他说，"这个奖对我们很重要，这意味着我们这些中国年轻导演，有可能拍出更好的电影"。

张艺谋履行了拍"更好的电影"这个承诺。《红高粱》之后,他一连拍摄多部电影,均获成功。张艺谋三字,已经成为观众心中影片质量的保证。

张艺谋习惯在影片公映后,混杂在人流中走入电影院。坐在椅子上,看身边的人因他的作品忽喜忽悲。

散场前,影院亮起灯光,观众的掌声成为对他最大的安慰。他说,他喜欢亮灯那一刻的感觉。

对中国电影而言。灯,也亮了。

最佳主演

张艺谋毕业前,广西电影制片厂到北影招人。因地处偏远,无人愿去,最终学院分配张艺谋等4人前往广西。1982年,张艺谋的故事,从广西开始了新的起点。

"我们那个时代,还是很看重毕业分配",服从分配,并不代表着认可。张艺谋不看好在广西的发展前途。彼时,广西电影产业落后,曾被视为"电影的沙漠"。

很快,张艺谋便获得了圈内人的肯定。1984年,由他担任摄像的影片《黄土地》一经公映,便轰动全国。影片一改以往国产影片的色彩单调,而是用黄土高原的粗犷气息,予观众以强烈震撼。

张艺谋把插队时与黄土结下来的感情,融入到影片的画面中。影评家称,《黄土地》是电影史摄影构图的一个重大突破。该影片获第五届中国电影金鸡奖最佳摄影奖。

成名不久,很偶然的一个机会,张艺谋走到台前,成为了一名演员。

当时,导演吴天明拍摄《老井》,苦于找

● **人物简介**

张艺谋

北京电影学院摄影专业毕业。1984年在陈凯歌执导的影片《黄土地》中,他以独特的造型表现获第5届中国电影金鸡奖最佳摄影奖、法国三大洲国际电影节最佳摄影奖、第五届夏威夷国际电影节东方人柯达优秀制片技术奖。

1987年,从未学过表演的张艺谋主演影片《老井》,并摘取第二届东京国际电影节最佳男演员奖、第8届中国电影金鸡奖最佳男演员奖、第11届电影百花奖最佳男演员奖。他导演的第一部影片《红高粱》,更使张艺谋名声大噪,不仅获得了1988年中国电影金鸡、百花双项最佳故事片奖,还在国外为中国电影获得了第一个世界冠军级大奖——柏林国际电影节的金熊奖。这之后张艺谋执导的《菊豆》、《大红灯笼高高挂》、《有话好好说》等频频在国内外获大奖。2008年,他担任北京奥运会开幕式总导演。

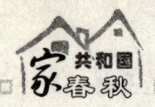

不到男主角。几番寻觅未果后，他盯上了剧组的摄影师张艺谋。

"他瘦瘦的，脸上有刀刻纹，那种感觉像太行山石头一样坚硬。"吴天明越发觉得张艺谋合适。从未学过表演的张艺谋开始为影片做准备，他连续数月和农民吃住在一起，每天背着上百斤重的石块走十几里山路。一有闲暇，他就用泥土和砂石搓手，让双手变得粗糙，苍老。

电影《老井》获得巨大成功，在当年第二届东京国际电影节上，张艺谋封帝，获得最佳男主角。演艺上的成功，并未让张艺谋离开摄像机。他更喜欢站在镜头之后，打量胶片中的世界。

1987年，他执导了一部电影。举世皆惊。

这部电影，叫做《红高粱》。

屡获殊荣

1999年，张艺谋迎来了事业上的丰收。这一年他有两部新片上映，有3部电影国外参展。其中《我的父亲母亲》获得威尼斯电影节最高荣誉金狮奖。

电影已悄悄打通了国界，拉近了不同国度人们心灵的距离。展会上，老外们看着《我的父亲母亲》，为人物流离的命运流泪，有观众操着外语告诉张艺谋，他看完后就马上给母亲打了电话。

和赞誉声一同而来的还有批评声。上世纪90年代，中国的经济发展为世界瞩目。开始有影评家称，张艺谋的电影题材老围绕着农村，是把"中国丑陋的一面展现给外国人猎奇取乐"。

张艺谋不赞同这种批评。他解释道，"我们生活的环境，不是城市就是农村，农村占50%，我只是讲述国家和民众故事，我的电影是给中国人看的"。

2003年，张艺谋回到艺术生命的起点广西。在烟云缭绕的桂林山水间，他打造了大型山水实景演出《印象刘三姐》。

从摄影到执导，从电影到歌剧，从黄土高原陋服菜色到桂林山水丽妆华服，张艺谋完成着一次又一次转身。他的艺术跟随着时代，从来不缺乏生命力。

合作多年的同事，这样评价张艺谋，"他喜欢把自己比作弹弓，不断扩张，挑战极限，扩张着艺术的空间，也扩张着思维的张力"。

执导奥运

2008年，张艺谋用他最宏大的作品，给"只会拍摄丑陋"的批评，做出回应。

这一年，张艺谋和他的团队，执导北京奥运会开幕式。开幕式后第一时间，张艺谋在网络上接受访谈,他说激情、浪漫、梦幻这些词,是对这台开幕式最好的描述。

这也是观众们的直观感受。从开场的击缶、飞来的脚印,到徐徐展开的画卷……一切都让不同肤色的观众们陶醉、惊叹。

为了奥运会开幕式,张艺谋付出了两年多的光阴,最终交出了一份满意的答卷。

开放伊始,他用电影释放情感;改革前行,他用电影反思问题;奥运盛世,他用文化展现中国。张艺谋的艺术中,带着时代气息。

1998年,美国《时代周刊》评选他为"世界十大风云人物"。11年后,他又被选为新中国60年文艺界十大影响力人物。同行和影迷,送给他"大师"的头衔。

张艺谋无动于衷,"我只想拍好想拍的电影"。

他说,他一直保持普通人的心态,"文如其人,其实电影到了最后也有人的感觉,你的生活环境、你的成长经历,早已给你打下深深的烙印"。

这就是张艺谋。一个有血有肉的普通人,一个时代的符号。

(本文参考央视部分纪录片资料)

常胜将军许海峰

■ 孙 乾

1984年7月29日，已举办23届的奥运会场，第一次奏响了中华人民共和国国歌。

这一天，在洛杉矶郊外的普拉多射击赛场上，27岁的许海峰端一把手枪，枪口正对靶心。最后一声枪响，许海峰成为一个响亮的名字。

他成为洛杉矶奥运会首枚金牌得主。同时也成为中国历史上的首位奥运会冠军。

迟到的颁奖

1984年洛杉矶奥运会第一场比赛颁奖仪式，推迟了整整一小时。

一小时前，随着许海峰射出最后一发子弹，本届奥运会第一枚金牌应声而落。与此同时，另一名中国选手王义夫获得铜牌。

推迟发奖原因是，射击比赛组委会预计中国运动员王义夫可能夺取奖牌，事先准备了一面中国国旗，但比赛结果却出乎预料。因此，只能临时派人找寻另一面五星红旗。

洛杉矶奥组委主席尤伯罗斯解释说："请允许我说几句话，我想告诉大家的是，你们正在亲历一个具有重大历史意义的事件。因为金牌和铜牌将被授予同一个国家。这个国家在奥运会历史上，还从来没有赢得过奖牌。"

许海峰光荣地制造了这个历史。多年以后，回忆起洛杉矶郊外普拉多赛场，52岁的许海峰依然难掩兴奋。

1984年7月29日，许海峰特意穿了一件红色运动服，走进靶场。

比赛前面五组里，许海峰和瑞典的斯坎纳克尔、中国的王义夫成绩相近，领先落后只在一环之内。

决战来临——第六组十发子弹。此时，许海峰感觉异常，其他运动员都结束了比赛，他身后架起了无数相机，"我觉得自己打得肯定不错，要不然不会有这么多人关注"。

可是，这一走神，打枪的感觉瞬间消失，第四、五枪都只打了8环。

最后三发子弹，许海峰静静地站在靶位上，一动不动。时间一点一点溜走，离比赛结束越来越近，但许海峰还是没有一点举枪击发的意思。

所有的人都开始着急了。中国队教练和官员们悄悄聚集到了他身后，手心都捏出了一把汗。

十几分钟过去了。只见许海峰慢慢抬起头，深呼吸，左手插兜，右手举起了手里的枪。三发子弹呼啸而出，"10环！""10环！""9环！"

雅典奥运会后，许海峰调到自剑中心，主管现代五项，开始了新的征程。(本报记者 潘之望摄)

天才弹弓王

证明自己是天才的1984年，许海峰27岁，正式练习射击只有两年零一个月。

1982年6月，他作为返城知青，已在供销社当了三年售货员。许海峰显然不喜欢那个工作，一有机会就想离开那里。

恰逢许海峰的中学体育老师在地区组建射击队，准备参加第五届安徽省全运会。"我去找他，说我想到你这练射击，他说行，你来吧。"

当年6月5日开始集训，8月25日许海峰参加了安徽省全运会。男子气手枪比赛中许海峰以370环成绩获得个人冠军，并打破344环的省纪录。

"我不觉得自己有多神，而是安徽省的纪录太低了，太容易就破了。"多年后，许海峰自诩"射击这项运动，就是为他而设立的"。

因父亲是一名军人，许海峰自小就在军营里长大，最令他痴迷的则是军人佩戴的枪支。

但没有枪的"枪迷"许海峰，随身佩戴一把弹弓，打鸟倒是非常精准。许海峰打来的飞禽可以做一顿丰盛的午餐，"弹弓王"的称号也不胫而走。

拿到安徽省射击冠军之后,一纸调令下来,许海峰顺利进入安徽省射击队。

也就是这一年,他进入了国家射击队教练的视野。备战洛杉矶奥运会的集训开始,他奉召进入了国家队。

巅峰之路

如果不是接二连三的成功,自称是天才的许海峰一定会被冠上狂妄之名。但如他所言,射击这项运动,似乎就是为他而设立。

从1984年那一刻开始,许海峰变成了一个光耀的符号。可是,许海峰却越来越不喜欢"零的突破"这几个字眼。

"如果1980年中国参加奥运会的话,中国首金不是我的。"许海峰心里,洛杉矶奥运会取得冠军是他正常发挥,可中国首金的光荣却凭运气。

回国后,许海峰把金牌捐给中国革命博物馆。"我是国家培养的,荣誉也是党和国家给的,这第一块金牌,本身还是机遇。"

实际上,为了证明自己,许海峰试图不断突破"零的突破"。

1984年后,许海峰继续着辉煌,获得数次全运会、亚运会以及专业水准最高的射击世锦赛的冠军。

1995年,许海峰担任国家射击队女子手枪班主教练。1996年亚特兰大奥运会上,许海峰指导的队员李对红获得冠军。2000年悉尼奥运会上,陶璐娜为许海峰的执教生涯再度添金。

2004年,他担任国家射击队主教练,雅典奥运会中国射击队拿了四块金牌,在当时是历届奥运会拿得最多的一次。

"末了,运动员、教练员、总教练,每一个角色都做到巅峰了。"许海峰用极短的语言盘点自己的人生历程后,身体向椅背轻轻一靠,两手一摊,自信满满。

从零开始

此时,52岁的许海峰已从"枪林弹雨"中归隐北京西郊老山西街,坐在自行车击剑管理中心(以下简称"自剑中心")办公室里。

雅典奥运会后,他从射击中心调到自剑中心任副主任,主管现代五项。他的名气为这个实力并不强大的项目带来了更高的关注度。

刚调来第一天,自剑中心领导和队员们为许海峰接风。一向少言少语的许海峰,在晚宴上说的第一句话是:"你们等着,中国在这个项目上,用不了多少年,就有她自己的地位!"

话一出口,所有人都瞪着许海峰,"我能感觉到那种眼光,他们心里在说'这个人真是太能吹牛了'。"

其实在接管前,许海峰已对这个项目做了充分研究,他认为,中国体育技术性项目一直很好,这个偏重技术性的项目上一直默默无闻是信心不足。因此,上任第一天就给大家鼓点士气。

通过努力,在许海峰接管之前从未拿到过奖牌的现代五项,已有队员在2005年华沙世锦赛上取得个人冠军,2008年北京奥运会上取得男子第四名,女子第五名的优秀成绩,整个队伍有了重大突破。

柔情枪手

谈起妻子时,坚毅的老枪手流露出难得的柔情,"没有她,就没有我走到今天这一步。"

1985年底,事业蒸蒸日上的许海峰结婚了。

许海峰的妻子是个温柔善良的知识女性,但为迁就许海峰,她忍痛放弃了自己的事业,一心一意培养女儿照顾家庭。许海峰不无感慨地说:"太太文笔非常好,可惜了,家庭拖累了她,都荒废了。"

在许海峰眼里,妻子是心胸宽广的女人,"你想我当了那么长时间女队教练,要是她心眼小,我怎么能安心工作呢?"

被亏欠的还有女儿。许海峰的女儿读书成绩非常优秀,在学校都是名列前茅,但独生女儿从小他就没怎么管过,没去开过一次家长会。就在女儿小学二年级的时候,骑自行车接过她。孩子6岁半时就自己坐公共汽车上学,17岁时买了机票,自己一个人飞到英国做小留学生。

● 人物简介

许海峰

1957年生于安徽,我国著名射击运动员。在第23届奥运会上,获男子手枪60发慢射冠军,成为中国奥运会历史上首位冠军得主。从教后,他带选手获得了多枚奥运会金牌。

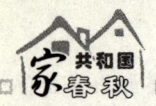

其他对于女儿的照顾,许海峰绞尽脑汁也想不起来了。他说:"作为父亲,我是不合格的,我只能在生活上尽可能给她最好的保障。"

对此,许海峰说:"这样也好,我没去开家长会,很少照料她的生活,也没有人知道她是我的姑娘,我也不允许她对别人讲。"

"其实,做官最好做,但是想做个有良心的好官就难了。"许海峰翻着自己用废旧打印纸裁剪自制的笔记本,他的日程已经排到了十一月份,天天都有安排,出差或者调研。

"唉,没有时间陪她们。"老枪手低声叹息着,眼神掠过记者的头顶,落在对面墙上一张巨幅照片上。

照片上,身着红色运动服的年轻运动员,站在冠军领奖台上,弯着腰接受前国际奥委会主席萨马兰奇的颁奖。

时间一晃已过 25 年。

"数字英雄"张朝阳

王鹏

在媒体公布的众多照片中,他嘴唇低抿,眉头轻蹙,眼神专一。他目光锁定的内容过于庞杂,那里有往来穿梭的数据字节,有朝夕变换的头条新闻,有虚拟游戏的刀光剑影,还有网络世界中的无数潮起潮落,风云变幻。他叫张朝阳,今年45岁。

那年夏天

夏天傍晚,物理系大学生张朝阳走进清华大学南门。南门之外,日后闻名的中关村科技园区,此时已是万家灯火。

这一年是1981年,张朝阳尚未意识到他与中关村的长久缘分。他只是单纯羡慕那些明亮的灯火,"对我来说,中关村是一个灯火辉煌的不夜城"。

事实上,时代的大幕早已在这个不夜城中徐徐拉开。

1978年,全国科学大会上,邓小平特意点名说了"中关村电子一条街"。此后,媒体的报道开始关注众多科学家在中关村创业的故事。

校园之内的张朝阳,每日都从《中国青年报》上读到相关报道,这让他开始勾勒自己未来的蓝图。

在这个陕西西安出生的年轻人记忆中,清华岁月是一个"苦行僧式的念书的过程"。那个时代,电视尚未普及,流行元素也相对匮乏。他更多的光阴,就是用来读书。

"我们那个时候刚刚恢复高考制度不久,对于自然科学的学习和追求有一种宗教式的虔诚",张朝阳将这种虔诚贯穿大学岁月的始终。

每天下晚自习后,张朝阳回到宿舍,和室友们一起用电热器煮方便面。开锅时,香气溢满陋室。这是一天他最快乐的时光。

那个时候,这个吃面的年轻人不懂电脑,不知互联网,也不知日后的精彩故事。他惦念的仅仅是课本上的物理知识和期末考卷上的成绩。

他的故事,在1986年夏天发生了转变。

■ 二〇〇六年四月五日，张朝阳在北京电影学院作《宽带互联网与未来中国电影产业》主题演讲。（本报记者　张伟摄）

当年，张朝阳以优异的成绩从清华大学物理系毕业，并以全国第39名的成绩，考取了奖学金赴美留学。

初次触网

从博士到博士后，张朝阳在美国麻省理工一共用了9年时间。

张朝阳认为他读博的时间比较漫长，但相对于早早毕业的同学，他学到了更多的知识，也更为幸运，"我在麻省理工学院慢慢念，念完博士又做博士后研究，最后等来了互联网"。

张朝阳初次接触互联网，是在1988年，"从1988年到1994年在做博士论文的时候，我一直都是在网上呆着"。

1988年的互联网远没有现在的网络丰富多彩，张朝阳初始的互联网，不过是在简陋的操作系统中，一个简单的聊天界面。屏幕一分为二，两个人交替打字。

网络世界的边缘很小，仅仅局限于麻省理工的校园之内，功用更多是电子邮件和文件下载。

1994年，张朝阳博士毕业时，网络世界迎来一场革命。浏览器的推出使网页取代了单一的电子邮件。他开始看一些简单的新闻，并为即将到来的求职寻找机会。

在麻省理工学院念了几个月的物理学博士后之后，张朝阳突然感到学了很多年的物理学并不太适合自己。"在物理实验中，我发现，我是个操作型的人，特别注重结果，不能容忍搞一套理论，而这套理论要在100年之后才能得到验证。"

此时，他发现了网络的魅力，信息的交互让他着迷。当时美国提出了信息高速公路的概念，张朝阳开始萌生了一个想法，把这条高速公路修进中国。他开始寻找人生的第一桶金。

冬季掘金

为了实现"网络建国"的梦想，1994年，张朝阳写了第一份商业计划书。

在这个名为"中国在线"的计划书封面上，他用英文写了两句话，翻译过来即"顺应我们这个时代最伟大的两个潮流，一是信息高速公路时代的到来，另一个是中国作为全球大国的崛起"。

话语很动人，但张朝阳依然没有底气，他不知道网站的未来，也缺少资金支持。此时，经麻省理工校方推荐，张朝阳离开物理行业，转为帮助学校的教务长思考中国的环境战略问题，变成了一名外交官。

交际圈的扩大，让他寻觅到更多的机会。然而融资之旅并不顺利，众多外国客户，并不熟悉互联网，也对遥远的中国感觉陌生。

1994年，通过哈佛亚洲年会，张朝阳结识了美国人格瑞。1995年，格瑞和其弟弟用100万美元进行融资，在美国匹斯堡成立了一家互联网公司，名为ISI。

这家互联网公司规模很小，员工仅有20余人，工资待遇很低。但几经考虑，张朝阳还是决定加盟。

吸引他的是ISI公司独特的服务内容，"这个公司专门整理中国、波兰、俄国这几个新兴市场的商业信息，自动地放在互联网上，供华尔街的投资人士收费观看"。

加盟之初，张朝阳和ISI公司有一个君子协

● 人物简介

张朝阳

1964年生于陕西西安，1981年考入清华大学物理系，1986年考取李政道奖学金，赴美国留学。1995年10月，回国任ISI公司中国地区首席代表。1996年10月，创办爱特信公司(ITC)。1998年2月，成功推出搜狐(Sohu)网站，同年10月被美国《时代周刊》评为全球"数字英雄"。现任搜狐董事局主席。

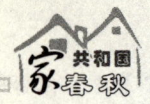

定,"只干一年,然后自己创业",他把这次短暂的工作机会视为学习,为在中国建立相似的网站做准备。

1995年10月31日,美国冬季刚刚开始,张朝阳带着他的网站梦想回国。这一天是他的生日。他开始了人生中的一段新的征程。

照虎画狐

回国之后,张朝阳才发现,中国互联网建设滞后,近乎于信息孤岛。

几经辗转,张朝阳在北京电报局申请到了为数不多的互联网账号。1995年11月,在北京万泉庄园的一个小房间内,张朝阳再次联络上了朝思暮想的互联网。

1996年7月,张朝阳准备成立自己的公司,并开始了融资之旅。张朝阳见到了MIT媒体实验室主任、《数字化生存》的作者尼葛洛·庞蒂,并获得第一笔投资基金。

1996年8月,ITC爱特信电子技术(北京)有限公司成立。当年10月13日,张朝阳的账户上有了15万美元,这成为公司的启动资金。

网站的内容一度摇摆不定,他花了两个月时间思考网站的方向,"互联网是一条高速公路,我们现在做的是在路边修一座庙宇。"他告诉员工。

庙宇中供奉的神像几经变换,他曾联系过《精品购物指南》和《小说月报》,把杂志上的内容在网上进行更新,然而此举带来的流量甚微。

此时,国内的网站开始增多,张朝阳发现"指路"所带来的流量远大于自行更新的效果。于是,他的网站开始模仿国外知名网站雅虎,将互联网上的信息分类索引,方便查询。

1997年,张朝阳的公司进行第二轮融资时,搜乎成为报告中最重要的产品。有员工提议,搜乎中的"乎"字,应选用中国人比较喜欢的有灵性的动物,"比如说聊斋里的狐狸"。

最终的方案摆在张朝阳面前供他选择,"可选的一个是老虎一个是狐狸,雅虎约定俗成叫老虎了,那我就只能选狐狸了,后来就变成搜狐"。

1998年,张朝阳的"互联网王国"初现雏形,那只灵动的红色狐狸,也随着互联网的普及,跳跃进更多网民的视野。

此间风云

1998年10月,张朝阳被美国的《时代周刊》评为"全球50位数字英雄"之一。

和传统的时代"偶像"概念不一样,张朝阳并没有出生入死的经历,也过于年轻,但他身上彰显出的特有的活力,似乎更契合时代的鼓点。

网民们津津乐道,他在美国融资时的一次经历。一次,张朝阳一天要会见4名投资人,轮到第4人时,天已黄昏,旧金山街头大堵车。到了距会见地点还有7个街区的时候,他将车弃置在一个停车场后,就提着笔记本电脑飞奔着跑到了见面地点,最终拿到了合约。

这样的经历,充满创业的传奇色彩,也更充满年轻的动力。

和奔跑的张朝阳一样,他麾下的搜狐在十余年间也一路奔跑从不停歇。而今,搜狐已成中国最大的门户网站之一,包含新闻、游戏、社区等多方面内容,日浏览量达7亿次。

从当年的简陋页面到而今的网络王国,网民们见证了搜狐的风云传奇,而搜狐也见证了共和国网络信息的长足发展。

励志偶像俞敏洪

■ 祝剑禾

1993年11月16日俞敏洪骑着自行车从海淀教育局领到培训班许可证,2006年9月7日新东方在美国纽交所敲响开市铃,如今新东方占据了国内出国培训市场的六成。

16年间,国人留洋的热潮如同泄闸洪峰,急遽奔腾,民办教育在教育体制改革的大背景下碎步前进,还有越来越多的大学生对未来无所适从。

励志"偶像"

从2005年开始,每年的春末夏初,新东方都会挑上十个左右的二三线城市组织一次叫做"梦想之旅"的巡回演讲会,俞敏洪年年不落,即使在"新东方赶着上市"的2006年也不例外。

"今年的刚刚走完,从张家口到德阳,10天10座城市13所学校,效果非常好。"令俞敏洪满意的效果包括"新东方的牌子在这些城市更响亮了",更重要的是"在这些地方我演讲得到的掌声比大城市多得多"。显然,在苏南农村生活了18年,曾经得过"插秧冠军"称号的俞敏洪在这些"非著名院校"孩子们面前讲述自己奋斗历程时更加起劲,他的故事在这里也能引起更多的理解和共鸣。

俞敏洪觉得自己更确切地应该是"励志偶像",在他的记忆里,大约从2001年开始,自己平均每年都要讲上80多场,而在这些演讲中,关于"如何学好英语"的部分越来越少,讲得越来越多的是"坚持、梦想、激情",还有规划人生和如何创业。

"新东方有个气质就是务虚,这个跟我个人还是有很大关系的。"俞敏洪认为包括自己在内的成长于上世纪80年代人都有点理想主义,"这跟我们生活的那个年代有关,我们读大学的时候国家管住管吃,所以我们有更多的时间仰望星空。"

"务虚"创业

俞敏洪所怀念的"自己在精神力感召下迸发出无穷动力"的时光,除了考了三年考上北大之外,就是新东方创办的初期。

1990年夏天的一个晚上,当北大在校园广播中通报批评俞敏洪在外办英语班之后,俞敏洪把自己的全部行李装上一辆三轮车推出了北大南门,决心离开这个除了几次在未名湖畔被人夸为"英汉活字典"之外,10年当中并未让自己体验过多少成功感觉的地方。

"当时就是憋着一股劲,想做出点成绩让以前的同学和同事看看。"不过俞敏洪所谓的"成绩"在当时并不是指把新东方越办越大,而是和坐在台下听他讲课的学生一样:出国留学。

1988年,国内涌起了自改革开放后第一波赴美留学热潮,俞敏洪的北大同窗王强和徐小平当年分别去了美国和加拿大。俞敏洪那年起连考三年托福,不过却没有一次能申请到奖学金,这意味着当时在北大领着每月120块工资的俞敏洪只能先想办法攒到足够的钱。

就这样,在出国留学的召唤下,俞敏洪为了招到足够多的学生办班赚钱,拎着油漆桶刷了一年的小广告,后来发展到在中关村的各所高校办免费讲座,"当时讲的内容和现在差不多,就是拿我自己的经历来讲奋斗梦想什么的,发现宣传效果非常好,现在新东方用的还是这招。"俞敏洪把自己"务虚"的一面用到实处的结果就是使新东方在诸多英语培训班中脱颖而出,到1995年已经有学员将近一万人。

不过直到这个时候,俞敏洪还是没有改变当初办新东方的初衷:赚钱,然后出国。

"开始觉得新东方可以长久地干下去,出国倒

> ● 人物简介
>
> **俞敏洪**
>
> 1962年生于江苏江阴,1985年毕业于北京大学西语系并留校任教,1993年创办新东方,现任新东方教育科技集团董事长兼首席执行官。

可以先放一放,是在 1996 年我的这帮同学回国和我一起创业的时候。"

1996 年,王强、徐小平、包凡一相继加盟新东方。不过即使想象力丰富如徐小平当年也肯定没有想到 13 年后的新东方会是什么样子,只有俞敏洪一遍又一遍地给伙伴们也给自己描绘着新东方未来的光明前景,"精神感召是一定有用的"。

"精神"留学

新东方后来的发展证明俞敏洪说的没有错,当然这除了要归功于俞敏洪们的"务虚"和实干之外,还要感谢那个时代。

1993 年,《北京人在纽约》红透大江南北,也就是那一年,俞敏洪从承包"东方大学"英语培训班到自立门户创办新东方,更为重要的是国内个人自费留学的大幕渐次拉开。到了 1996 年,国家对个人留学的政策完全放开,大众留学呈现井喷之势。正是在 1996 年到 2000 年初这段时间里,新东方的所有业务当中留学英语培训占去一半多,俞敏洪也在这波浪潮中掘到了真正意义上的第一桶金,以及第二桶、第三桶。

"90 年代中后期的留学潮成就了新东方,当然新东方也对这股留学潮起到了一点促进作用,就好比一块垫脚石。"在俞敏洪看来,留学之于国家以及新东方之于留学最重要的意义在于能否推动中西文明体系、价值体系的交流。"不过交流是互动的,需要人去也需要他们回来。"所以俞敏洪会利用一切去国外出差的机会劝说从新东方出去的留学生尽量考虑回国工作,并且要求新东方的同事们也要利用一切机会"游说"留学生回国就业。而令俞敏洪高兴的是,"现在基本不用我们去劝了。"

不过,不用再劝别人回国的俞敏洪现在却越来越多地想着自己能出国留个学。"我这几年一直有个打算,希望自己至少在未来 5 到 6 年内能够到国外实实在在地待上一到两年,当然,我这个年龄不是去学位留学,而是去精神留学。"

"大同"教育

在"精神留学"之前,俞敏洪要求自己完成那个期盼多年的心愿,而且越来越多的人和事推动着俞敏洪。就在新东方成立十周年的 2003 年,国家颁布《民办教育促进法》,宣布"民办学校与公办学校具有同等的法律地位,国家保障民办学校的办学自主权以及民办学校举办者、教职工和受教育者的合法权益。"

不过俞敏洪对国内民办教育的现状显然还不满意,"我认为今后中国排名前 100 的大学中间,要能有 40 所左右的民办大学挤进去,才算是中国教育的健康状态。"而俞敏洪一直想要做的就是在这 40 所民办大学当中要有一所叫做"新东方"。

"我有一种大同的思想,而且想把这点实践在办教育上面。我从办新东方起就想着有一天能办一所非营利性质的大学,招生不求人多,就像古代的书院那种。"

"糟糕"上市

2004 年、2005 年,就在俞敏洪准备退到二线去实现自己"大同教育梦"的时候,新东方陷入中国式公司发展的困境,这使得他一头扎进美国的资本洪流。

那段时间,新东方元老间的利益纠葛不断升温、公司家族企业的倾向也越来越严重,这些都让俞敏洪最终决定先把新东方带过这一关。

2006 年 9 月 7 日,新东方在美国纽约证券交易所上市,成为中国大陆第一家在美国上市的教育机构,俞敏洪的身价也一夜之间换用"亿美元"为单位来衡量,并且被冠以"中国最富有的老师"。

不过就在上市成功的那天下午,俞敏洪一个人在纽约哈德逊河边上呆坐了两个小时。"当时我就在想以后我还能不能掌握新东方的未来,还能不能掌握自己的未来。"

三年的时间里,新东方的业绩对俞敏洪的前半个问题给出了正面的答案,而对后半个问题的答案,俞敏洪连用了三个"糟糕"。

第一个"糟糕"是在上市期间,俞敏洪劝返了新东方的创业元老之一、自己的老婆、老妈、小舅子等一干亲戚,为此承受了家庭暴力并且"睡了很长一段时间客厅";第二个"糟糕"是"和朋友喝酒、骑马、滑雪的时间更少了",更要命的"糟糕"是,"巨额的虚拟的财富"套住了俞敏洪还有他那个"大同教育梦","新东方除了我之外所有人都可以明天拿着公司的股票去套现,就我不能。因为如果今天比尔·盖茨拿着他自己微软的股票去换现金,那明天微软的股票肯定跌到不行。"

幸运的是,现在的俞敏洪显然已经走出了糟糕,"我可以告诉你一个独家,新东方大学已经开始在北京昌平征地了,一共 500 亩,现在征了一半,4 到 5 年后就能开学。我会用上我这辈子所有的财富。"说完,俞敏洪惬意地笑着,向上抬了抬他那标志性的黑框眼镜。